三論玄義

はしがき

すぐれた佛教概論のひとつとして、とくに「空」の思想を中心とする初期大乗佛教の最適の入門書として、『三論玄義』は、長い間広く読まれてきた。ほぼわが国の聖徳太子と同時代の嘉祥大師吉蔵によって書かれたこの書物が、今日でもなお佛教学の演習のテクストに、また佛教を学ぶ独習書に利用されることの非常に多いのは、著者の卓越した才能、掘り下げた思想の深さと広さ、該博な知識、分析と総合との巧みな論理などが、この書によく凝集されているからにほかならない。

たしかに著者の吉蔵は、同時代の浄影寺慧遠や天台大師智顗のような人気は当時もちあわせなかったし、玄奘の大翻訳事業がまだはじまっていなかったために、利用できる資料もかなり限定されていた。それにもかかわらず、吉蔵は『中論』『百論』『十二門論』の三論の各々への註釈のほかに、現存するだけでも二十余種もの著述を世に問うたなかで、多くの点で『三論玄義』がとりわけもっともすぐれ、また名高く、そしてそれが絶好の佛教学の入門書として広く読まれるかぎり、吉蔵の名はいつまでも長く伝えられるにちがいない。

三論の説く「空」の思想は、もちろん『中論』などの根本資料そのものによって理解されるのが正当ではあるけれども、しかしながらそれだけで直ちに充分な理解に到達することは、いうべくしてはなはだむずかしい。そのためにもこの『三論玄義』が卓越したテクストであることは、くり返して喧伝するまでもない。しかもここには厳密で精緻な論理がある。本書はその論理のシステムをできるかぎり浮き彫りするよう、原文を裁断して、こまかく篇・章・節に分かち、さらに多くのナンバーを付すなど、工夫して示した。つねひごろ論理の飛躍を佛教学に難ずるひとびとは、本書によってその蒙を啓いて下さるよう、願ってやまない。

本書の〈読み下し文〉と〈原文〉とは『大正新脩大蔵経』(第四十五巻)を底本とし、明瞭な誤植に＊印をつけて訂正したにとどめ、いわゆるテクスト・クリティクは省略した。それは本書が内容・思想・論証の理解そのものを重視して、それにもっぱら終始したからである。そしてそのためにも、ここには『三論玄義』を一語の欠如もなく、その全文を載せた。

本書に先行するすぐれた業績に、佛教大系本、国訳一切経の読み下し文、岩波文庫本がある。そのなかで、金倉圓照博士の労作による岩波文庫本は、本文にテクスト・クリティクをおこなって、その成果を脚註に示し、さらにその脚註には、出典をあますところなく、しかも厳密・正確に『大正新脩大蔵経』その他にあたって列挙している。右の三本、とりわけ岩波文庫本から受けた恩恵はまことに多大であり、ここに衷心よりの謝意を申し上げる。

もしも本書の特徴をしいて一言つけ加えるならば、本論の〈解説〉の部分に、原文への忠実もさることながら、できるかぎりそれだけでその原著の内容が判然とするように書き改めたことにある。不明な個所・曖昧な部分をそのままなおざりにせず、ときには私自身の一種の独断的な解釈を加えて、文意の理解に努力した。それには右の先行書をすべて参照して、そのうえでいわば覚悟して敢行したい、ひとつの解釈であるので、これらのなかに誤りや言及の過不足などがあれば、いつでも改めたいと思う。諸者諸賢の御叱正を心からお願いする。

本書が完成するまでに、大蔵出版社長の長宗泰造氏をはじめ、編集部の遠藤正信・神保守利両氏の懇切・熱心な慫慂と督励とがあった。ここに三氏にあつく御礼を申し述べる。

一九七一年四月

三枝充悳

目次

序

第二篇　別釈衆品（各論）

題字　谷村憙齋氏の筆

序論

第一章　三論について

『三論玄義』にいう三論とは、『中論』『百論』『十二門論』の三つをいう。このうち『中論』と『十二門論』とはナーガールジュナ（Nāgārjuna 竜樹）の、『百論』はその高弟のアーリヤデーヴァ（Āryadeva 提婆、または聖天）の著述である。そして三つの論とも、名訳をもって知られたクマーラジーヴァ（Kumārajīva 鳩摩羅什、略して羅什、または什）によって漢訳された。

およそ紀元前一世紀以降、インドに発した大乗佛教は、いわゆる般若経、華厳経、法華経、維摩経などの各種の経典をつぎつぎとうみだして、佛教思想の一大革新をとなえた。その源となった根本のイデー（理念）は、一言でいえば「空」ということにあり、それは一切のとらわれを排して、どこまでも自由自在であり、ひろびろとし、のびのびとして、闊達な態度を貫く。同時に、真理・真実への探究心に燃えて、どこまでもその追究に努力し、その追究の努力のなかに自己の一切を賭けることによって、なにかあるものをつかんでそれをもって終わりとすることがない。

とはいえ、これら大乗経典はやはり経である。そして経であれば、それは佛説であり、ともすれば高踏的な態度、いわば上からの説得をおしつけてくる。また諸経典のなかに言及の不充分なものがあり、相互に矛盾していても、それで押しとおしてしまう。

それらに対して最初に自説をとなえたのが、右のナーガールジュナ（一五〇—二五〇年ごろ）であった。ナーガールジュナは文字どおり一個の論師として、上述の「空」の思想をあくまで徹底させ、それを主著『中論（頌）』に凝集した。（この『中論』については本講座中に独立の一冊が予定されているので、ここにその内容について、またナーガールジュナについて触れることはしない。）『中論』は偈頌（韻文）と長行（散文）とから成り、その頌のみがナーガールジュナの作である。このテクストはサンスクリット、漢文、チベット文のものを合わせて六種以上現存しているが、この『三論玄義』に用いられたのは、青目（Piṅgala）釈の『中論』別名『中観論』である。『三論玄義』のなかに、題名の三字を註釈するという部分があるが、それは右の別名を扱っている。

『十二門論』は『中論』からつぎの十二のテーマに即して、その思想を抽出したものである。すなわち、①因縁、②有果無果、③縁、④相、⑤有相無相、⑥一異、⑦有無、⑧性、⑨因果、⑩作、⑪三時（過去・未来・現在）、⑫生。この書物も偈頌と散文とから成り、その偈頌はほとんど全部『中論』にもとづいている。クマーラジーヴァの漢訳しか伝えられていない。

『百論』の論ずるところも『中論』とそれほど変わりはなく、ここでは「空」の思想のいっそうの徹底をはたす。著者のアーリヤデーヴァ（一七〇—二七〇年ごろ）は上述のとおりナーガールジュナの高弟であり、その説をインド各地に説いた。『百論』において、かれはとくに破邪、すなわち邪説を論破することに熱心であり、佛教内の異説はもとより、当時ようやく興りつつあったインド哲学の本流となるサーンキヤ（Sāṃkhya 僧佉《そうぎゃ》）やヴァイシェーシカ（Vaiśeṣika 衛世師《えいせいし》）などのいわゆる外道（佛教以外の思想）の教義への反駁に熱中した。漢訳のある伝説によれば、論戦にやぶれた外道の弟子がアーリヤデーヴァを刺し殺したという。そしてそのときの遺言はつぎのように伝えられる、「諸法はもともと空であって、害する者もなければ、害を受ける者もない。親しむ者もなければ、怨み憎む者もない。かれが害したところはただ多くの業報を害したのであって、自分を害したのではない」と。そして加害者に逃げ道を教え、弟子にはそのあとを追うことをやめさせた、という。しかし別の伝（チベット伝）には、この兇刃の記事はなく、一生涯、インド中部から北部へ、さらに南部と伝道したという。

『百論』上下二巻は経と釈とから成り、経がアーリヤデーヴァの作、釈はヴァス（Vasu 婆藪開士）によって施された。つぎの十品（章）に分かれる。①捨罪福、②破神、③破一、④破異、⑤破情、⑥破塵、⑦破因中有果、⑧破因中無果、⑨破常、⑩破空。

なおアーリヤデーヴァには、このほか『四百論』と『広百論』との二著が伝えられる。『四百論』は Catuḥśataka-śāstrakārikā または Bodhisattvayogācāra-catuḥśataka-śāstrakārikā のサンスクリット名で伝わり、インドの諸論師にしばしば言及されており、全体はチベット訳本が現存し、最近一部のサンスクリット断片が発見・公表されている。『広百論』は玄奘の訳で、各品二十五偈ずつの計八品二百偈から成り、おそらく『四百論』の後半の部分と推定される。『百論』と『広百論』とはときに混同して誤り伝えられたが、『百論』はおそらく『四百論』―『広百論』の一種のダイジェストに相当するものと考えてよかろう。

『三論玄義』には、三論のほかに四論ということばもしばしば登場する。これは右の三論に『大智度論』を加えたもので、これもナーガールジュナ作クマーラジーヴァ訳と伝えられる。（ただし現在その著者問題がやかましい。)これはもともと『摩訶般若波羅蜜経』(いわゆる『大品般若経』)の註釈書であるが、三論における破邪の強調に対して、この論は古来「真空妙有」を説くとされてきた。すなわちここには肯定的・説得的な表現が多く、しかもさまざまな諸経典からの引用や言及や学説の紹介に飾られて、シナと日本とでは広くおこなわれた。ただしサンスクリット本もチベット訳もない。

第二章　著者とその時代

シナに佛教が伝えられたのは紀元後間もないころとされるが、それから約四百年の長期間にわたるいわゆる伝道時代には、経典の翻訳がぼつぼつとなされ、ところどころに寺院が建設され、また法顕《ほっけん》（三三九—四二〇年ごろ）をはじめとするインド留学僧もあらわれた。この時代の最後を飾るのは道安（三一二—三八五年）であり、また廬山の慧遠《えおん》（三三四—四一六年）であり、ようやく佛教教団の確立をみた。

やがてシナ佛教はつぎの研究時代に入る。この新時代を画するものはクマーラジーヴァ（三四四—四一三年）の渡来—長安到着（四〇一年）である。かれが漢訳した経典は約三十五部三百巻にも及ぶが、それらはほぼ初期大乗佛教のものにかぎられ、般若経、法華経、維摩経や、三論、四論などもそれにふくまれる。この訳は名訳をもって知られ、いったんこの漢訳がなされると、これ以後、シナ佛教者はサンスクリット原本は放棄して、この漢訳本のみで佛教を理解し、論ずるようになった。クマーラジーヴァは長安において翻訳に従事しただけではなくて、同時に多くの弟子にインド直伝の佛教を教え、門下三千と称された。なかでも僧肇《じょう》・僧叡《えい》・道生《どうしょう》・道融を関内の四聖と称し、そのうち僧叡はクマーラジーヴァ訳本の多くに序を書き、それは、僧肇のあらわした書物とともに、『三論玄義』

中に何度か引用されている。

この研究時代の終わりごろ、パラマールタ(Paramārtha 真諦、四九九—五六九年)のシナへの渡来がある。かれはすぐれた翻訳家として名高いが、ここに特筆すべきことは、『三論玄義』の著者の吉蔵の名はパラマールタのあたえたものであった。

やがてシナ佛教の独立時代を迎える。それはシナ佛教の黄金時代でもあった。それまで三百年に近い分裂が、ようやく隋(五八一—六一八年)によって鎮圧・平定・統一され、それは唐にひきつがれて、シナ文化そのものがひとつのピーク(頂点)に達し、しかも自由に近隣の諸国から異質の諸文化をとりいれて、おそらく当時全世界でもっとも繁栄を誇った国となった。

その初期にいわゆる隋の三大法師が出現する。浄影と天台と嘉祥との三人である。浄影は浄影寺の慧遠《えおん》(五二三—五九二年)、天台は天台大師智顗《ちぎ》(五三八—五九七年)、そして嘉祥が『三論玄義』の著者の嘉祥大師吉蔵(五四九—六二三年)である。佛教概説風に記すならば、慧遠は地論学派、智顗は天台宗、吉蔵は三論宗の開祖ないし完成者である。かれらはたがいにライヴァルとして競争しあった形跡はほとんど見られないが、いずれもシナ佛教史上特に傑出した諸事業を創設し確立した。

以下、吉蔵についてのみ記して行こう。その伝記は後輩にあたる道宣(五九六—六六七年)の『続高僧伝』にくわしく、この記事(大正大蔵経五〇巻、五一三ページ以下)はほぼ信頼に値するといわれている。吉蔵は姓は安で、祖先は安息のひと。安息は西南アジアのパルティアとされるから、吉蔵にはイラン民族の血が流れており、かれ自身の風貌も西域人のおもかげをのこしていた、という。シナの戦国時代の間に、祖父のときから南海へ、ついで揚子江南部に移動し、吉蔵は金陵すなわち南京に生まれた。吉蔵の家は代々佛教に帰依し、その父は出家して道諒《どうりょう》と名のり、つねに乞食《こつじき》して法を説く熱心な僧であった。その父が五四八—五四九年金陵に滞在したパラマールタにまみえて、生まれたばかりの子に吉蔵の名をあたえられた因縁は、上述のとおりである。父は吉蔵をつれて興皇《こうこう》寺の法朗（五〇七—五八一年）の講説を聞き、その感化によって七歳（または十一歳）で出家した吉蔵は、幼年・少年の時代にすでに深く佛教に通ずるようになった。なお右の伝には道朗とあるが、これは法朗の誤りとされている。法朗はいわゆる古三論の高僧といわれ、多くの弟子を養成しているが、吉蔵は法朗の千余の聴衆のなかでもひときわ秀でた才能を示し、十九歳でひとびとの前に講義をしたという。

やがてかれは陳の桂陽王の尊敬を受け、のち隋のおこる少し前に、浙江省紹南府会稽にある嘉祥寺に入って、ここに住み、みずから学び、且つひとびとを教化した。これは吉蔵の三十代から四十代にかけてのことである。隋が江南を攻めていたころ、吉蔵はなお嘉祥寺にとどまっていたので、このことからかれは嘉祥大師と呼ばれるようになった。大師はもっとも尊敬された呼称である。

間もなく隋の煬帝は四つの道場をひらき、そのひとつの揚州の慧日道場に、名声の高い吉蔵を招いた。『三論玄義』の題署に「慧日道場沙門吉蔵奉命撰」とあるから、この著述はここでなされたのであろう。（ただしその引用文などから見て、現存テクストはここで成った『三論玄義』に吉蔵自身のちになって幾つかの加筆をした成果、との推定もなされている。）この年代については種々の説があるが、およそ隋による天下統一の直前で、吉蔵は五十歳の少し前であった、とされている。隋の統一後、吉蔵はさらにその首府の長安にある日厳寺に招かれ、ここでひろく諸経論について講説して弟子に教え、また多くの著述をおこなった。

吉蔵の伝記のなかで特に有名なもののひとつに、隋の斉王暕《かん》すなわち煬帝の第二子が開催した討論会のできごとがある。この会合には六十余人の名士が集まって討論をおこなったが、そのころ長安で名をはせた英彦や傳徳充もひたすら吉蔵の学殖に感歎し、最後に吉蔵は、当時みずから三国の論師と号した僧粲《けつ》（五二九—六一三年）と論じあい、両日にわたる討論の末、これを破った。それは、同じ『続高僧伝』の僧粲の伝記（大正大蔵経五〇巻、五〇〇ページ下）によると、大業五年（六〇九）で、吉蔵六十一歳のときにあたる。

やがて唐が隋に代わるころ、吉蔵は法華経二千部を写し、二十五尊の像をまつった。唐代になり、武皇すなわち高祖は佛教を保護し、十大徳をおいたとき、吉蔵もそのひとりに選ばれた。晩年に文武皇帝の弟に乞われて、延興寺に住した。ほどなく病いにたおれ、武徳六年（六二三）五月、七十五歳で死去した。

右の略伝に知られるように、はじめ比較的平和であった江南で学んだ吉蔵は、数多くの経典をつぎつぎと読破して学識を深め、のち江北に移ってからも、それらの読誦や講説に熱中した。事実、その著述には博引旁証の形容詞がよくあてはまる。なかでも愛好したのは、三論と法華経で、右の伝記には、三論を講ずること一百余遍、法華経は三百余遍(元と明との版によれば三十余遍)、大品般若経、大智度論、華厳経、維摩経などは各々数十遍といっている。おそらくこの法華経への傾倒から、はるか後代（十三世紀）の志磐の『佛祖統記』第十（大正大蔵経四九巻、二〇一ページ下）その他によると、吉蔵が天台大師智顗に近づこうとした形跡もある。

吉蔵はどちらかというと、まれにみる秀才のあまりに、やや学殖の深さをひとに誇示し、能弁にすぎて他人をゆるさず、どこまでも自己の見解を押しとおして、その性格もやや冷く、多少狷介《けんかい》のところがあったらしい。その点で、吉蔵の名声を慕うものはあったが、同時代のたとえば慧遠に門人が殺到したというようなことは見られないようである。

吉蔵の著述は、諸種の経録のあげるものを合わせると五十種に近い。そのうち現存するものは二十六部があり、『大日本続蔵経』にすべて収められている。それらをその順序にしたがってあげ、また『大正新脩大蔵経』にも収められているものは（大正）としてその巻数をあげて行こう。

(1)華厳経遊意一巻（大正三五）　(2)浄名玄論八巻（大正三八）　(3)維摩経遊意一巻　(4)維摩経義疏六巻（大正三八）　(5)維摩経略疏五巻　(6)勝鬘宝窟六巻（大正三七）　(7)金光明経疏一巻（大正三九）　(8)無量寿経義疏一巻（大正三七）　(9)観無量寿経義疏一巻（大正三七）　(10)弥勒経遊意一巻（大正三八）　(11)大品遊意一巻（大正三三）　(12)大品経義疏十巻欠巻二　(13)金剛経義疏四巻（大正三三）　(14)仁王経疏六巻（大正三三）　(15)法華玄論十巻（大正三四）　(16)法華遊意二巻または一巻（大正三四）　(17)法華義疏十二巻（大正三四）　(18)法華経統略六巻　(19)涅槃経遊意一巻（大正三八）　(20)三論玄義二巻または一巻（大正四五）　(21)中観論疏二十巻または十巻（大正四二）　(22)百論疏九巻または三巻（大正四二）　(23)十二門論疏六巻または三巻（大正四二）　(24)法華論疏三巻（大正四〇）　(25)二諦章三巻（大正四五）　(26)大乗玄論五巻（大正四五）

これらの著作の年代や順序は、数種を除いてほとんどわからない。

第三章　『三論玄義』について

『中論』『百論』『十二門論』の三論を漢訳したクマーラジーヴァは、いわば三論宗の祖師ともいうべきであろうが、そののち、三論の研究は、僧嵩、僧淵、法度、僧朗、僧詮、法朗などに受けつがれ、上述のように、法朗から直接教えを受けた吉蔵において完成した。それが、三論それぞれへの註釈に加えて、この『三論玄義』である。玄義とは〈奥深い意義〉というほどの意味であるから、それは三つの論の根本趣旨ということになろう。それはまた三論宗の基本的主張ということにも解される。ただしここでいう宗は、後世の日本でいう諸宗派とは異なり、学派ほどの意味である。そして『三論玄義』のどこをさがしても、特に三論宗という一宗を立てて、これをもって他宗と争おうとの態度は見られず、あくまで三つの論（ときには『大智度論』をふくめた四つの論、そしてそのなかでも根本となるのは『中論』）にとくに熱をいれて、これらに説かれるところが佛教の本義であるとの信念をもって、この三つの論の主張を通じて、吉蔵自身の解する佛教概論を、この『三論玄義』に示している、そのように理解されるべきであろう。（その意味で、本書に私は三論宗のことばを避け、また成実に対する論議の場合にも、成実宗といわずに、ほとんど『成実論』でとおした。）

システマティックな議論を好んだ吉蔵は、『三論玄義』にもきわめて論理的な構成をがっちりとかまえている。本書ではそれをできるかぎり明瞭に浮き彫りさせるために、篇・章・節に分け、さらにａｂｃから①②などに細分類して、小見出しをつけて示し、読者所賢の理解の便宜を考慮した。なお篇・章・節のタイトルは、いずれも『三論玄義』の文中のものを用いる伝統にならい、その下にカッコに入れて説明のことばを付した。

本論に文章をかみくだいて説明してあるから、ここに一々その要旨を述べるまでもないとも思うが、ごく大筋だけを示せば、つぎのとおりである。

『三論玄義』の全体は前半（第一篇）と後半（第二篇）とに分かれる。ただしこの区分―接続が明瞭でなく、『三論玄義』の二大註釈書である尊祐《そんゆう》の『科註』と鳳潭《ほうたん》の『頭書』とでは、その区分のしかたが異なっている。佛教大系本と国訳一切経の読み下し文とは前者にしたがい、岩波文庫本は後者を尊重する。ここでは後者にならった。

第一篇の「通序大帰」（総論）は、第一章「破邪」と第二章「顕正」とに分れる。

第一章　破邪

1序：三論の根拠などを示す。

2外道への批判：インド思想およびシナ思想（老・荘・孔）への批判。

3アビダルマへの批判：十種の論拠をあげる。

4成実論への批判：十種の論拠をあげる。

5大乗の執著への批判：二種に分けて論ずる。

いずれもまずそれぞれの論を要約して掲げておいてから、それを批判する。なお『成実論』はそれまで大乗と小乗とにまたがるとされていたが、吉蔵は本論に大乗ではないとの決断を下した。

第二章　顕正

1人の正を明かす：ナーガールジュナの正当性を説く。

2法の正を顕わす：正理と正観とを説く。また破邪顕正、否定と肯定、邪と正などについてくわしい問答がある。

3論名に寄せて正を顕わす：正を説き、それを体（本体）と用（はたらき）とについて論ずる。

4経論の関係：経も論もすべて衆生の迷いをほろぼすために説かれた。その経と論との関係を説く。

5経論の能動と受動との交錯：経と論とが能動・受動の関係にいりくんでいるありかたを示す。

この4と5とは（以下の本論のその個所にも指摘するとおり）『科註』はつぎの第二篇にいれている。これは第二章のはじめに、「正の義多しと雖も略して二種を標せん、一には人の正を明かし、次には法の正を顕わす」とあるのによる。それを忠実に守るため、右の3は2にふくめて、そこまでを第一篇とする。

第二篇の「別釈衆品」（各論）は次の十一の章から成る。

第一章　造論の縁起：一種のインド佛教史で、特に小乗諸部派の分裂の歴史を詳しく述べて、三論の出現にいたる。ここにはパラマールタ（真諦）の『部執異論』『部執異論疏』が資料として用いられており、かならずしも現在の佛教史研究の成果とは一致しない。

第二章　諸部通別の義：論に通論と別論とがあり、それにもとづいて諸論を区分する。なお『中論』は大小通論、『十二門論』と『百論』とは大乗通論とされる。
第三章　衆論立名の不同：論の題名の根拠に法と人と喩との三つがあり、『大智度論』を加えた四論は法にしたがっていることを示す。
第四章　衆論の根本趣旨：正観にあることを述べ、さらに四論の一々について説く。すなわち『大智度論』は大品般若経の註釈であり、『中論』は二諦、『百論』は二智、『十二門論』は境智を宗とすることを明かす。
第五章　四論の破申不同：破邪と申明（顕正）とを説明してから、四論のそれぞれについて述べる。
第六章　別して三論を釈す：三論をとりあげる八種の理由をあげる。
第七章　三論の通別：『大智度論』は別論、『百論』は通論の広、『中論』は通論の次、『十二門論』は通論の略。いわば四論それぞれの独自性をあげる。
第八章　四論の教化の手段の不同：四種をあげて説明する。
第九章　四論の対縁の不同：対する縁すなわち相手の側から四論のそれぞれの別を論ずる。
第十章　三論の所破の縁：三論が批判する相手の素質に四種がある。
第十一章　中論の名題を釈す：『中論』別名『中観論』という題名について、七種（広畧・次第・制立・通別・発尽・別釈・不同）の観点から詳しく考察する。

『三論玄義』は吉蔵によって書かれ、吉蔵―磧法師―元康の系譜を中心に暫く読まれたが、シナにあっては、智顗の天台をはじめ、やがておこる法蔵（六四三―七一二年）の華厳や玄奘（六〇二―六六四年）の法相などに押されて、あまりふるわなかった。

『三論玄義』がもっぱら流行したのは、日本においてである。すなわち、この本が伝えられたのはちょうど日本における佛教研究の初期に相当し、そこでさかんに研究された。三論の伝来についてはは三伝ということがいわれる。すなわち、まずシナに留学して吉蔵に会い直接その教えを受けた高麗僧の慧灌（六〇〇―六八一年ごろ）は、推古天皇の三十三年（六二五年、聖徳太子没後四年）日本に渡来して元興寺に住し、六四五年にははじめて宮中に三論を講じた。これが第一伝である。第二伝はその孫弟子の智蔵（六二五―六七二年ごろ）が入唐して三論を伝え、法隆寺で三論を講説した。第三伝はその弟子の道慈（六七〇?―七四四年）で、七〇一年入唐し、上述の元康について三論を学び、帰朝してから大安寺を建てて三論宗をひろめた。

こうして奈良佛教以前およびその初期を飾るものは、この三論宗―三論教学であったが、その後次第に諸宗が伝えられると、三論宗はいわゆる南都六宗のひとつに数えられるにすぎなくなった。特に特別の実践方法をもたず、主として教理・教学の性格の強い三論宗は、その他の諸宗が華をひらくにつれて、宗としては衰え、法相や華厳などの寓宗として、すなわちそれらに付随して学ばれたにとどまる。

右の慧灌から、『三論玄義』の註釈書である『三論玄疏文義要』別名『禅那抄』十巻を書いた珍海（一〇九一―一一五一年）までの系譜を、国訳一切経の「三論玄義解題」から借りると、次のとおりである。

慧灌―福亮―呉智蔵┬智光┐
　　　　　　　　　├礼光┴霊叡―薬宝―元興願暁┬隆海
　　　　　　　　　│　　　　　　　　　　　　　└醍醐聖宝┬観賢
　　　　　　　　　│　　　　　　　　　　　　　　　　　　└延敞┬法蔵
　　　　　　　　　│　　　　　　　　　　　　　　　　　　　　　└東南観理―法縁―澄心―斉慶―有慶―顕真―禅林永観―珍海
　　　　　　　　　└道慈―善議┬勤操
　　　　　　　　　　　　　　　└安澄―実敏―西大玄叡

『三論玄義』そのものは、奈良時代以来ずっと（今日まで）広く読まれ、非常に多数の註釈、刊本、写本が流布している。なかでも中観撰の『検幽集』（一二八〇年）、尊祐撰の『科註』（一六八五年）、鳳潭撰の『頭書』（一七〇一年）などが名高い。それらについては、末尾の参考文献を参照されたい。

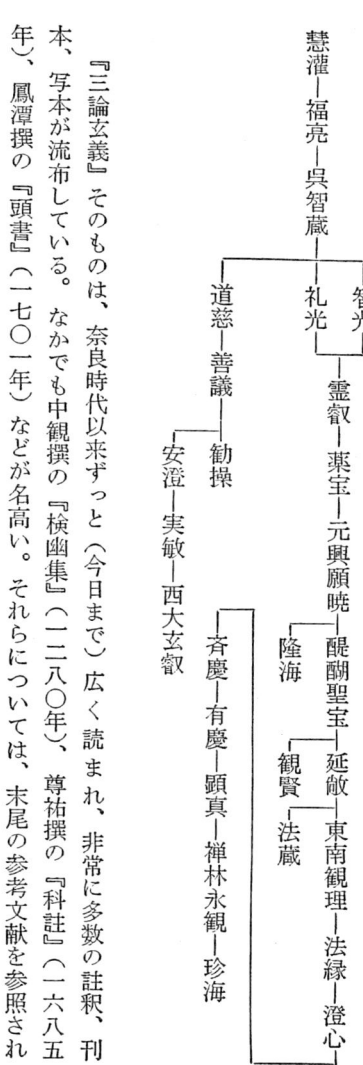

本論

序

総じて宗要《しゅうよう》を序《の》ぶるに、開きて二門と為す。一には通じて大帰を序べ、二には別して衆品を釈す。

總序二宗要一、開爲二二門一。一通序二大歸一。二別釋二衆品一。

〈宗要〉宗すなわちここでは三論の根本主張の要点。〈大帰〉全体の帰着するところ。〈衆品〉多くの章節。

もともと非常にシステマティック（組織的）な議論を好んだ吉蔵は、この自著を最初から二つの部門、すなわち総論に相当する通序大帰と各論に相当する別釈衆品に分類する。このうち、前者は主として三論の根本主張からみてその外部のことに、後者は内部のことに向けられている。本書はまず前者から論じ始め、このあとに後者が続く。ただし両者の切れ目は明瞭でなく、これについてはすでに解説に触れておいた（のちにその部分にも論ずる）。

第一篇　通序大帰（総論）

序

初門に二あり、一には破邪。二には顕正なり。

初門有レ二。一破邪。二顕正。

〈破邪〉あやまりを否定する。〈顕正〉正しいものを明らかにする。

初門すなわちこの第一篇をさらに破邪と顕正との二つに分類する。もともと吉蔵の態度は破邪即顕正であって、あやまりをついてそれを否定し正して行くうちに、正しいものがひとりでにあらわれるというのが、かれの基本的な立場であるが、本書では二分して、まず破邪を、次に顕正を述べるというシステムをとる。しかし以下の破邪の討論のうちに、顕正の立場がうかがえることに注目するのも肝要であろう。

第一章　破　邪

第一節　序

夫れ適化に方なく、陶誘一に非ず。聖心を考うれば、息患《そくげん》を以て主と為し、教意を統《すべ》れば、通理を以て宗と為す。

夫適化無レ方、陶誘非レ一。考二聖心一、以二息患一爲レ主。統二敎意一、以二通理一爲レ宗。

これと同じ文章が同じ著者の次の二本にある。(1)『法華義疏』巻一（大正三四巻、四五二中）ただ「通理」を「開道」とする。(2)『中観論疏』巻一（大正四二巻、七下）ただ「患」を「病」に、「統」を「緑」に、「通理」を「開道」とする。さらにここには「師云」といい、右の文章が師の興皇寺法朗によるものであることを示す。

ここに佛教の教化の根本態度を示す。すなわち衆生の能力や時期・場所にふさわしいように教化するのに、一定のきまりはなく、衆生を訓陶し誘導するのに、唯一の道というものはなく、多種多様である。聖（なるひと）の心を考えてみると、患《うれい》や病《やまい》をとどめることを主とし、また教えの意義を統括すると、道の理を通説することを根本としている。

a　三論の根拠

但し九十六術は火宅に栖《す》みて浄道と為し、五百の異部は見網に縈《まと》われて泥洹《ないおん》と為し、遂に鹿苑《ろくおん》をして坵墟《きゅうきょ》とし、鷲山《じゅせん》をして荊蕀《けいし》とならしめたり。善逝は之を以て慟《なげ》きを流し、薩埵《さった》は所以《ゆえ》に大いに悲しむ。四依は此《これ》が為に興り、三論は斯《これ》に由りて作る。但だ論は三ありと雖《いえど》も、義は唯《ただ》二轍なり。一に曰く顕正。二に曰く破邪。邪を破すれば則ち下《しも》沈淪を拯《すく》い、正を顕わせば則ち上《かみ》大法を弘む。故に領を振い綱を提《ひっさ》げて、理は唯斯れ二なり。

但九十六術栖二火宅一為二浄道一。五百異部縈二見網一為二泥洹一。遂使二鹿苑坵墟、鷲山荊蕀一。善逝以レ之流レ慟。薩埵所以大悲。四依為レ此而興。三論由レ斯而作。但論雖レ有レ三、義唯二轍。一曰顕正。二曰破邪。破レ邪則下拯二沈淪一。顕レ正則上弘二大法一。故振レ領提レ綱。理唯斯二也。

〈九十六術〉外道すなわち佛教以外の教えの総称。釈尊当時「六師外道」と称せられる(1)プーラナ、(2)ゴーサーラ、(3)サンジャヤ、(4)アジタ、(5)パグダ、(6)ニガンタ（ジャイナ教）の六人がおり、それぞれ十五人の弟子をつれていたとの伝承による。〈火宅〉一切世界をいう。法華経譬喩品の「三界火宅」に由来する。三界とは(1)欲望の世界(2)物質の世界(3)非物質の世界、すなわち全部の世界。〈泥洹〉nirvāṇa の音写、涅槃《ねはん》と同じ。〈鹿苑〉Mṛgadāva の訳。ベナレス近郊、釈尊の初転法輪の地。鹿野苑ともいう。〈鷲山〉Gṛdhrakūṭa の訳、ラージギルの東方、法華経など大乗の教えが説かれたと伝えられる。霊鷲山、祇闍崛山などともいう。〈善逝〉sugata の訳。もと釈尊の別名。ここはほとけたち。〈薩埵〉bodhisattva の音写の菩提薩埵の後半、すなわちぼさつ。〈四依〉は第四の位、『大般涅槃経』第六（大正一二巻、三九六下）によれば聖者（アラカン）の位。『中論序疏』（大正四二巻、一下）によれば十地のぼさつをいい、ここは三論の著者であるナーガールジュナ（竜樹）とアーリヤデーヴァ（提婆）とを指す。

それなのに外道のひとびとはこの世界に住んでそのまま清浄な道であるとし、佛教内部の五百におよぶ異部は網の目のような邪見にからまりついて、そのまま涅槃《ねはん》（さとり）だとしている。そのためについに原始佛教の発祥の地の鹿苑を荒廃地とし、大乗佛教の発祥の地の鷲山を雑草地たらしめてしまった。ほとけたちはこれを歎き、ぼさつたちはそれゆえ大いに悲しんだ。そのような状況のなかで、四依の位に達したナーガールジュナ（竜樹）とアーリヤデーヴァ（提婆）とがこのためにこの世に出て、三論はこれによって作製された。ただし論は三種あるけれども、根本義は二種類であり、一には顕正といい、二には破邪という。破邪によって、あわれな境遇になりさがっているものを救い、顕正によって、世間の上の方まで大法をひろめることができる。ゆえにそれらの毛並みをそろえて要点をつかめば、根本義はただこれ右の二点に帰着するのである。

b 四宗の総括的否定

但し邪謬紛綸として備《つぶさ》に序ぶ可きこと難し。三論の斥《しりぞ》くる所は略して四宗を弁ず。一には外道《げどう》を摧《くだ》き、二には毘曇《びどん》を折《くじ》き、三には成実《じょうじつ》を排し、四には大執を呵す。問う、何の義を以ての故に遍ねく衆師を斥くるや。答う、論主は其の原《みなもと》を究《きわ》め、其の理を尽くすなり。一源、究めざれば、則ち戯論《けろん》滅せず。毫理を尽くさざれば、則ち至道彰《あらわ》れず。源《みなもと》として究めざることなければ、群異乃《すなわ》ち息《や》み、理として尽くさざることなければ、玄道始めて通ずるを以て、是を以て斯《こ》の文に遍ねく衆計を排するなり。

但邪謬紛綸、難レ可二備序一。三論所レ斥略辨二四宗一。一摧二外道一。二折二毘曇一。三排二成實一。四呵二大執一。問、以二何義一故遍斥二衆師一。答、論主究二其原一、盡二其理一也。一源不レ究、則戯論不レ滅。毫理不レ盡、則至道不レ彰。以下無二源不一レ究、群異乃息、無二理不一レ盡、玄道始通上。是以斯文遍排二衆計一。

〈毘曇〉Abhidharma の音写の阿毘曇の略。いわゆる小乗佛教を指す。〈成実〉ハリヴァルマン（Harivarman 訶梨跋摩、二五〇—三五〇年ごろ）著、クマーラジーヴァ（Kumārajiva 鳩摩羅什）訳の『成実論』十六巻または二十巻。部派佛教

（小乗佛教）の重要な見解をほとんど網羅して、そのなかに大乗的見解をおりこむ。有部の解釈をしりぞけて、経量部説をとることが多い。インドでは早くほろんで、梵本もチベット訳もない。中国では成実宗が形成されるほどさかんに研究されて、広く大乗の論書とされていたのに、吉蔵はこれに反対して小乗論と断定し、さかんに攻撃する。その所論は本書七九ページ以後に展開される。

ただし邪見と誤謬とが非常に多く一々くわしく述べることはむつかしい。そのような多くの異説のなかで、三論がしりぞけるところは、それらを略述して次の四つの意見に区分する。(1)外道をくだく。(2)小乗佛教をくじく。(3)成実論を排する。(4)大乗佛教の執著をせめる。

問、どのような意義があって広く多くの師をしりぞけるのか。

答、三論の著者は、佛教の根源を究め、その理論を尽くそうとするのである。もしも一つの根源を究めなければ、虚構の論議はなくならず、わずかな理論を尽くさないでおけば、充分な道があらわれない。しかしどこまでも根源を究めるならば、多数の異見はそこで終息し、どこまでも理論を尽くすならば、微妙幽深な道が始めて通ずるのである。この理由によってこの三論の文章には広く多くの異見を排するのである。（以上は総括であって、上述の四宗への否定はこのあと逐一述べられる。）

c 問答

問う、既に法として究めざるなく、言として尽くさざるなければ、応《まさ》に遍ねく群異を排すべし。何の故に但《ただ》四宗を斥《しりぞ》くるや。答う、初の一を外と為し、後の三を内と為し、内外並び収《おさ》むるなり。毘曇には有を明かし、成実には空を弁ずれば、空有倶《とも》に摂《おさ》む。斯の二を小と為し、方等を大と称し、大小該羅す。略して四迷を洗えば、則ち紛累都《すべ》て尽くるのみ。

問う、此の四執の優降は云何。答う、外道は二空に達せず、横《ほしいまま》に人法を存す。毘曇は已に無我を得れども、而も法の有性に執《と》わる。跋摩は具《とも》に二空を弁ずれども、而も照は猶お未だ尽くさず。大乗は乃ち言は究竟なれども、但《ただ》封執して迷を成す。浅より深に至る、四宗の階級なり。

問う、外道の邪言は破と称することを得可《べ》きも、余は内教と為す。何ぞ亦た破することを得るや。答う、総じて破顕を談ずるに、凡《およ》そ四門あり。一に破して収めず。二に収めて破せず。三に亦たは破し亦たは収む。四に破せず収めず。言にして道に会わざるは、破して収めず。説にして必ず理に契《かな》うは、収めて破せず。教を学びて迷を起こすは、亦たは破し亦たは収む。其の能迷の情を破して、所惑の教を収取す。諸法実相は言忘慮絶し、実に破す可きなく亦た収む可きなし。上の三門を泯《ほろぼ》して一相に帰す。斯の四句を照らすに破立皎然たり。此より以来総じて破を明申し、此より已去は別して四宗を斥く。

問、既無二法不一レ究、無二言不一レ盡。應三遍排二群異一、何故但斥二四宗一耶。答、初一爲レ外、後三爲レ内。内外並收。毘曇明レ有。成實辨レ空。空有俱攝。斯二爲レ小。方等稱レ大。大小該羅。略洗二四迷一、則紛累都盡耳。問、此之四執優降云何。答、外道不レ達二二空一。横存二人法一。毘曇已得二無我一、而執二法有性一。跋摩具辨二二空一、而照猶未レ盡。大乘乃言究竟、但封執成レ迷。自レ淺至レ深、四宗階級。

問、外道邪言可レ得レ稱レ破。餘爲二内教一。何得二亦破一。答、總談二破顯一、凡有二四門一。一破不レ收。二收不レ破。三亦破亦收。四不レ破不レ收。言不レ會レ道、破而不レ收。說必契レ理、收而不レ破。學レ教起レ迷、亦破亦收。破二其能迷之情一、收二取所惑之教一。諸法實相言忘慮絕、實無レ可レ破亦無レ可レ收。泯二上三門一歸二乎一相一。照二斯四句一破立皎然。自レ此以來總明二申破一。從レ此已去別斥二四宗一。

〈方等〉vaipulya の訳、方広などともいい、もと原始佛教経典の基本型のひとつ。のち大乘佛教では主として大乘経典を指す語となった。ここではさきに「大（乘佛教の）執」といったのを指す。〈跋摩〉訶梨跋摩の略。成実論の作者。〈二空〉

人空（=無我）と法空との二つの空。《諸法実相》諸法の如実相すなわち真実のありかたをいう。原語には dharmatā, tattva (lakṣaṇa) などが考えられる。シナ佛教では天台宗や三論宗がこの語をさかんに用いた。

問、もともと法として究めないものはなく、言として尽くさないものはないことを称しているならば、あまねく多数の異見を排すべきである。なぜここでただ四つの主張だけをしりぞけるのであるか。

答、それは右の四つのうち、初めの一は佛教の外部となし、後の三を佛教の内部となして、あわせて内外そろって収められる。また佛教の内部のうち、アビダルマには有を明らかにし成実論には空をわきまえているので、あわせて空と有との説がともにおさめられる。そしてこの二つを小乗佛教となし、方等（経典）を大乗佛教となして、（さきの四つの宗で）大小二乗が包括される。以上略して四つの迷いを洗い除けば、すなわちさまざまな関連あるものはすべて尽くされるのである。

問、この四つのとらわれの主張の優劣はどうか。

答、外道は人空（=無我）と法空には達しないで、勝手に人と法とをのこしている。アビダルマはすでに人については無我を得ているけれども、しかし法の有性にとらわれている。成実論はともに人と法の二空をわきまえているけれども、しかし詳論はまだ尽くされていない。大乗はそのいうところは究極であるが、ただその言にすっかりとらわれて迷いをなしている。以上のように浅いものから深いものへと四つの主張の階級がある。

問、佛教外部のひとびとの邪言は、これを否定すると称することができるであろうが、そのほか（の三つ）は佛教内部の教えである。どうしてまたこれを否定することができるか。

答、一般に否定—肯定を論ずるのに、およそ四種がある。(1)否定して肯定しない、(2)肯定して否定しない、⑶一部は否定し一部は肯定する、⑷否定もしないし肯定もしない。（それを実際にあてはめてみると）、⑴主張が道理にあわなければ、否定して肯定しない。⑵説がかならず道理にかなっているのは、肯定して否定しない。⑶教えを学んでかえって迷いを起こすのは、一部分は否定し一部分は肯定する、すなわちその迷いを起こす感情を否定し、迷いの対象である教えは肯定してとりいれる。⑷諸法実相すなわち真実のありかたはことばもなく思慮も絶えて届かない。これは実に否定することもできず肯定することもできない。すなわちここで上述の三種がなくなって一相に帰するのである。以上の四句を詳論すれば、否定と肯定とは明瞭であろう。（これまでは総括的な否定を明らかにしてきた、これからあとは各々別々に四宗のそれぞれを批判して行く。）

第二節　外道を摧く（外道への批判）

a 総説

言う所の外道を摧くとは、夫《そ》れ至妙虚通せる、之を目《な》づけて道と為す。心は道の外に遊ぶ、故に外道と名づく。外道は多端なれども、略して其の二を陳《の》ぶれば、一には天竺の異執、二には震旦の衆師なり。

所レ言摧二外道一者。夫至妙虚通目レ之為レ道。心遊二道外一故名二外道一。外道多端、略陳二其二一。一天竺異執。二震旦衆師。

さきに述べた外道をくだくについて考えて行こう。（外道という語に関しては）一体非常に微妙で障害のないものを名づけて道とする。ところで心がその道の外部に浮遊するがゆえに、外道と名づけるのである。外道の種類は多様であるけれども、それらを簡略にして二つに分けて述べれば、(1)インドの異執、(2)シナの衆師である。

b インドの異端

総じて西域を論ずれば九十六術、別して宗要を序《の》ぶれば則ち四宗盛んに行なわる。一には邪因邪果を計し、二には無因有果に執し、三には有因無果を立て、四には無因無果を弁ず。

総論二西域一九十六術。別序二宗要一則四宗盛行。一計二邪因邪果一。二執二無因有果一。三立二有因無果一。四辨二無因無果一。

〈西域〉文字どおり西の地域であるが、ここではインドを指す。例、玄奘の『大唐西域記』。〈九十六術〉第一節aの註を参照。

総括してインドの異端を論ずれば九十六術、それぞれについて主張の要点を述べれば四つの異執がさかんにおこなわれている。(1)邪因邪果をはかる、(2)無因有果にとらわれる、(3)有因無果を立てる、(4)無因無果をわきまえる。（このように因と果とのつながりから宗をおさえることは、インド佛教以来の伝統的な手法であるが、右の九十六の数といい、また四つの一々についても、実際にインドにあったものをとらえていっているのではなく、吉蔵が多くの佛教経典から学んだ伝説的なものに勝手に名づけて称しているだけであって、それらに相当するインド思想は必ずしも明らかではない。）

b ①邪因邪果

問う、云何《いかん》が名づけて邪因邪果と為すや。答う、有る外道の云《いわ》く、「大自在天は能く万物を生ず。万物若《も》し滅すれば、還りて本天に帰す。故に自在と云う。天若し瞋《いか》れば、四生皆《みな》苦しむ。自在若し喜べば、則ち六道咸《ことごとく》楽しむ」と。然れども天は物の因に非ず、物は天の果に非ず、蓋し是れ邪心の画ける所なり。故に邪因邪果と名づく。自在は既に爾《しか》り。七計も例して然《しか》り。

問、云何名爲二邪因邪果一。答、有外道云、大自在天能生二萬物一。萬物若滅、還歸二本天一。故云二自在一。天若瞋、四生皆苦。自在若喜、則六道咸樂。然天非二物因一。物非二天果一。蓋是邪心所レ畫。故名二邪因邪果一。自在既爾。七計例然。

〈大自在天〉Maheśvara の訳。インドのヒンドゥ教に登場する Śiva の神の異名で、世界創造の最高神と考えられた。〈四生〉一切の存在の生《うま》れを胎生・卵生・湿生・化生に分ける。〈六道〉一切の生あるもの（衆生）の場所を地獄・餓鬼・畜生・阿修羅・人・天の六に分ける。〈七計〉は『中論』（竜樹造、青目釈、鳩摩羅什訳）の初めに、「万物は大自在天より生ず、韋紐《ヴィシュヌ》天より生ず、和合より生ず、時より生ず、世性より生ず、変化より生ず、自然より生ず、微塵より生ず」（大正二五巻、一中）の八種の生を邪因としていることを受ける。

問、どのような説を邪因邪果と名づけるのか。

答、ある外道はいう、「大自在天は万物を生ずる能力がある。万物がもしほろびれば、それはその本源であった天に還帰する、ゆえに大自在天という。この天がもし怒れば四生はみな苦しみ、この天がもし喜べば六道はすべて楽しむ」と。しかしながら天は物の因ではなく、物は天の果ではない。そのような因—果は思うに邪心が空想したところである。ゆえにこれを邪因邪果という。このようにして「大自在天より生ずる」という考えが邪因邪果であることが判明した。（『中論』に説く生に関する他の七つの考えも、この例にならって邪因邪果である。）

難じて曰《いわ》く、夫れ善は楽報を招き、悪は苦果を感ず。蓋し是れ交謝の宅・報応の場なり。義理に達せざるを以ての故に斯の謬《あやま》りを生ず。又夫れ人類は人を生じ、物類は物を生ず。人類は人を生ずれば則ち人還って人に似る。物類は物を生ずれば物還って物に似たり。蓋し是れ相生の道なり。而るに一天の因、万類の報を産すと謂う。豈《あ》に謬りにあらずや。

難曰、夫善招二楽報一悪感二苦果一。蓋是交謝之宅報應之場。以レ不レ達二義理一故生二斯謬一。又夫人類生レ人、物類生レ物。人類生レ人則人還似レ人。物類生レ物物還似レ物。蓋是相生之道也。而謂三一天之因産二萬類之報一。豈不レ謬哉。

右の邪因邪果を非難していう。一体、善は楽の報を招き、悪は苦の果を感ずるのが当然である。思うにこのようにこの三界は交互に移る建物であり、苦楽の報いが応ずる場所である。ところがこの邪説はその内容・意義に達していないところから、右のあやまりを生ずる。また、一体、人類は人を生じ、物類は物を生ずる。人類が人を生ずれば、当然人は再び人に似る。物類が物を生ずれば、物は再び物に似ているのである。思うに次々と生まれる道理である。しかるにこの邪説は、一つの天の因から何万という種類の結果が生まれるという。どうしてこれがあやまりでなかろうか。

b ⑵無因有果

問う、云何が名づけて無因有果と為すや。答う、復《ま》た外道あり、万物を窮推するに由籍する所なきが故に無因と謂う。而も現に諸法を覩《み》るに当《まさ》に果あるを知るべし。例えば荘周の魍魎《もうりょう》が影に問うが如し。影は形に由りて有り、形は造化に由る。造化は則ち所由なし。本《もと》既に自ら有り。即ち末も他に因らず。是の故に因なくして果あるなり。問う、無因と自然と此れ何の異かありや。答う、無因は其の因の無に拠り、自然は果の有を明かす。義に約すれば同じからざるも、猶《な》お是れ一執なり。

問、云何名爲無因有果。答、復有外道、窮推萬物、無所由籍、故謂無因。而現覩諸法、當知有果。例如莊周魍魎問影。影由形有。形由造化。造化則無所由。本旣自有。卽末不由他。是故無因而有果也。問、無因自然此有何異。答、無因據其因無。自然明乎果有。約義不同、猶是一執。

〈荘周〉荘子、名は周。〈魍魎問影〉『荘子』の斉物論にいう、「魍魎、影に問うて曰く、曩《さき》に子行き今《いま》子止まる。曩に子坐し今子起《た》つ。何ぞ其れ特操なきや、と。影曰く、吾れ待つことありて然る者ならんや。吾が待つ所、又待つことありて然る者ならんや。吾れ蛇蚹蜩翼を待たんや。悪《いずく》んぞ然る所以を識らん、悪んぞ然らざる所以を識らん。」〈自然〉荘周説と造化とを受ける。

問、どのような説を無因有果と名づけるのか。

答、またある外道は、一切万物の因をどこまでも追究してきわめようとするのに対して、よりどころとするところがない。それゆえその説を無因という。ところが現実に多くのものをよく見てみると、そこにまさに果が存在していることを知らなければならない。たとえば、荘周がいった「魍魎が影に問う」ごとくである、すなわち影はどこまでもついてまわる。それは影は形によって存在するのであり、形は自然の造化によって存在する。しかも自然の造化はどうかといえば、由るところがない。このように本《もと》はすでにみずから存在している。すなわち末《すえ》も他によらない。このゆえに因なくして果があるとするのである。

問、無因と自然と、この間にどのような違いがあるか。

答、無因はそれの因のないことを根拠としており、自然はそこに果のあることをあきらかにしている。その意義についていえば、二つは同じではないけれども、しかも同一のとらわれである。

難じて曰く、夫れ因果相生すること猶お長短相形するがごとし。既に其れ果あらば何ぞ因なきことを得ん。如《も》し其れ因なければ、何ぞ独り果あらん。若《も》し必ず因なくして而も果あらば、則ち善は地獄を招き、悪は天堂を感ぜん。問うて曰く、有る人の言わく、「自然に因あり、自然に因なし。万化不同なれども、皆自然は有り」と。故に前の過に同ずるなけん。答えて曰く、蓋し未だ之を審察せざるが故に斯の謬りを生ず。如し其れ精《くゎ》しく究むれば理として必ず然らず。夫れ自を論ずれば他に非《あら》ざるを謂いて義と為し、必ず是れ因ならば、他は則ち自に非ざるなり。故に自ならば則ち因ならず、因ならば則ち自ならず。遂に因にして復た自なりと言わば、則ち義は桙楯《むじゅん》を成ず。

難曰。夫因果相生猶ニ長短相形一。既其有レ果何得レ無レ因。如其無レ因、何獨有レ果。若必無レ因而有レ果者、則善招ニ地獄一、惡感ニ天堂一。問曰。有人言、自然有レ因、自然無レ因。萬化不同、皆自然有。故無レ同ニ前過一。答曰。蓋未レ審ニ察一レ之故生ニ斯謬一。如其精究理必不レ然。夫論レ自者、謂レ非レ他爲レ義。必是因、他則非レ自矣。故自則不レ因。因則不レ自。遂言ニ因而復自一、則義成ニ桙楯一。

右の無因有果説を非難していう。一体、因と果とが相い応じて生ずることは、ちょうど長と短とが相い応じて形をなしているごとくである。すでにその果が存在するならば、どうしてその因が存在しないことができようか。またもしもその因が存在しないならば、どうしてひとり果だけが存在しようか。もしも必ず因が存在しないでしかも果が存在するということになれば、善は地獄を招き、悪は天堂を感ずることになってしまう。

問うていう、あるひとはいう、「自然には因のあるものもある。また自然には因のないものもある。このように万物は同一ではなくて、しかもすべて自然は存在する」と。それゆえこの説は前の無因法と同じあやまちはないであろう。

答えていう。思うにこの説はまだこれ（自然）をくわしく観察していないがゆえにこのようなあやまりを生じたのである。もしもくわしく追究するならば、道理として必ずそのようなことはない。一体、自を論ずるならば、その自とは他ではないということをその意義としている。そこで必ず一方が他方によるという因ということを主張するならば、これは他の概念であって自ではないのである。ゆえに自ということを主張するならば、すなわち因の概念は成立せず、因ということを主張するならば、すなわち自の概念は成立しない。どこまでも因であって同時にまた自であるということを主張しようとすれば、すなわちそれの意義は矛盾したものになる。

b ③有因無果

問う、云何が名づけて有因無果と為すや。答う、断見の流れは唯《ただ》現在のみありて更に後世なきこと、類せば草木の尽くること一期《いちご》に在るが如し。

問、云何名爲㆓有因無果㆒。答、断見之流唯有㆓現在㆒更無㆓後世㆒。類如㆔草木盡在㆓一期㆒。

問、どのような説を有因無果と名づけるのか。

答、断見の学派は、ただ現在のみ存在していてさらに後世には存在しない、と説く。そしてそれはたとえば草木が一時期にパッと尽きてしまうようなものであるという。

難じて曰く。夫れ神道幽玄なれば、惑人は昧《くら》きこと多し。義は丘を経《ふ》るも而も未だ暁《さと》らず。理は旦に渉《わた》るも而も猶お昏《くら》し。唯だ佛宗のみありて乃《すなわ》ち其の致を尽くす。経に云《いわ》く、「雀は瓶中に在るとき、羅縠もて其の口を覆わんに、縠穿《うが》てるとき雀は飛び去るが如く、形の壊《こわ》るれば神走る」と。匡山の慧遠、釈して曰く、

「火の薪に伝《つた》わるは、猶お神の形に伝わるがごとく、火の異の薪に伝わるは、猶お神の異の形に伝わるがごとし。前の薪は後の薪に非《あら》ざれば、則ち指窮の術妙なることを知る。前形は後形に非ざれば、則ち情数の感の深きことを悟りぬ」と。形の一生に朽《く》つるを見て、便《すなわ》ち識と神と倶《とも》に喪《うしな》うと謂い、火の一木に窮《きわ》まるを、乃ち終期都《すべ》て尽くと曰うことを得ず。後学の黄帝の言を称して曰う、「形は靡《ほろ》ぶと雖も而も神は化《かわ》らざるなり。化るに乗じて変に至ること無窮なり」と。未だ彰《あら》わに三世を言わずと雖も、意は已に未来の断ぜざるを明かせり。

難曰。夫神道幽玄、惑人多レ昧。義經レ丘而未レ曉。理涉レ旦而猶昏。唯有二佛宗一乃盡二其致一。經云、如下雀在二瓶中一、羅縠覆二其口一、縠穿雀飛去上。形壞而神走。匡山慧遠釋曰、火之傳二於薪一、猶三神之傳二於形一。火之傳二異薪一、猶三神之傳二異形一。前薪非二後薪一、則知二指窮之術妙一。前形非二後形一、則悟二情數之感深一。不レ得下見三形朽二於一生一、便謂二識神俱喪一、火窮二於一木一、乃曰中終期都盡上。後學稱二黃帝之言一曰、形雖レ靡而神不レ化。乘レ化至レ變無窮。雖レ未三彰言二三世一、意已明二未來不一レ斷。

〈丘〉孔丘、すなわち孔子。〈旦〉周公。〈経云〉『燉煌本佛説七女観経』にこの引用と一致する文がある。ただ最後の一句は「神明随所受」とある（大正八五巻、一四五九中下）。なお諸註釈書のいう『七女経』（支謙訳、大正一四巻、九〇八中下）その他の典拠はこの引用と一致しない。〈匡山〉は廬山の異名。〈慧遠〉廬山の慧遠（三三四―四一六年）、東晋の僧。道安に学び多くの弟子を養成した。この引用はその『沙門不敬王者論』第五にある。次の二句も慧遠の句に拠る（大正五二巻、三二上）。〈指窮〉『荘子』養生主のおわりに「指窮於為薪。火伝也。不知其尽也」とあるのによる。おそらく前の薪の燃え尽きるのを窮といい、後の薪を指しつぐのを指といって、火が燃え続けて火の消えないありかたをいう。〈後学〉のちの学者の意味であるが、慧遠の上掲書に「文子称黄帝言曰。形有靡而神不化。以不化乗化。其変無窮」とある（大正五二巻、三一下）から、この後学は文子を指す。〈情数〉有情（＝衆生）の数に入ったもの、すなわちもろもろの衆生全般。

右の有因無果を非難していう。一体、精神に関する道は幽玄であって、惑《まど》うひとびとはこれにくらいことが多い。その意義は孔子を経てもまださとられず、その道理は周公にわたってもしかもなおくらい。ただ佛教の宗だけがあってそれがその極致を尽くしている。その経に、「雀が瓶のなかにあるとき、薄絹《うすぎぬ》をもってその瓶の口をおおうのに、その薄絹にあながあけられれば、雀は飛び去るように、そのいれものの形がこわれると、そのなかの精神は走り出す」という。廬山の慧遠はこの経の文に註釈していう、「火が薪に伝わるのはちょうど精神が外形に伝わるごとくであり、火が別の薪に伝わるのはちょうど精神が別の外形に伝わるごとくである。前の薪は後の薪ではないのに、火は伝わる、それは前の薪が燃えつきて次の後の薪に指しつぐことが巧みにおこなわれるからであることがわかる。（精神の場合もこれと同じように）前の外形は後の外形ではないのに、精神は伝わる。それはもろもろの生あるものが次々と指しついで行く輪廻のかぎりないことをさとるのである」と。以上から眺めて、外形の一生が朽ちたのを見て、ただちに認識も精神もともにほろびたということはできず、火の一本の木でおわったのを見て、そこで終わりの時期がすべて尽きたということはできない。なお次々と続いて行くのである。のちの学者（＝文子）が黄帝の言を称していう、「外形はほろびたけれども、しかも精神には変化はない。外形の変化に乗じて、精神の変化にまでいたるのには、きわまりない長い時期を要する」と。ここにはまだ明瞭には過去・未来・現在の三世のことはいってはいないけれども、その内心はすでに未来まで断ずることはないという趣旨をあきらかにしている。

b ④無因無果

問うて曰く、云何が名づけて無因無果と為すや。答う、既に後世に果を受くることを撥無し、亦た現在の因なしという。故に六師の云く、「黒業あることなく、黒業の報あることなく、白業あることなく、白業の報あることなし」と。四邪の間に最も尤弊たり。現在には善を断じて、後に悪趣に生ず。問う、斯の紛謬は何の時より起これるや。答う、釈迦未だ興《おこ》らざるとき、盛んに天竺に行なわる。能仁既に出でて斯の謬計を殄《ほろ》ぼす。佛の滅度の後に柯条更に繁し。竜樹後に興りて重ねて剪伐を加う。

問曰、云何名爲二無因無果一。答、既撥二無後世受一レ果。亦無二現在之因一。故六師云、無レ有二黒業一、無レ有二黒業報一。無レ有二白業一、無レ有二白業報一。四邪之間最爲二尤弊一。現在斷レ善、後生二惡趣一。問、斯之紛謬起レ自二何時一。答、釋迦未レ興盛行二天竺一。能仁既出殄二斯謬計一。佛滅度後柯條更繁。龍樹後興重加二剪伐一。

〈六師〉いわゆる六師外道。本章第一節aの註を参照。なかでもプーラナやアジタは無因無果説で名高い。〈黒業白業〉黒は悪、白は善に通ずる。業は karman の訳で、行為とその結果の総体。その結果が次の行為を規定することまでも含む。〈悪趣〉地獄・餓鬼・畜生・阿修羅・人・天の六道のはじめの三つを三悪趣という。〈能仁〉Śākyamuni の訳。

問うていう、どのような説を無因無果と名づけるのか。

答、その説は、すでに後の世に果を受けることを全く否定し、また現在の因もないという。ゆえに六師外道（のあるもの）はいう、「悪業あることなく、悪業の報いがあることなく、善業あることなく、善業の報いがあることもない」と。以上あげてきた四つの邪見のなかで、これは最もいちじるしい間違ったものである。これによると、現在には善を断じ、後世には悪い場所に生まれる。

問、このようなあやまった考えはどのときからおこったのか。

答、釈迦がまだ世に出ないときに、この考えがさかんにインドで行なわれた。釈尊がすでに出現して、このようなあやまった考えをほろぼした。佛がなくなられてのちに、その枝葉がさらに繁った。そこでナーガールジュナ（竜樹）がのちに世に出て、重ねてその枝葉を切りとることを加えた。

c シナの衆師

次に震旦の衆師を排す。一に法を研《きわ》め、二に人を覈《かんが》う。

次排二震旦衆師一。一研レ法。二覈レ人。

〈覈〉しらべる、かんがえる。

次にシナの多くの師を排する。一にはその説いている法を研究し、二にはその説いているひとについて考えてあきらかにする。

c ①法の研究（佛教と老・荘・周易）

問うて曰く、天竺の四術は既に是れ外言なり。震旦の三玄は応に内教と為すべきや。答う、釈の僧肇の云く、「老子荘周の書を読む毎《ごと》に、因《よ》って歎じて曰く、『美なることは即ち美なり。然れども神に棲《す》み累を冥するの方は猶お未だ尽くさざるなり』」と。後に浄名経を見て欣然として頂戴して親友に謂って曰く、「吾れ所帰の極を知れり」と。遂に俗を棄てて出家す。羅什は昔、三玄と九部とは極を同じくし、伯陽と牟尼とは行を抗《たぐ》えらると聞きて、乃ち喟《き》然として歎じて曰く、「老荘は玄に入るが故に、応に耳目を惑わし易かるべきも、凡夫の智、孟浪の言なり。之を言うこと極《きわ》まれるに似たれども、而も未だ始めより詣《いた》らざるなり。之を推すに尽くせるに似たれども、而も未だ誰も至らざるなり」と。

問曰、天竺四術既是外言。震旦三玄應レ爲二内敎一。答、釋僧肇云、毎レ讀二老子莊周之書一、因而歎曰、美卽美矣。然棲レ神冥レ累之方猶未レ盡也。後見二淨名經一、欣然頂戴謂二親友一曰、吾知二所歸極一矣。遂棄レ俗出家。羅什昔聞下三玄與二九部一同レ極、伯陽與二牟尼一抗上レ行、乃喟然歎曰、老莊入レ玄

故、應レ易レ惑二耳目一。凡夫之智、孟浪之言。言レ之似レ極而未二始詣一也。推レ之似レ盡、而未二誰至一也。

〈三玄〉老子・荘子・周易の三をいう。『宗鏡録』四六に周弘正の三玄の説をあげ、易は約有明玄、老子は約無明玄、荘子は約有無明玄という（大正四八巻、六八五下）。〈僧肇〉後秦の僧。三七四―四一四年。羅什の高弟、その翻訳を助け、その諸論文を集めたものに『肇論』がある。ここの記事は『梁高僧伝』（大正五〇巻、三六五上）の引用。〈浄名経〉Vimalakīrti(-nirdeśa-) sūtra の訳、すなわち維摩経。〈羅什〉正しくは鳩摩羅什 Kumārajīva.（三四四―四一三年）、クッチャ（亀茲）の生まれ。インドに学び、四〇一年後秦に迎えられ、長安で三百余巻の大乗佛教経典を漢訳した。〈九部〉九分経をいう。すなわち原始佛教ないし小乗佛教の経典。〈伯陽〉老子の字。〈牟尼〉Śākyamuni 釈迦牟尼の略、釈尊をいう。

問うて曰う、インドの以上の四術はすでにこれ外道の言である（ことがわかった）。それならばシナの三玄はまさに内の教えとなすべきであるか。

答、佛教徒の僧肇がいう、「私は老子・荘子・周易の三玄の書物を読むたびごとに、それによって感歎していう、『美しいことは実に美しい。しかしながら精神にとどまって心の不安をしずめる方法は、なおまだ充分であるとはいえない』」と。かれはのちに維摩経を見て、欣然と喜んでこれをいただき、親友にむかって、「私は帰するところの究極を知った」といって、ついに世俗を棄てて出家した。

またクマーラジーヴァ（羅什）は、昔、三玄と九分経の小乗経典とが究極は同じであり、老子と釈尊とが実践はならべられるというのを聞いて、そこでためいきをついてなげいていう、「老子・荘子は深いところに入っているがゆえに、ひとびとの耳目を惑《まど》わしやすいけれども、それは凡夫の智であり、でたらめな言である。これをいうことは究極のようではあるけれども、しかもまだはじめから極致には到達していない。これを推して行くと尽くしたようではあるけれども、しかもまだ誰も到達していないのである」と。

略して六義を陳《の》べて其の優劣を明かさん。(1)外は但だ一形を弁ず、内は則ち朗《あきら》かに三世を鑒《かんが》む。(2)外は則ち五情未だ達せず、内は則ち六通の微を窮《きわ》むと説く。(3)外は未だ万有に即して而も太虚と為さず、内は仮名を壊《え》せずして而も実相を演ずと説く。(4)外は未だ無為に即して而も万有に遊ぶこと能わず、内は真際を動ぜずして諸法を建立《こんりゅう》すと説く。(5)外は得失の門を存し、内は二際を絶句の理に冥す。(6)外は未だ境智両泯《みん》せず、内は則ち縁観倶《とも》に寂なり。此を以て之を詳《つまびら》かにするに、短羽の鵬翼に於けるも、坎井《かんせい》の天池に於けるも、未だ其の懸《はる》かなるを喩うるに足らず。秦人は其の極を疑う。吾れ復た何をか言わんや。

略陳二六義一明二其優劣一。外但辨二乎一形一。内則朗鑒二三世一。外則五情未レ達。内則説二六通窮レ微。外未下即二萬有一而爲中太虚上。内説下不レ壊二假名一而演中實相上。外未レ能下即二無爲一而遊中萬有上。内説下不レ動二眞際一建中立諸法上。外存二得失之門一。内冥二二際於絶句之理一。外未二境智兩泯一。内則縁觀倶寂。以レ此詳レ之、短羽之於二鵬翼一、坎井之於二天池一、未レ足レ喩二其懸一矣。秦人疑二其極一。吾復何言哉。

〈五情〉眼耳鼻舌身の五感覚器官。〈六通〉佛と菩薩との六つの神通、(1)神足通、(2)天眼通、(3)天耳通、(4)他心智通、(5)宿命通、(6)漏尽通。〈不壊仮名而演実際〉『大品般若経』散華品に「不壊仮名而説諸法相」(大正八巻、二七七中)といい、実際品に「以不壊実際法、立衆生於実際中」(同、四〇〇下)という。〈二際〉『中論』観涅槃品の第二十偈「涅槃之実際、及与世間際、如是二際者、無毫釐差別」(大正三〇巻、三六上)という。〈絶句〉四句を絶する、すなわちあらゆる表現を超越する意。四句とは(1)一異、(2)倶不倶、(3)有非有、(4)常無常。または(1)有、(2)無、(3)有亦無、(4)非有亦非無。

いま略述して六つの義を述べて、三玄と佛教との優劣をあきらかにしよう。(1)外(の教え＝三玄)はただ現世の一形だけをわきまえているのに、内(の教え＝佛教)はすなわちあきらかに過去・未来・現在の三世を充分に考慮している。(2)外は五情がまだ自在無礙に達しないのに、内はすなわち六神通の微妙をきわめることを説いている。(3)外はまだ万物に即して太虚＝無となさないのに、内はすなわち事物の名称である仮名をこわさず、そのままにしておいてしかも実相をのべることを説く。(4)外はまだ無為＝絶対に即して万有に遊ぶということはできないのに、内は真際＝絶対を動かさないで、諸法をそのまま建立すると説く。(5)外は得か失かの区別の方法をもっているのに、内は世間と涅槃(さとり)との二際の別を、ことばによる表現を超越した理において否定する。そこでは世間と涅槃とが表裏一体となる。(6)外はまだ対象と智とがともにほろびないのに、内はすなわち縁と観(客観と主観の対立)をともに超えてしずまりかえっている。

以上の六種の考察をもってくわしく述べたように、(三玄が佛教に対するのは)羽の短い小鳥が非常に大きな翼の鵬翼に対し、くぼんだ小さな井戸が大きな池に対するよりも、まだそのはるかなへだたりを喩えるのに充分ではない。すでにシナの人が三玄の究極を疑っている。私がまたなにをつけ加えていうことがあろうか。

問う、伯陽の道は道を太虚と曰い、牟尼の道は道を無相と称す。理源既に一ならば則ち万流並びに同じ。什と肇とが抑揚するは乃ち佛に諂《へつら》えるか。此れ王弼《ひつ》が旧疏に無為を以て道の体と為すなり。答う、伯陽の道は道が虚無なるを指し、牟尼の道は道が四句を超えたり。浅深既に懸《はる》かなり。体は何に由って一ならん。蓋し是れ子《なんじ》道に佞《おもね》るなり。余が佛に諂うにあらず。問う、牟尼の道は道を真諦と為して、而も体は百非を絶す。伯陽の道は道を杳冥《ようめい》と曰いて、理は四句を超えたり。弥《いよ》いよ験するに体は一なり。奚《いずくん》ぞ浅深あらんや。此れ梁武帝の新義。佛経を用い、真空を以て道体と為す。答う、九流統摂し、七略該含するも、唯だ有無を弁じて、未だ絶四を明かさず。若し老教も亦た雙非を弁ずと言わば、蓋し砂を以て金に糅《まじ》うるなり。盗牛の論に同じ。周弘政と張機と並びに、老に雙非の義ありとするを斥くるなり。

問、伯陽之道道曰㆓太虚㆒。牟尼之道道稱㆓無相㆒。理源既一則萬流並同。什肇抑揚乃諂㆓於佛㆒。

此王弼舊疏以㆔無爲㆒爲㆓道體㆒。答、伯陽之道道指㆓虛無㆒。牟尼之道道超㆓四句㆒。淺深既懸。體何由一。蓋是子佞㆓於道㆒。非㆓余諂㆑佛。問、牟尼之道道爲㆓眞諦㆒、而體絕㆓百非㆒。伯陽之道道日㆓杳冥㆒、理超㆓四句㆒。彌驗體一。奚有㆓淺深㆒。此梁武帝新義。用㆓佛經㆒以㆓眞空㆒爲㆓道體㆒。答、九流統攝、七略該含。唯辨㆓有無㆒。未㆑明㆓絕四㆒。若言㆓老教亦辨㆓雙非㆒、蓋以㆑砂糅㆑金。同㆓盜牛之論㆒。周弘政張機並斥㆔老有㆓雙非㆒之義㆒也。

〈王弼〉魏の学者。二二六—二四九年。荘子の思想をもって老子を解釈し『老子註』をあらわし、また易に註を書いた。〈九流〉『漢書芸文志』にいう儒、道、陰陽、法、名、墨、縦横、雑、農の九流で、シナの学問全般を指す。〈七略〉同書にいう輯、六芸、諸子、詩賦、兵書、術数、方技の七略で、シナの書物全般を指す。〈盗牛之論〉『大般涅槃経』に賊が長者の牛を盗み、長者にまねて最上の牛乳を得ようとしたが、方法をあやまり失敗した例をあげ、たとえ外教が佛教をまねてその教えを説いても、解脱には到達しないことをいう（大正一二巻、三八二上）。

問、老子の道は道を太虚といい、釈尊の道は道を無相と称する。理の根源がすでにひとつであれば、したがってその多くの現象もともに同じであろう。クマーラジーヴァ（羅什）と僧肇とが、一方を抑え、他方を揚げるのは、それこそ佛にへつらったのである。（これは王弼の旧疏に無為をもって道の体となすとあることによって、以上のことがいえる）。

答、老子の道は、道が虚無を指し、釈尊の道は、道が四句の対立する表現を超越している。浅深のへだたりはすでにはるかである。どういうことによって、それぞれの本質がひとつであることがあろうか。思うにこれは汝が老子の道におもねっているからなのであって、私が佛教にへつらっているのではない。

問、釈尊の道は、道を真諦となし、本質はすべての否定を絶している。老子の道は、道を杳冥といい、その道理は四句の対立する表現を超越している。あれこれ考えれば考えるほど、本質はひとつである。どうして浅いと深いとの違いがあろう。（これは梁の武帝の新しい解釈である。佛教経典をもちいて、真空をもって老子の道の本質とした）。

答、九流すなわちシナの学問全般をすべて統括し、七略すなわちシナの書物全般をすべて包含しても、そこではただ有と無とをわきまえているだけで、まだ四句の対立する表現を絶するということはあきらかにしていない。もしも老子の教えにもまた佛教と同じように二重の否定をわきまえているというならば、それは思うに砂を金のなかにまじえて同じだというのに似ており、牛を盗んだけれども最上の牛乳は得られなかったというたとえに同じである。（周弘政と張機とはともに、老子に二重否定の義があるというのをしりぞけているのである）。

c②人の研究（佛教と孔・老）

人を覈《かんが》うる第二。問う、佛を大覚と名づけ、老を天尊と曰う。人は同じく上聖にして、法は倶《とも》に妙極なり。苟《いやし》くも異を存せんと欲せば、将《まさ》に不二の玄門を杜《ふさ》ぎ得一の淵府を傷つくるにあらずや。蓋し是れ道士は三洞霊宝等の経を用いて義を立つ。答う、悉達は宮に処して方に金輪聖帝を紹《つ》ぎ、能仁は俗を出でて遂に三界の法王と為《な》る。老は周朝の柱史と為り、清虚は是れ九流の派なり。子《なんじ》若し人をして一に、法をして同じからしめんと欲せば、何ぞ堆阜を安明と共に高さを等しくし、螢燭と日月と照を斉《ひとし》くするに異ならんや。

覈レ人第二。問、佛名二大覺一。老曰二天尊一。人同上聖。法倶妙極。苟欲レ存レ異。將非下杜二不二之玄門一傷中得一之淵府上哉。蓋是道士用二三洞靈寶等經一立レ義。答、悉達處レ宮方紹二金輪聖帝一。能仁出レ俗遂爲二三界法王一。老爲二周朝之柱史一。清虛是九流之派。子若欲レ令二人一法同一。何異下堆阜共二安明一等レ高。螢燭與二日月一齊上照。

〈不二玄門〉『維摩詰所説経』入不二法門品に、維摩詰が多くの菩薩に「入不二法門」を問い、それに諸菩薩が一々答え、最後に文殊師利が「無言無説無示無識」と答えたあと、「時維摩詰黙然無言」とあるのによる（大正一四巻、五五〇以下）。≪淵府≫奥深い場所。〈三洞〉『玄都観目録』（五七〇年作）の用いた漢書の分類で、洞玄・洞真・洞神の三部をいう。霊宝経はその洞真部にいれられる。〈悉達〉Siddhārtha の音写。釈尊の本名。〈能仁〉Śākyamuni の訳。釈尊を指す。〈三界〉欲界（欲望の世界）・色界（物質の世界）・無色界（非物質の世界）の三で全世界をあらわす。〈安明〉インドの空想上の山 Sumeru の訳。ふつう須弥《しゅみ》山《せん》といわれる。おそらくヒマラヤを指したのであろう。

第二に人について充分に考えよう。

問、佛を大覚と名づけ、老子を天尊という。それぞれの人格は同じく上聖であり、説く法はともに妙で究極を得ている。いやしくも両者の間に相異を存在させようと欲するならば、佛教が教える不二の玄門をふさいでしまい、また老子が教える得一の淵府を傷つけることになってしまうではないか。両者ともその最も深い本質が理解されないからではないのか。（思うにこの説は、道士が三洞の分類や霊宝経などを用いて義を立てている）。

答、シッダールタ太子＝釈尊は王宮にとどまっておれば、まさに金輪聖帝の王位をつぐべき立場であるのに、釈尊として世俗から出家して、最後に全世界の法の王となった。老子は周の王朝の役人であり、老子の教えは九流の一派にすぎない。汝がもしも釈尊と老子とについて、人を一とし、法を同じだとしようと欲するならば、それは、小さな丘とスメル（＝ヒマラヤ）山と高さが等しく、螢の灯《あかり》と日月と明るさが等しいとするのと、なんの違いがあろう。そのような類比は全く不可能である。

問う、同人とはこれ五情なり、異人とはこれ神明なり。迹は柱史と為《な》れども、本は実に天尊なり。実に抛りて説ずるに斉《ひと》しくすることこれ一貫す。答う、漢書にも亦た品類を顕《あら》わして、伯陽を以て賢と為し、何晏《かあん》と王弼は老未だ聖に及ばずと称す。設《たと》い孔をして是れ儒童、老をして迦葉為《た》らしめ、聖迹を同じくすと雖も、聖迹は同じからず。若し円《まど》かに十方に応じて八相成佛せば、〔この〕人を大覚と称し、法を出世と名づく。小利は即ち人天の福善を生じ、大益は即ち三乗の賢聖あり。斯くの如きの流れを上迹と為すなり。孔は素王と称し有を説いて儒と名づけ、老は柱史に居《こ》して無を談じて道と曰うが如きに至りては、益を弁ずるに即ち人の聖を得るなし。利を明かせば即ち止《た》だ世間に在り。此くの如きの類は次迹と為すなり。

問、同人者之五情。異人者之神明。迹爲㆓柱史㆒。本實天尊。據㆑實而談、齊之一貫。答、漢書亦顯㆓品類㆒。以㆓伯陽㆒爲㆑賢、何晏王弼稱㆓老未㆒㆑及㆑聖。設令㆔孔是儒童、老爲㆓迦葉㆒、雖㆑同㆓聖迹㆒、聖迹不㆑同。若圓應㆓十方㆒八相成佛。人稱㆓大覺㆒、法名㆓出世㆒。小利即生㆓人天福善㆒。大益即有㆓三乘賢聖㆒。如㆑斯之流爲㆓上迹㆒也。至㆑如㆘孔稱㆓素王㆒說㆑有名㆑儒、老居㆓柱史㆒談㆑無曰㆖道。辨㆑益即無㆓人得㆒㆑聖。明㆑利即止在㆓世間㆒。如㆑此之類爲㆓次迹㆒矣。

〈同人〉老子は眼耳鼻舌身の五つの感覚器官は人と同じではあるが、神智明朗は人に異なるという。〈漢書〉『広弘明集』に引用された道安の『二教論』に「依前漢書、品孔子為上上類、皆是聖、以老氏為中上流、並是賢」（大正五二巻、一三八中）とあるによる。〈何晏〉一二四九年。老荘の言を好んだ道家学者で、清談を流行させた。〈王弼〉二二六—二四九年。荘子の思想により老子を解釈し『老子註』をあらわした。何晏とならび称されることが多い。〈儒童〉おそらく kumāra の訳の孺童に通ずる。幼少の子供をいう。それから転じて、釈尊の成道以前の菩薩の段階をさす。『瑞応本起経』に「時我為菩薩、名曰儒童」（大正三巻、四七二下）という。〈迦葉〉Kāśyapa 佛十大弟子の第一とされ、佛滅後、経典結集の中心となった。〈八相〉釈尊がこの世にあらわれ、入滅するまでの八種の相。降兜率、入胎、出胎、出家、降魔、成道、転法輪、入滅をいう。〈三乗〉声聞と縁覚と菩薩の三乗。前の二はいわゆる小乗、菩薩は大乗。三乗は佛教全般をさす。〈素王〉『広弘明集』中の『呉書』の「臣聞魯孔君者……世号素王」の引用（大正五二巻、一〇〇上）。

問、（老子が）どのひととも同じなのは五つの感覚器官であり、他のひとと異なるのは明らかな神智である。かれは現実の姿は役人ではあるけれども、本質は実に天尊なのである。その本質を根拠として論ずれば、老子と釈尊とが等しいということが一貫している。

答、漢書にもまた人物の品格の比較を明らかにしており、伯陽（＝老子）をもって（聖に次ぐ）賢としており、何晏と王弼は「老子はまだ聖には及ばない」と称している。たとえ孔子は儒童すなわち釈尊の成道の前の菩薩であり、老子は佛弟子のカーシャパ（迦葉）であるとしたところで、聖としての姿を同じようにしてみても、（真実の）聖なる姿は同一ではない。もしも（釈尊のように）円満に十方に対応して八相成佛すれば、そのひとは大覚であると称し、その法は世俗を抜け出ていると名づける。そしてそのひとがその法をおこなえば、小利としてはすなわち人天の福善を生じ、大益としてはすなわち佛教全体のなかの賢聖がそこにある。このような種類のものを上迹とするのである。孔子は素王と呼ばれて有を説いて儒（教）と名づけ、老子は役人の位におり無を論じて道といった、このようなことをしているのにいたっては、その益をよく考えてみると、すなわちひとが聖を得ることはなく、また利を明らかにすればすなわちただ世間にかぎられている。（それを抜け出ることはない）。このような種類のものは次迹とするのである。

第三節　毘曇を折く（アビダルマへの批判）

毘曇を折する第二。一には宗を立て、二には破斥す。

折毘曇第二。一立宗。二破斥。

アビダルマ（＝小乗佛教）をくじく第二の論をはじめよう。まず第一にアビダルマの主張を述べ、第二はそれを破斥しよう。

a ①アビダルマの立宗（主張）

薩衛の門人ありて其の宗を序べて曰く、「阿毘曇とは無比法と名づく。無漏の慧根は理に会いて凡を隔つ。其の功は冠絶せり。故に無比と云う。四執の外に超え、三界の表に越えたり。群聖の讃歎する所、六道の帰崇する所なり。敢えて抗言するあらば、当に之を屈するに理を以てすべし」と。

有二薩衞門人一、序二其宗一曰。阿毘曇者名二無比法一。無漏慧根會レ理隔レ凡。其功冠絶。故云二無比一。超二四執之外一、越二三界之表一。群聖之所二讃歎一。六道之所二歸崇一。敢有二抗言一當二屈レ之以一レ理。

〈薩衛〉薩婆多 Sarvāsti (vādin) すなわち説一切有部、略して有部。小乗二十部派のうち最大の部派。〈阿毘曇〉阿毘達磨ともいう。原語は Abhidharma で abhi はふつう対の意、dharma は法。すなわち法に対する註釈でいわゆる論蔵をさす。（この論蔵を根拠として毘曇宗がある）。ここでは abhi を a+bhi として「無比」と解する。〈無漏〉anāsrava の訳。漏は漏泄の意で、凡夫の身体から洩れる煩悩をいう。無漏はこの煩悩をのこらずなくした状態。〈四執〉本章第一節 b c を参照。〈三界〉欲界・色界（物質世界）・無色界（非物質世界）、ここでは迷いの世界。

説一切有部（毘曇宗）の門人があり、その主張を述べて次のようにいう。「アビダルマとは無比法と名づける。それが説く・煩悩を根絶した智慧の素質は、理にかなっており、凡人を超越していて、その功績は他に冠絶している。ゆえに無比という。四つのとらわれのそとに超越し、三界の迷いの世界の表面をこえている。多くの聖者が讃歎するところであり、一切衆生のすむ六道がすべて一致して尊敬するところである。あえてこれに抗言するものがあれば、必ずこれを屈服させるのに理をもってしなければならない」と。

a ②問答

問う、夫《そ》れ理を立てんと欲せば、先ず須《すべか》らく宗源を序ぶべし。未だ毘曇に凡そ幾種あるやを知らず。答う、部類は甚だ多し。略して其の六を明かさん。一には如来自説の法相毘曇。盛んに天竺に行なわれ震旦には伝わらず。二には極に隣し聖に亜《つ》ぐ、舎利弗と名づくるもの、佛語を解するが故に、阿毘曇を造る。凡そ二十巻。此の土に伝来す。三には佛滅度の後三百余年、三明六通の大阿羅漢あり、姓は迦旃延、八犍度を造る。凡そ二十巻。此の土に伝来す。言う所の八とは、一には雑、二には使、三には智、四には業、五には大、六には根、七には定、八には見なり。犍度と言うは、之を翻じて聚と為す。其の八義に各々部類あるを以て、之に因りて聚と為すなり。四には六百年の間に五百羅漢あり、是れ旃延の弟子なり。北天竺に於いて共に毘婆沙を造りて八犍度を釈す。毘婆沙とは此れ広解を云う。西涼州に於いて訳出す。凡そ百巻あり。兵火に値《あ》いて之を焼き、唯だ六十巻のみ現に在り。止《た》だ三犍度を解するのみなり。五には七百余年に法勝羅漢あり。婆沙の太《はなは》だ博きを嫌い、略して要義を撰して二百五十偈を作る。阿毘曇心と名づく。凡そ四巻あり。亦た此の土に伝わる。六には千年の間に達磨多羅あり、婆沙の太だ博く四巻の極めて略なるを以て、更に三百五十偈を撰して四巻に足し、合して六百偈あり。名づけて雑心と為すなり。其の間に復た六分毘曇あり、釈論に云う、「目連と和須密と及び余の論師共に造る」と。並びに此の土に伝わらず。唯だ衆事分毘曇は是れ六の内の一なり。此の土に之あり。復た甘露味毘曇二巻あり。未だ作者を詳《つまびら》かにせず。並びに此の土に伝う。毘曇は部類同じからずと雖も、大宗は有を見て道を得ることを明かすなり。

問、夫欲レ立レ理、先須レ序二宗源一。未レ知三毘曇凡有二幾種一。答、部類甚多。略明二其六一。一者如來自説法相毘曇。盛行二天竺一不レ傳二震旦一。二者隣レ極亞レ聖名二舎利弗一、解二佛語一故造二阿毘曇一。凡二十卷。

傳二來此土一。三者佛滅度後三百餘年、有二三明六通大阿羅漢一、姓迦旃延、造二八犍度一。凡二十卷。傳二來此土一。所レ言八者。一雜。二使。三智。四業。五大。六根。七定。八見。言二犍度一者、翻レ之爲レ聚。以三其八義各有二部類一、因レ之爲レ聚也。四者六百年間有二五百羅漢一。是旃延弟子。於二北天竺一共造二毘婆沙一釋二八犍度一。毘婆沙者、此云二廣解一。於二西涼州一譯出。凡有二百卷一。値二兵火一燒レ之。唯六十卷現在。止解二三犍度一也。五者七百餘年有二法勝羅漢一。嫌二婆沙太博一。略撰二要義一作二二百五十偈一。名二阿毘曇心一。凡有二四卷一。亦傳二此土一。六者千年之間有二達磨多羅一。以二婆沙太博四卷極略一。更撰二三百五十偈一、足二四卷一合二六百偈一。名爲二雜心一也。其間復有二六分毘曇一。釋論云。目連和須密及餘論師共造。並不レ傳二此土一。唯衆事分毘曇是六內之一。此土有レ之。復有二甘露味毘曇二卷一。未レ詳二作者一。並傳二此土一。毘曇雖二部類不一レ同、大宗明二見レ有得一レ道也。

〈法相毘曇〉何を指すか不明、古来異説が多い。〈舎利弗……〉舎利弗は Śāriputra 佛十大弟子のひとり。『大智度論』に「佛在時、舎利弗解佛語故、作阿毘曇、後犢子道人等、読誦乃至今、名為舎利弗阿毘曇」(大正二五巻、七〇上)というによる。現存の『舎利弗阿毘曇論』(大正二八巻)は三十巻。しかし『出三蔵記集』には「二十二巻或二十巻」(大正五五巻、一一中)という。〈三明〉は六通のうち宿命・天眼・漏尽の三つをいう。〈阿羅漢〉arhat の音写。尊敬されるべきひとの意で、もとは釈尊の異名のひとつ。のち小乗佛教においてきびしい修行の結果、到達される最高の境地をアラカンと称した。シナでは略して「羅漢」ともいう。〈迦旃延〉正しくは Kātyāyanīputra 西紀前二世紀のひと。〈八犍度〉犍度は grantha の音写とされる。現存の『阿毘曇八犍度論』(大正二六巻)は三十巻。しかし『出三蔵記集』には「迦旃延阿毘曇心二十巻、未詳誰出、已入失源錄」(大正五五巻、一五上)とある。『八犍度論』はのち玄奘により改訳され『阿毘達磨発智論』二十巻(大正二六巻)となった。〈四業〉現在の『八犍度論』では「四行」、ただし『発智論』では「四業」。〈旃延……〉旃延は迦旃延の略。これは『阿毘達磨毘婆沙論』六十巻(大正二八巻)を指す。北涼時代の訳。もと百巻あったものが四十巻を失い、六十巻になった。のち玄奘が改訳して『阿毘達磨大毘婆沙論』二百巻(大正二七巻)となった。前者を旧婆沙、後者を新婆沙という。毘婆沙は vibhāṣā の音写。西涼州は西方涼州の意で甘粛省地方を指す。〈法勝〉Dharmaśreṣṭhin 三世紀はじめ。有部の学者。〈達磨多羅〉Dharmatrāta 法救と訳す、四世紀半ば。有部の学者。〈六分毘曇〉いわゆる六足論、すなわち『集異門足論』『法蘊足論』『施設足論』『識身足論』『界身足論』『品類足論』（いずれも大正二六巻）。吉蔵当時一部の訳出のみあったが、のち玄奘により全訳された。〈釈論〉『大智度論』をいい、そのなかの文（大正二五巻、七〇上）をまとめてここにいう。〈目連〉Maudgalyāyana 佛十大弟子のひとり。〈和須密〉Vasumitra 世友と訳す。同名のひとが多い（山田竜城『大乗佛教成立論序説』第二部第三章「経典成立に関与した人々」一「世友」二「法救」を参照）。〈衆事分毘曇〉現存の『衆事分阿毘曇論』（大正二六巻）十二巻。六足論の『品類足論』（大正同）十八巻に相当する。〈甘露味毘曇〉現存の『阿毘曇甘露味論』（大正二八巻）二巻。そこには「尊者瞿沙造」とある。ただし訳者不明。

問、一体、理を立てようと欲するならば、当然まずその主張の根源を述べなければならない。まだアビダルマにおよそ何種あるかを知らない。（それをまず説明せよ）。

答、部類は非常に多い。略してそのうちの六つを説明しよう。(1)釈尊みずからが説かれた『法相毘曇』、これはインドでさかんにおこなわれたが、シナには伝わらなかった。(2)釈尊に隣接して聖に次ぐシャーリプトラ（舎利弗）という名前のものがおり、佛陀のことばを理解するがゆえに、『舎利弗阿毘曇論』をつくった、およそ二十巻、これはこの国土に伝来している。(3)佛の滅度ののち三百余年に、三明・六神通をそなえた大阿羅漢がおり、姓はカーティヤーヤニープトラ、『阿毘曇八犍度論』をつくった。およそ二十巻、これはこの国土に伝来した。この本にいう八とは①雑、②使、③智、④業、⑤大、⑥根、⑦定、⑧見の八つである。また犍度というのは、これを翻訳すれば「聚（あつまり）」である。その本の八義に各々部類がある（例、雑聚）ところから、これを名づけて聚とするのである。(4)佛の滅後の六百年の間に、五百人の阿羅漢があった。これはカーティヤーヤニープトラの弟子である。北インドにおいて、ともに『毘婆沙論』をつくって『八犍度論』の註釈をなした。毘婆沙というのは、シナでは広解（広い註解）という。西方涼州において（漢文に）訳出した。およそ百巻あったが、兵火にたまたまぶつかって焼かれ、ただ六十巻のみが現に存在する。それは八揵度のなかでただ三揵度を註解するだけである。(5)佛の滅後七百余年にダルマシュレーシュティン（法勝）というアラカンがあり、『毘婆沙論』がいちじるしく該博であるのを嫌い、略してその要義を撰述して、二百五十偈を作った。『阿毘曇心論』と名づけ、およそ四巻ある。これもまたこの国土に伝わっている。(6)佛の滅後千年の間にダルマトラータ（達磨多羅、法救）があり、『毘婆沙論』はいちじるしく該博でありすぎ、また『阿毘曇心論』四巻本がきわめて簡略でありすぎるところから、さらに三百五十偈を撰述して、四巻本に足して、あわせて六百偈があり、名づけて『雑阿毘曇心論』とするのである。以上述べてきた間に、また六分の毘曇＝六足論がある。『釈論』（＝『大智度論』）には「(六足論は)マウドガリヤーヤナ（目連）とヴァスミトラ（和須密・世友）とおよびその他の論師がともにつくったものである」という。しかしいずれもこの国土に伝わっていない。そのうちただ『衆事分阿毘曇論』だけは六分の毘曇のひとつであって、この国土に伝わっている。また『阿毘曇甘露味論』二巻があって、まだ作者は明確にされていない。ともにこの国土に伝わっている。

アビダルマは以上のように部類が同一ではないけれども、根本の主張は有を見て道を得ることを明らかにしているのである。

b　アビダルマへの破斥（批判）

破斥第二。凡そ十門あり。一には至道に乖《そむ》き、二には衆見を扶け、三には大教に違《たが》い、四には小筌を守り、五には自宗に迷い、六には本信なく、七には偏執あり、八には本を学ぶにあらず、九には真言を弊《おお》い、十には円旨を喪《うしな》う。蓋し無比の名は余あり、明かす所の理は足らず。但し遠く方等に乖くのみにあらず、亦た近く三蔵に迷う。略して十門を挙げて、其の虚実を顕わす。

破斥第二。凡有二十門一。一乖二至道一。二扶二衆見一。三違二大敎一。四守二小筌一。五迷二自宗一。六無二本信一。七有二偏執一。八非レ學レ本。九弊二眞言一。十喪二圓旨一。蓋無比之名有レ餘。所レ明之理不レ足。非三但遠乖二方等一亦近迷二三藏一。略擧二十門一顯二其虚實一。

アビダルマへの破斥をおこなう第二節。アビダルマのあやまりにはおよそ十門がある。①至道にそむく、②衆見をたすける、③大教に相違している、④小筌を守る、⑤自宗に迷う、⑥本信がない、⑦偏執がある、⑧根本を学んでいない、⑨真言をおおいかくす、⑩円旨を失う（この一々についてこのあと詳しい説明がある）。思うに無比という名称はほめすぎである。それが明らかにしているところの理は充分ではない。ただ遠く方等（＝大乗）経典に違反しているばかりではなく、また近く三蔵（＝小乗経典）にも迷っている。略して十門をあげて、その虚と実とを明らかにしよう。（以下十の一々を説く。）

①至道に乖《そむ》くとは、夫れ道の状たるや、体は百非を絶し、理は四句を超えたり。之を言わんとすれば、其の真を失い、之を知らんとすれば、其の愚に反り、之を有らしむれば、其の性に乖き、之を無からしむれば、其の体を傷つく。故に七弁は音を輟《や》め、五眼は照を冥《くら》くせり。釈迦も室を掩い、浄名も口を杜《ふさ》ぐ。豈《あ》に有を以て道と為す可けんや。

乖二至道一者。夫道之爲レ狀也、體絕二百非一、理超二四句一。言レ之者失二其眞一。知レ之者反二其愚一。有レ之者乖二其性一。無レ之者傷二其體一。故七辨輟レ音、五眼冥レ照。釋迦掩レ室、淨名杜レ口。豈可二以レ有而爲レ道哉。

〈百非〉百の否定、百は数の多いことをいう。〈四句〉有・無・有亦無・非有亦非無をいい、一切の表現の意。〈言之者……傷其体〉は『肇論』の『涅槃無名論』からの引用（大正四五巻、一五七下）。〈七弁〉①捷疾弁、②利弁、③不尽弁、④不可断弁、⑤随応弁、⑥義弁、⑦最上弁の七種の巧みな弁舌をいう。『大品般若経』（大正八巻、二七六下）、『大智度論』（大正二五巻、四五〇下）、また『大般若経』（大正七巻、五四二上）には異名がある。〈五眼〉肉眼・天眼・慧眼・法眼・佛眼の一切の眼の能力。『大品般若経』（大正八巻、二二〇中）、『大智度論』（大正二五巻、三〇五下）にある。〈釈迦掩室浄名杜口〉『涅槃無名論』に「釈迦掩室於摩竭、浄名杜口於毘耶」（大正四五巻、一五七下）という。〈浄名〉Vimalakīrti の訳、ふつう維摩詰と音写する。『維摩詰所説経』に入不二法門について維摩が黙然無言であったのをいう（大正一四巻、五五一下）。

①至道にそむくというのは、一体、道のありかたについてみると、その本体はあらゆる否定のことばもおよばないし、その理は一切の表現を超越している。これをことばで表現しようとすれば、それのもっている真実を失い、これを知ろうとすれば、みずからの愚かさを反省させられる。これを有だとすれば、その本性にそむき、これを無だとすれば、その本体を傷つける。ゆえにどんなにすぐれた弁舌のすべても音に出すことをやめざるをえず、あらゆる眼の能力を暗くしてしまう。そのために、この至道については、釈迦も室をしめ、ヴィマラキールティ（維摩）も口をふさいで、一切説かない。どうしてアビダルマのいうように、有をもって道であるとすることができようか。

②第二に衆見を扶くとは、然《しか》も道は実に有にあらざるに、遂に有を見て道を得と言う。乃《すなわ》ち是れ有を見て、道を見るにあらざるなり。故に浄名云《いわ》く、「法は無染に名づく、若し法に染すれば、乃ち是れ染著にして、法を求むるにあらざるなり」と。又夫れ有を見るは、名づけて有見と為す。道を見るにあらざるなり。故に法華に云く、「邪見の稠林の若しくは有、若しくは無等に入れば、此の諸見に依止して、六十二を具足す」と。問う、若し有・無を執する、此れ何の失ありや。答う、正観論に云く、「浅智は諸法の若しくは有、若

しくは無等を見る。是れ則ち見を滅する安隠法を見ること能《あた》わず」と。彼に於いて大過あり。

第二扶二衆見一。然道實非レ有、遂言二見レ有得上レ道、乃是見レ有、非レ見レ道也。故淨名云、法名二無染一。若染二於法一、乃是染著。非レ求レ法也。又夫見レ有者名爲二有見一、非レ見レ道矣。故法華云、入二邪見稠林若有若無等一、依二止此諸見一具二足六十二一。問、若執二有無一、此有二何失一矣。答、正觀論云、淺智見二諸法若有若無等一、是則不レ能レ見二滅レ見安隱法一。於レ彼有二大過一矣。

〈浄名云〉『維摩詰所説経』からの引用（大正一四巻、五四六上）。〈法華云〉『妙法蓮華経』方便品からの引用（大正九巻、八中）。〈六十二〉六十二見は邪見の総称。もと釈尊当時六十二見があったと伝えられる。〈正観論云〉『中論』観六種品の偈の引用、そこでは「若無等」を「若無相」としている（大正三〇巻、八上）。

②第二に衆見をたすけるとは、しかも道は実に有ではないのに、アビダルマのように究極において有を見て道を得るというのは、すなわちこれは有を見ているのであって、道を見ているのではないのである。ゆえに維摩経にいう、「法は無染（一切に染まらない）に名づける。それなのにもしも法に染まるならば、すなわちこれ染著であって、法を求めているのではない」と。また一体有を見るのは、名づけて有見とするのであって、道を見るのではない。ゆえに法華経にいう、「あやまりの考えのしげった林で、あるいは有、あるいは無などというのに入りこめば、これは多くの考えにたよりとどまって、六十二の邪見をそなえることになる」と。（このようにアビダルマの有の考えは、多くの邪見をたすけるあやまりがある。）

問、もしも有や無にとらわれるならば、これはどのような過失があるか。

答、正観論（＝『中論』）にいう、「智慧の浅いものは、諸法はあるいは有、あるいは無などであると見る。このようなものはすなわち、邪見をほろぼす安隠の法を見ることができない」と。このようにかれらには大きな過失がある。

③第三に大教に違《たが》うとは、思益経に云く、「未来世に於いて悪比丘ありて、有相の法もて聖道を成ずることを得と説く」と。佛は此の勅を垂れて懸《はる》かに将来を誡《いま》しむ。既に悪人と曰う、理は是れ邪説なり。大教に違背す。宜しく須《すべから》く之を破すべし。

第三違二大敎一。思益經云、於二未來世一有二惡比丘一、說二有相法得レ成二聖道一。佛垂二此勅一懸誡二將來一。既曰二惡人一理是邪說。違二背大敎一。宜須レ破レ之。

《思益経》『思益梵天所問経』解諸法品に『当来有比丘……佛言、我説此愚人是外道徒党、我非彼人師、彼非我弟子、是人堕於邪道、破失法故、説言有諦』（大正一五巻、三九上）という。

③第三に大教に相違しているとは、思益経（＝『思益梵天所問経』）にいう、「未来世において、悪比丘が出現して、有相の法をもって、聖道を完成することができると説くであろう」と。佛はこの勅（＝経）をひとびとに示して、はるかに将来を警告しているのである。そのなかにすでに悪人といっている、それが説く理はこれ邪説である。大いなる教えにそむき相違している。かならずどうしてもこれを否定すべきである。

④第四に小筌を守るとは、夫れ未だ源《みなもと》を識らざる者の為《ため》には、之に示すに流れを以てし、流れを尋《たず》ねて以て源を得しむ。未だ月を見ざる者には、之に示すに指を以てし、指に因《よ》りて以て月を得しむ。流れを窮むれば則ち唯だ是れ一源なり。指を亡すれば則ち但だ是れ一月なり。蓋し是れ如来は小を説けるの意なり。而して毘曇の徒は小宗を執固して大道に趣かず。筌を守りて実を喪う。故に論を造りて之を破す。

第四守二小筌一。夫爲二未レ識レ源者一、示レ之以レ流。令二尋レ流以得一レ源。未レ見レ月者、示レ之以レ指。令二因レ指以得一レ月。窮レ流則唯是一源。亡レ指則但是一月。蓋是如來說レ小之意也。而毘曇之徒執二固小宗ニ不レ趣ニ大道一。守レ筌喪レ實。故造レ論破レ之。

〈筌〉訓はフセゴ。魚をとるかご。〈守小筌〉『荘子』外物に「筌者所以在魚、得魚而忘筌」という。アビダルマのひとが魚をとるかごを大事にして、なかの魚を失うのをたとえていう。

④第四に小筌を守るとは、一体まだ根源をよく知らないもののためには、このひとに示すのに流れをもってし、流れをたずねてそれによって根源を得させる。またまだ月を見ないものには、このひとに示すのに指をもってし、指によって、それで月を得させる。ところで流れをきわめて行けばすなわちこれただひとつの源であり、指でさし示してその指をなくしてたどって行けばすなわちこれただひとつの月がある。思うにこれが如来の小乗を説いた意図であろう。しかるにアビダルマの学派のひとびとは、小さな主張に固執して大きな道におもむくことをしない。これは筌を守っていて、実であるなかの魚を失っている。ゆえにここに論をつくって、これを否定するのである。

⑤第五に自宗に迷うとは、諸《もうもろ》の聖弟子の述作する所あるは、本《もと》と経を通ぜんが為なり。而るに阿含の文は親《した》しく無相を説く、故に善吉は法空を観じて道を悟り、身子は空定に入りしかば、佛は歎ぜり。阿毘曇の人は但だ有を見るを明かす。故に自ら本宗に迷う。

第五迷ニ自宗一。諸聖弟子有レ所ニ述作一、本為レ通レ經。而阿含之文親説ニ無相一。故善吉觀ニ法空一而悟レ道、身子入ニ空定一。而佛歎。阿毘曇人但明レ見レ有。故自迷ニ本宗一。

〈阿含之文親説無相〉たとえば『中阿含経』中の「小空経」「大空経」など。〈善吉〉Subhūti ふつう須菩提と音写する。『増壱阿含経』三に「恆楽空定、分別空義、所謂須菩提比丘是」（大正二巻、五五八中）という。〈身子〉Śāriputra ふつう舎利弗と音写する。『中阿含経』に「舎利弗得空三昧」という。

⑤第五に、自宗に迷うとは、多くのすぐれた聖弟子が述作しているところの論があるのは、本来、経

を通解するためである。そこで、『阿含経』の文がしたしく無相を説いているがゆえに、スブフーティ（善吉）は法空を観て道をさとり、シャーリプトラ（身子）は空禅定に入った。そこで佛はこれらを讃歎している。アビダルマのひとはただ有を見ることを明らかにするのである。ゆえにみずから本来の主張に迷っている。

⑥第六に本信なしとは、文殊問経に云く、「十八及び本《も》との二は皆大乗より出でて、是《ぜ》もなく亦た非もなし。我れ未来に起こらんと説く」と。十八とは謂わく十八部の異執なり。及び本との二とは根本は唯だ二部なり、一には大衆部、二には上座部なり。而して阿毘曇は是れ十八部の内の薩婆多部なり。大乗より出ず、即ち大は小の本と為《た》り。而るに小に執するの流れは、大乗を聞きて信ぜず、是《ここ》を以て之を破す。問う、何を以てか小を執するの人は大法を信ぜずと知るや。答う、智度論に云く、「旃延弟子は竜樹に答えて云く、我れ大乗を聞くに心は都《すべ》て信ぜず」と。故に外国には小乗を執する者は大乗を学する人と河を分かちて水を飲む。

第六無二本信一。文殊問經云、十八及本二皆從二大乘一出、無レ是亦無レ非。我說二未來起一。十八者謂十八部異執也。及本二者根本唯二部。一大衆部、二上座部。而阿毘曇是十八部內薩婆多部。從二大乘一出、卽大爲二小本一。而執レ小之流聞二大乘一不レ信。是以破レ之。問、何以知三執レ小之人不レ信二大法一耶。答、智度論云、旃延弟子答二龍樹一云、我聞二大乘一心不二都信一。故外國執二小乘一者與下學二大乘一人上分レ河飮レ水。

《文殊問経》『文殊師利問経』下巻の偈（大正一四巻、五〇一中）。ただしここにいう十八部などがみな大乗より出ているなどの説は、歴史的事実に反するけれども、吉蔵当時はその歴史が知られていなかった。《薩婆多部》Sarvāstivādin の音写、説一切有部、たんに有部ともいわれる。《智度論》『大智度論』第四に「迦旃延尼子弟子輩言」として「摩訶衍中雖有此語、我亦不能都信」（大正二五巻、九二中）とある。しかるにカーティヤーヤニープトラ作の『発智論』（＝八犍度論）』にはこのようなことばは見当たらない。

⑥第六に本信がないというのは、『文殊師利問経』に佛が次のようにいう、「十八とおよび本との二とは、みな大乗佛教より出て、よいというのでもないし、わるいというのでもない。自分はこれらが未来に起こるであろうと説く」と、ここに「十八」というのは、（いわゆる小乗）十八部の異なったとらわれの主張というのである。「及び本との二」というのは、根本のただ二部であり、一は大衆部であり、二は上座部である。そしてアビダルマの部派は、これ十八部のなかの説一切有部であり、大乗から出たものである。すなわち大乗は小乗の本となのである。しかるに小乗に執著するひとびとは、大乗を聞いて信じない。その理由によってこれを否定するのである。

問、どうして小乗に執著するひとは大乗の法を信じないと知るのであるか。

答、『大智度論』にカーティヤーヤナ（迦旃延）の弟子がナーガールジュナ（竜樹）に答えていう、「自分は大乗を聞いて、心はすべて信じない」と。ゆえに外国においては、小乗に執著するひとは、大乗を学ぶひとと、別の河に行って水を飲むのである。

⑦第七に偏執ありとは、大集経に云く、「五部ありと雖も、並《なら》びに如来の法界及び大涅槃を妨げず」と。而るに阿毘曇の人は自宗を保執して他説を排斥す。便《すなわ》ち法界に違《たが》い大涅槃を拒む。累障既に深し。宜しく須《すべから》く傷歎すべし。

第七有二偏執一。大集經云、雖レ有二五部一、並不レ妨二如來法界及大涅槃一。而阿毘曇人保二執自宗一排二斥他説一。便違二法界一、拒二大涅槃一。累障既深。宜須二傷歎一。

《大集経》『大集経』二二にいう（大正一三巻、一五九中）。

⑦第七に偏執ありとは、『大集経』にいう、「五つの部派があるけれども、いずれも如来の法界とおよび大涅槃《ねはん》（ニルヴァーナ、さとりの世界）とを妨げない」と。しかるにアビダルマのひとは自己の主張

を保持し執著して、他説を排斥する。これはすなわち法界に相違するし、大涅槃を拒否するものである。障害がつみ重なっていて、すでに深い。当然どうしてもそれを残念に思い歎かなければならない。

⑧第八に本とを学ぶにあらずとは、大品経に云く、「四縁を知らんと欲せば、応に般若を学ぶべし」と。外人、竜樹に問うて云く、「四縁を学ばんと欲せば、当に毘曇を学ぶべし、云何が乃ち般若を学ばん」と。論主答えて曰く、「初めて毘曇を学べば解す可きが如きに似たれども、転《うた》た久しく推求《すいぐ》すれば則ち邪見を成ず」と。問うて曰く、毘曇を学べば云何が乃ち邪見を成ずるや。答う、若し四縁より諸法を生ずと言わば、誰か復《ま》た四縁を生じたるや。若し四縁は更に他より生ぜば、則ち他は復た他よりすべし。是《かく》の如く無窮《むぐう》なり。若し其の四縁は自然にして有り、他より生ぜずとすれば、万物も亦た応に四縁に由らざるべし。当に無因に堕すべし。故に従えば則ち無窮なり、窮すれば則ち無因なり。此の二門に由りて則ち因果を信ぜず。故に久しく毘曇を学べば邪見を成ずるなり。

第八非レ學レ本。大品經云、欲レ知二四縁一、當レ學二般若一。外人問二龍樹一云、欲レ學二四縁一、應レ學二毘曇一。云何乃學二般若一。論主答曰、初學二毘曇一似レ如レ可レ解、轉久推求則成二邪見一。問曰、學二毘曇一云何乃成二邪見一。答、若言三四縁生二諸法一者、誰復生二於四縁一。若四縁更從レ他生、則他復從レ他。如レ是無窮。若其四縁自然而有不二從レ他生一者。萬物亦應レ不レ由二四縁一。當レ墮二無因一。故從則無窮。窮則無因。由二此二門一則不レ信二因果一。故久學二毘曇一成二於邪見一。

〈大品経〉『大品般若経』序品に「菩薩摩訶薩、欲知諸法因縁・次第縁・縁縁・増上縁、当学般若波羅蜜」（大正八巻、二一九下）とある。〈外人問竜樹……〉これらの問答は『大智度論』三十二巻の有部との問答をダイジェストしたもの（大正二五巻、二九七中）。〈無窮〉と〈無因〉は佛教の論法の際に最も嫌われ、必ずそれにおちいらないようにしなければならないとされる。

⑧第八に根本を学んでいないとは、『大品般若経』にいう、「四縁を知ろうと欲するならば、かならず般若（ハラミツ）を学ばなければならない」と。ほかのひとがナーガールジュナ（竜樹）に質問していう、「四縁を学ぼうと欲するならば、まさにアビダルマを学ばなければならない。どうしてそれなのに般若（ハラミツ）を学べというのであるか」と。『大智度論』の著者ナーガールジュナは答えていう、「最初にアビダルマを学べば、理解することができるように一見類似しているけれども、何度も長い期間にわたって追究して行けば、すなわち邪見を成立させる」と。

問うていう、アビダルマを学べば、どうしてすなわち邪見を成立させるのか。

答、もしも四縁から諸法が生ずるというならば、だれがまたその四縁を生じたのか。もしも四縁はさらに他より生じたのであれば、その他はさらにそのまた他より生じたということになろう。このようにして、どこまでも他から他へと求めて行ってかぎりがなく、無窮ということになる。（それに対して）もしもその四縁は自然のまま有であって、他より生じたのではないということになれば、（四縁がそうである以上、その四縁から生ずるとされる）万物もまた当然四縁にはよらないで自然のまま有ということになり、それは当然因を必要としない無因に堕してしまうにちがいない。それゆえに、アビダルマの説にしたがえばすなわち無窮となり、これを追究すればすなわち無因である。この二門のいずれによっても、すなわち正しい因果説を信じていないのである。ゆえに長い期間にわたってアビダルマを学べば邪見を成立させる、というのである。

⑨第九に真言を弊《おお》うとは、大集経に云く、「甚深の義は説く可からず。第一義諦には声字なし。陳如比丘は諸法に於いて真実の知見を獲得せり」と。本起経に云く、「頞鞞沙門は即ち五人の一《ひとり》なり、身子の為に偈を説

いて云く、一切諸法は本とより因縁空にして主なし、心を息《や》むれば本源に達す、故に号して沙門と為す、と。身子は之を聞いて即ち初果を得たり」と。大小二経を尋《たず》ぬるに、皆空を見て聖を成ずと明かす。而るに阿毘曇には有を観じて道を得と謂う。故に真言を隠覆す。

第九弊二眞言一。大集經云、甚深之義不レ可レ說。第一義諦無二聲字一。陳如比丘於二諸法一獲二得眞實之知見一。本起經云、頻鞞沙門即五人之一。爲二身子一說レ偈云、一切諸法本、因緣空無レ主。息レ心達二本源一。故號爲二沙門一。身子聞レ之即得二初果一。尋二大小二經一。皆明二見レ空成レ聖。而阿毘曇謂二觀レ有得レ道。故隱二覆眞言一。

〈大集経〉『大集経』二の偈（大正一三巻、一三下）の引用。原本は第一義諦を第一実義、陳如を憍陳とする。〈陳如〉憍陳如Kaundinya の略。釈尊の初転法輪を聞いた五比丘の第一。〈本起経〉『中本起経』上巻の記事（釈尊の父王が頻鞞　頻陛などの五人を釈迦の救助につかわした、ついで頻鞞をして優波替（＝舎利弗＝身子）に以下の偈により法眼を獲得させた）にもとづく。そのうち偈文のみが経の引用（大正四巻、一五三下）で、他は前後の文をまとめたもの。〈頻鞞〉Asvajit 馬勝と訳し、阿説示とも音写する。釈尊の初転法輪を聞いた五比丘のひとり。もと六師外道のひとりのサンジャヤの高弟であった身子＝シャーリプトラがアシュヴァジットの端正な威容に打たれて道を問い、佛弟子となった話は名高い。

⑨第九に真（実の）言をおおいかくすとは、『大集経』にいう、「非常に奥深い内容は説くことができない。第一義諦には音声も文字もない。カウンディニヤ比丘は（釈尊の初転法輪を聞いて）諸法において真実の知見を獲得した」と。『中本起経』にいう、「アシュヴァジット沙門はすなわち（釈尊の初転法輪を聞いた）五人のひとりである。彼はシャーリプトラのために偈を説いていう、『一切諸法は本来その因縁は空であって本体は存在しない。（まよい動揺する）心を安らかにしずめれば本源に到達する。ゆえにそのようなひとを呼んで沙門（修行者）とするのである』と。シャーリプトラはこれを聞いて、即座に最初の果を得た」と。このように大乗と小乗との二経をしらべてみても、みな空を

見て聖を成ずると説明している。しかるにアビダルマには有を観て道を得るという。ゆえに真（実の）言をおおいかくしているのである。

⑩第十に円旨を喪《うしな》うとは、涅槃経に云く、「衆生をして深く真諦を識らしめんと欲す。是の故に如来は俗を宣説せり。若し衆生をして俗諦に因らずして真を識らしめば、諸佛如来は終《つい》に俗を説かざりしならん」と。毘曇の流れは俗有を知ると雖も真空を悟らず。既に真空に惑わば、亦た俗有に迷う。是の故に真俗の二、倶に並び喪う。

第十喪二圓旨一。涅槃經云、欲レ令三衆生深識二眞諦一。是故如來宣二說於俗一。若使下衆生不レ因二俗諦一而識上レ眞者、諸佛如來終不レ說レ俗。毘曇之流雖レ知二俗有一、不レ悟二眞空一。既惑二眞空一、亦迷二俗有一。是故眞俗二俱並喪。

〈涅槃経〉『大般涅槃経』梵行品に「諸佛世尊為第一義故説於世諦、亦令衆生得第一義諦、若使衆生不得如是第一義者、諸佛終不宣説世諦」（大正一二巻、四六五中）という。〈俗諦〉世俗諦ともいう。アビダルマでは世俗における真理一般というほどの意味であったが、大乘佛教になると、佛教の真理を世俗のなかにとくに示したものとして、その意義を深め位置を高めた。そして世俗諦を通じて、第一義諦＝真諦が達せられるとし、第一義諦は文字やことばの表現を超越した真理と解されるようになった。

⑩第十に円旨を失うとは、『大般涅槃経』にいう、「生あるものをして深く真諦＝第一義諦を識らせようと欲する。この理由から、如来は世俗諦を宣説したのである。もしも生あるものをして、世俗諦によらないで真諦を識らせることができるものならば、諸佛如来はついに世俗諦を説かれなかったであろう」と。アビダルマのひとびとは俗有を知っているけれども真空をさとらない。すでに真空にまどっているから、また俗有に迷う。この理由から、かれらには真（真空―真諦）も俗（俗有―俗諦）も

二つながらともにならび失われている。

第四節　成実を排す（成実への批判）

成実を排する第三。一には義を立て、二には破斥す。

排二成實一第三。一立レ義。二破斥。

《成実》第一章第一節bの註を参照。

成実を排する第三の論をはじめよう。まず第一に成実の義を立て、第二はそれを破斥しよう。

a　①成実の立義（主張）

訶梨跋摩《かりばつま》の高足の弟子あり、其の宗を序べて曰く、「成実論とは、佛の滅度の後九百年の内に訶梨跋摩というものあり、此《ここ》には師子《しし》鎧《かい》というものの造れる所なり。其の人は本と是れ薩婆多部の鳩摩羅陀の弟子なり。其の釈する所の近く名相に在るを慨《なげ》きて、遂に轍《あと》を僧祇に徙《うつ》して、大小兼学せり。九経を鑽仰《さんごう》し、五部を澄汰し、再び邪霧を巻き、重ねて慧日を舒《の》ぶ」と。是《ここ》に於いて道は罽賓《けいひん》に振い、声は赤県に流る。成とは是れ能成の文、実とは謂わく所成の理なり。二百二品、十六巻の文、四諦をもって章を建て、五聚をもって義を明かす。説は既に精巧、帰衆は林の若《ごと》し。

有二訶梨跋摩高足弟子一。序二其宗一曰。成實論者、佛滅度後九百年内有二訶梨跋摩一、此云二師子鎧一之所レ造也。其人本是薩婆多部鳩摩羅陀弟子。慨二其所一レ釋近在二名相一。遂徙二轍僧祇一。大小兼學鑽二仰九經一。澄二汰五部一。再卷二邪霧一。重舒二慧日一。於レ是道振二罽賓一。聲流二赤縣一。成是能成之文。實謂所成之理。二百二品十六巻文。四諦建レ章。五聚明レ義。説既精巧。歸衆若レ林。

〈訶梨跋摩〉 Harivarman の音写。訳は師子鎧。二五〇―三五〇年ごろのインドの佛教学者。〈高足弟子〉だれを指すか不明。しかしここの記事は『出三蔵記集』第十一の訶梨跋摩伝の序によく一致する(大正五五巻、七八)。〈鳩摩羅陀〉Kumāralāta の音写、童受と訳す。小乗部派のうち経量部の大学者。〈僧祇〉摩訶僧祇 Mahāsaṅghika (=大衆部) の略。〈九経〉いわゆる九分経、すなわちスートラ、ゲーヤ、ガーター、ニダーナ、イティヴリッタカ、ジャータカ、アドブフータダルマ、アヴァダーナ、ウパデーシャの九種の分類により、いわゆる原始佛教経典を総称する。〈五部〉大衆部内の五支派、すなわち一説部・説出世部・灰山住部・多聞部・多聞分別部。〈罽賓〉Kaśmira いまのカシュミール地方、すなわちインドの西北部。〈赤県〉諸註釈書によれば、神州、中心の処、中国。シナを指す。〈五聚〉『成実論』は発聚・苦諦聚・集諦聚・滅諦聚・道諦聚の五聚から成る。〈四諦〉上の五聚から苦集滅道の四諦は明らかであろう。

ハリヴァルマン(訶梨跋摩)の優秀な弟子があって、その主張を述べていう、「『成実論』は佛の滅度ののち九百年以内にハリヴァルマンがいた、ここシナでは師子鎧という、かれが著述したところのものである。そのひとはもと説一切有部のクマーララータ(童受)の弟子である。クマーララータの註釈するところが、名称(概念)のありかたにばかり近づいて論ずる(内容―本質に触れない)のを歎いて、ついにその本旨を大衆部に移して、大乗と小乗とを兼ね学んだ。すなわち原始―小乗佛教の九分経を仰ぎ尊び、大衆部の五部をのこらずきれいに陶汰し、再びあやまった霧を巻き払い、重ねて太陽のような明らかな智慧を述べたのである」と。このようなところから、かれの教える道はカシュミール地方でさかんになり、その名声はシナにまで流れてきた。

『成実論』の「成」とは、ポジティヴ(能動的)に成しとげる文を、「実」というのは、パッシヴ(受動的)に成しとげられる理をあらわしている。この書物は二百二品、十六巻の文から成り、四諦の各々をもってその章をたて、五聚をもってその意義を明らかにする。説はすでにくわしく巧みであり、これをよりどころとするひとびとは林のごとく多数である。

a ②問答

問う、跋摩は既に八犍を排斥し、五部を陶汰せり。成実の宗は正《まさ》しく何の義に依るや。答う、有る人の言《いわ》く「善を択んで従い、能あれば必ず録す。衆師の短を棄てて諸部の長を取る」と。有る人の言く、「復た群異を斥排すと雖も、正しく曇無徳部を用う」と。有る人の言く、「偏《ひと》えに毘曇を斥けて専ら譬喩に同ず」と。真諦《しんたい》三蔵の云く、「経部の義を用いるなり」と。倶舎論を検するに経部の義は多く成実に同ぜり。

問、跋摩既排二斥八犍一、陶二汰五部一。成實之宗正依二何義一。答、有人言、擇レ善而從、有レ能必錄。棄二衆師之短一、取二諸部之長一。有人言、雖三復斥二排群異一、正用二曇無徳部一。有人言、偏斥二毘曇一、專同二譬喩一。眞諦三藏云、用二經部義一也。檢二倶舍論一、經部之義多同二成實一。

〈八犍〉カーティヤーヤニープトラ『阿毘曇八犍度論』をいう。〈曇無徳部〉Dharmottariya 訳して法上部、法尚部などという。上座部―説一切有部―犢子部よりの分派のひとつ。〈譬喩〉Dārṣṭāntika とくに部派を形成していたかどうか不明であるが、この名の系統が『大毘婆沙論』などに伝わり、経量部と深い関係があり、初期大乗佛教ともつながりがあったらしい。宮本正尊「譬喩者、大徳法救、童受、喩鬘論の研究」(『日本佛教学協会年報』第一年) などを参照。〈真諦三蔵〉Paramārtha 四九九―五六九年。インド唯識学派の論師。五四六年シナに渡り、多くの経典を漢訳した。その訳は正確で信頼される。〈経部〉正しくは経量部 Sautrāntika 上座部―説一切有部より分かれ、有部の説をかなり批判した。〈倶舎論〉正しくは Abhidharmakośabhāṣya ヴァスバンドゥ (Vasubandhu 世親、四世紀ごろ) の著述。いまはもっぱら玄奘訳の『阿毘達磨倶舎論』が用いられるが、吉蔵当時は真諦訳の『阿毘達磨倶舎釈論』(いずれも大正二九巻) だけがあった。小乗佛教の教義を理解するのに最もよくまとまった書物で、有部の教学を標準として、巧みにそれを短く体系化して、経量部や大衆部などの説を紹介しつつ、これらにもとづいて有部の説を批判している。『成実論』も同じような立場にあるから、吉蔵のこの個所の指摘は正しい。

問、ハリヴァルマンはすでに『阿毘曇八揵度論』を否定し、大衆部の五部を陶汰した。それならば成実の主張はまさしくなんの義によるのか。

答、あるひとはいう、「(諸説のうちから)善いところをえらんでそれに従い、能があれば必ず記録している。多くの論師の短所を棄てて、多くの部派の長所を採用している」と。あるひとはいう、「やはりまた多くの異なった説を否定しているけれども、まさしく法上部の説を用いている」と。あるひとはいう、「ひたすらアビダルマ説をしりぞけて、もっぱら譬喩者の説に一致している」と。パラマールタ(真諦三蔵)はいう、「経量部の義を用いているのである」と。倶舎論を調査してみると、経量部の義は多く成実に一致している。

b 成実への破斥(批判)

破斥第二。問う、成実は是れ小乗の論と為さんや、是れ大乗と為さんや。大小を含むと為さんや。答う、有る人の言く、「是れ大乗なり」と。有る人の言く、「是れ小乗なり」と。有る人の言く、「大乗の意を探りて以て小乗を釈す、具《とも》に大小を含む」と。夫れ珉玉《びんぎょく》の精と麁《そ》とは、蓋し是れ耳目の覩《み》る所なるも、尚お昏明の殊鏡あり、況んや妙道の真偽は言*忘慮絶せり。豈に識り易からんや。今十義を以て証すれば、則ち明らかに是れ小乗にして大乗にはあらず。一には旧序をもって証す、二には論に依って徴す、三には大の文なし、四には条例あり、五には本宗に迷う、六には大小を分かつ、七に優降を格《ただ》す、八には相即なし、九には解行を傷つく、十には世人を検す。

破斥第二。問、成實爲二是小乘之論一。爲二是大乘一。爲レ含二大小一。答、有人言、是大乘也。有人言、是小乘。有人言、探二大乘意一以釋二小乘一、具含二大小一。夫珉玉精麁、蓋是耳目所レ覩。尚有二昏明殊鏡一。況妙道眞僞言忘*慮絶。豈易レ識哉。今以二十義一證、則明是小乘非二大乘一矣。一舊序證。二依レ論徵。三無二大文一。四有二條例一。五迷二本宗一。六分二大小一。七格二優降一。八無二相即一。九傷二解行一。十検二世人一。

〈忘*〉大正には「亡」とあるのを「忘」に改める。〈珉〉玉に似てそれに次ぐ美石。

『成実論』への破斥をおこなう第二節。

問、『成実論』はこれを小乗の論とすべきであるか、これを大乗とすべきであるか。大乗と小乗とをふくむとすべきであるか。

答、あるひとはいう、「これは大乗である」と。あるひとはいう、「これは小乗である」と。あるひとはいう、「大乗の意を探究して、それによって小乗に註釈している。大乗と小乗との両方をともにふくむ」と。

一体玉に似ている石と玉そのものとの精細と粗雑とは、思うにこれ耳目をこらして見つめても、しかもなおその暗さと明るさとの区別について考えがわかれることがある。いわんやさとりの妙道について、その真と偽については、ことばを忘れ、思慮を超えている。どうして簡単に識別しやすいことがあろうか。

いま（以下の）十の義をもって論証して行くと、すなわち『成実論』は明らかに小乗であって大乗ではない。その十の義というのは、①昔の学説をもって論証する、②論じているところによって調査する、③大乗の文がない、④条例《けじめ》がある、⑤（大乗）本来の主張に迷う、⑥大乗と小乗とを区分する、⑦優と降とを正しく定める、⑧（空と有との）相即がない、⑨さとりの実践を傷つける、⑩世のひとびと（の意見）をしらべる。（以下にこの十の義を述べて行く）。

①旧序に証す第一。昔、羅什法師は成実論を翻じ竟《おわ》りて、僧叡に命じて之を講ぜしむ。什師の没後、叡公は其の遺言を録し、論の序を製《つく》りて云く、「成実論は佛の滅度の後八百九十年に、罽賓の小乗の学者の匠の鳩摩羅陀の上足の弟子の訶梨跋摩の造れる所なり。其の論に云く、色香味触は実なり、地水火風は仮なり、と。精巧に余りあれども、実を明かすこと足らず。推して之を究むるに、小乗の内の実なるのみ。大乗に比《くら》ぶるに、復た竜燭を螢耀に於《のぞ》むと雖も、未だ其の懸《はる》かなるを喩うるに足らざるなり。或いは有る人の言く、此の論は滅諦を明かすこと大乗と致《ひと》を均しくせり、と。羅什は聞きて歎じて曰く、秦人の深く識ることなき、何ぞ乃ち此《ここ》に至れるか。吾れ毎《つね》に其の普《あまね》く大乗を信ずる者を疑う、と。当に知るべし、悟りは中に由らずして、識る可きに迷えり」と。成実は是れ羅什の翻ずる所にして、僧叡は講論の始め為《な》り。後学は応に前匠に孤負すべからず。

舊序證第一。昔羅什法師翻二成實論一竟、命二僧叡一講レ之。什師沒後、叡公錄二其遺言一、製二論序一云、成實論者、佛滅度後八百九十年。罽賓小乘學者之匠鳩摩羅陀上足弟子訶梨跋摩之所レ造也。其論云、色香味觸實也、地水火風假也。精巧有レ餘。明レ實不レ足。推而究レ之。小乘內之實耳。比二於大乘一、雖レ復龍燭之於二螢耀一、未レ足レ喩二其懸一矣。或有人言、此論明二於滅諦一、與二大乘一均レ致。羅什聞而歎曰、秦人之無二深識一、何乃至レ此乎。吾每疑下其普信二大乘一者上。當レ知悟不レ由レ中、而迷レ可レ識矣。成實是羅什所レ翻、僧叡爲二講論之始一。後學不レ應レ孤二負前匠一。

〈羅什法師〉Kumārajīva 三四四―四一三年。インドの北に生まれ、インドに学び、四〇一年後秦に迎えられて長安で大翻訳事業をおこなう。初期大乗佛教諸経典（経・論・律）、『成実論』も訳書のひとつ。〈僧叡〉東晋の時代のひと、クマーラジーヴァ門下の四哲のひとりとされた。クマーラジーヴァの訳書の多くに序を書いている。〈色香味触〉色のあとに声をいれ最後に法を加えて六境といい、感覚・認識の対象の一切をいう。〈地水火風〉四大と称し、一切の存在を構成する要素の総称。〔滅諦〕四諦の第三で、苦の原因をつきとめてそれを滅し、さとりへ導く真理をいう。〔孤負〕孤も負もそむくことをいう。

①昔の学説をもって論証する第一とは、むかしクマーラジーヴァ法師は『成実論』を翻訳しおわり、（弟子の）僧叡に命じてこれを講義させた。クマーラジーヴァ師の没後、僧叡がその遺言を記録して、『成実論』の序をつくっていう、「『成実論』は佛の滅度ののち八百九十年に、カシュミールの小乗の学者の先生であるクマーラーラータのすぐれた弟子であるハリヴァルマンがつくったものである。その論にいう、『色（声）香味触は実である、地水火風は仮である』と。その説が精巧であることはあまりあるほどであるが、しかし実を明らかにすることが不足している。推察してこれを追究して行くと、その内容は小乗の内部での実であるにすぎない。それを大乗と比較してみると、また竜の灯《あかり》を螢《ほたる》の輝きになぞらえたとしても、それでもまだそのへだたりのはるかであることは、喩えても足りない。あるいはあるひとがいう、『この論が滅諦を説明していることは、大乗とその極致がひとしい』と。クマーラジーヴァはこれを聞いて歎いていう、『シナのひとが深く認識することのないのは、なんとこれほどまでにひどいのであるか。自分はつねにシナのひとがひろく大乗を信じているというのを疑う』と。さとりがその実の中心によらないで、認識可能のところで迷っているということを知らねばならない」と。『成実論』はこれクマーラジーヴァが翻訳したところであり、僧叡はこの論を講義した最初であった。したがって後に学ぶひとは以上の前の先生（の批判）にそむいてはならない。

②論に依りて徴する第二。成実の文に云く、「諸《もろもろ》の比丘は異論種種なるも、佛皆聴《ゆる》す。故に我れ正《ただ》しく三蔵の内の実義を論ぜんと欲す」と。訶梨は自《みずか》ら正しく三蔵を論ずと云えり、故に知る、成実は理是れ小乗な

り、と。若し斯の論も亦た大を明かすと言わば、過《とが》は門人に在り。跋摩の咎にはあらず。問う、何を以てか三蔵は是れ小乗なりと知るや。答う、法華に云く、「亦た小乗三蔵学者に親近せざれ」と。大の照の未だ円《まどか》ならざるものは小法に染し容《やす》きを恐るるが故に、智形宜しく隔《へだ》つべし、行止を共にすること勿《なか》れ。大士を誡めて小人に親近すること勿らしむ。則ち知る、三蔵は大乗に非ず、と。智度論に云く、「迦葉・阿難は三蔵を結集し、文殊・弥勒は大乗蔵を集む」と。外人問うて云く、「何が故に三蔵の内に於いて大乗を集めざるや」と。論主答えて云く、「小乗は大を受けず、応に小の内に大を集むべからず」と。此を以て之を推すに、但だ是れ小乗なるのみ。

依レ論徵第二。成實文云。諸比丘異論種種、佛皆聴。故我欲三正論二三藏內實義一。訶梨自云三正論二三藏一。故知、成實理是小乘。若言二斯論亦明レ大者、過在二門人一。非二跋摩之咎一。問、何以知二三藏是小乘一耶。答、法華云、亦不レ親二近小乘三藏學者一。恐二大照未レ圓小法容レ染故、智形宜レ隔、行止勿レ共。誡二於大士一、勿レ親二近小人一。則知、三藏非二大乘一矣。智度論云、迦葉阿難結二集三藏一。文殊彌勒集二大乘藏一。外人問云、何故不下於二三藏內一集中大乘上耶。論主答云、小乘不レ受レ大、不レ應二小內而集一レ大。以レ此推レ之、但是小乘耳。

〈成実文云……実義〉『成実論』冒頭の帰敬偈の終りの句、現本は三蔵内を三蔵中としている（大正三二巻、二三九中）。〈三蔵〉経蔵・律蔵・論蔵の三蔵。佛教経典全般の呼称であるが、ここでは以下に見るとおり、小乗経典の総称としている。〈法華云〉『妙法蓮華経』安楽行品の偈に、「亦不親近、増上慢人、貪著小乗、三蔵学者」（大正九巻、三七中）という。〈智度論云〉『大智度論』第百巻の終りに「佛般涅槃後、阿難共大迦葉結集三蔵……」（大正二五巻、七五六上）とある。以下〈外人〉〈論主〉はそれ以下の文章の要約。〈迦葉〉Kāśyapa 佛十大弟子のひとり。〈阿難〉Ānanda 佛十大弟子のひとり。たえず佛のそばにおり、三蔵結集の中心となった。〈文殊〉Mañjuśrī 大乗経典に登場する菩薩。〈弥勒〉Maitreya 初期大乗経典に登場する菩薩で、はじめ未来佛として尊崇された。佛弟子のメッテーヤに起源があるとされている。

②論じているところによって調査する第二。『成実論』の文章にいう、「多くの比丘がとなえる異論は種々様々であったが、佛はみなそれを許された。ゆえに自分は正確に三蔵のなかの実義を論じようと欲する」と。このように著者のハリヴァルマン自身が「正確に三蔵を論じよう」といっているのである。ゆえに『成実論』の理はこれ小乗であることが知られるのである。もしもこの論にもまた大乗を説明するというならば、そのあやまちは門人にあるのであって、ハリヴァルマンには咎はない。

問、どういう理由をもって三蔵はこれ小乗であると知るのか。

答、法華経にいう、「また小乗三蔵学者に親しみ近づかないように」と。これは大乗のさとりがまだ完全でないものは、小乗の法に染まりやすいのを心配しているがゆえに、智慧も身体の形もよろしく小乗のひとから隔たなければならない、行ないも静止しているのも小乗のひとと共にすることなかれと、大乗のひとを誡めて小乗のひとに親しみ近づくことがないようにさせたのである。すなわち三蔵は大乗ではないことが知られるのである。『大智度論』にいう、「カーシャパとアーナンダとは三蔵を結集し、マンジュシュリーとマイトレーヤとは大乗の蔵経を集めた」と。あるひとが問うていう、「なんの理由によって三蔵のなかに大乗を集めないのか」と、『大智度論』の著者ナーガールジュナは答えていう、「小乗は大乗を受けいれない。小乗のなかに大乗を集めるべきではない」と。以上の論をもって追究して行くと、三蔵—『成実論』はただこれ小乗のみである。

③大の文なき第三。原《たず》ぬるに夫れ論を作ること皆佛の言を引くなり。竜樹が大を釈するが如きは、還って大経を引けり。訶梨は小経を解して、唯だ小を将《ひ》いて証せり。二百二品は並びに四阿含を探《きぐ》る。十六巻の文は竟《つい》に方等なし。此を以て之を詳《つまびら》かにすれば即ち知る可し。

無二大文一第三。原夫作レ論皆引二佛言一。如二龍樹釋レ大、而還引二大經一。訶梨解二小經一、唯將レ小證。二百二品並探二四阿含一。十六卷文竟無二方等一。以レ此詳レ之、即可レ知矣。

〈四阿含〉長阿含経・中阿含経・雑阿含経・増壱阿含経。原始佛教の経蔵の全体。

③大乗の文がないという第三。いろいろ研究してみると、一体論をつくるのにはみな佛の言を引用している。たとえばナーガールジュナ（竜樹）が大乗を註釈する場合にはふりかえって大乗の経を引用しているようなものである。それなのにハリヴァルマンは小乗の経を理解し、ただ小乗の経を引用して証としている。『成実論』の二百二品はいずれも四阿含経を探究しているだけであり、『成実論』十六巻の文にはついに方等（＝大乗経典）がない。これによってくわしく調べて行くならば、『成実論』は小乗であると知ることができる。

④条例ありの第四。問う、若し成実は小を釈して兼ねて大を明かすことを許さざれば、亦た応《まさ》に三論は大を解して兼ねて小を明かすべからざるべし。答う、義に条例あり、応に相い濫《みだ》すべからず。佛経に二あり。一には小乗、二には方等なり。若し大乗を明かすには必ず兼ねて小を弁ず。若し小乗を弁ずるには兼ねて大を明かさず。故に大乗経の初めには小乗衆あれども、小乗経の首には菩薩僧なし。大を示すには能く小を包み、小には大を含まず。佛経既に爾《しか》り。論に在りても例するに然《しか》り。大乗の論には兼ねて小乗を明かし、小乗の論には兼ねて大を明かさず。若し弟子の論には大を探りて小を釈すといわば、如来の経の義も亦た応に然るべし。則ち巨細互いに兼ぬれば、何をか大小と名づけん。

有二條例一第四。問、若成實釋レ小不レ許三兼明二於大一、亦應三三論解レ大不レ應三兼明二於小一。答、義有二條例一。不レ應二相濫一。佛經有レ二。一者小乘、二者方等。若明二大乘一必兼辨レ小。若辨二小乘一不二兼明一レ大。故大乘經初有二小乘衆一。小乘經首無二菩薩僧一。示レ大能包レ小。小不レ含レ大。佛經既爾。在レ論例然。大乘之論兼明二小乘一。小乘之論不三兼明二大。若弟子之論探レ大釋レ小、如來之經義亦應レ然。則巨細互兼、何名二大小一。

〈大乘経初……小乘経首〉『大智度論』巻四に、大乗経の初めにはまず声聞衆をあげ、菩薩衆を述べるのに対し、小乗経の初めに声聞衆のみを説いて、菩薩衆を説かない理由を述べている（大正二五巻、八五中）のによる。

④条例《けじめ》があるという第四。

問、もしも『成実論』は小乗を註釈しており、兼ねて大乗を明かすことを許さないとするならば、一方、三論はまさしく大乗を解しており、兼ねて小乗を明かしてはならないということになろう。

答、大乗と小乗とはそれぞれ条例があって、決して互いに混乱させてはならない。（その条例とは次のとおりである）。一体佛教経典には二種類あり、一は小乗であり、二は方等＝大乗である。もしも大乗を明かすには必ず兼ねて小乗を弁ずる。しかし小乗を弁ずるには兼ねて大乗を明かさない。ゆえに大乗経の初めには小乗のひとびとが説かれているけれども、小乗経の初めには菩薩僧（大乗のひとびと）は説かれていない。大を示すにはよく小を包み、小には大を含まない。佛経がすでにそうなのである。（経の註釈である）論についてその例を調べてみても、やはりそうである。すなわち大乗の論書には兼ねて小乗を明かし、小乗の論書には兼ねて大乗を明かさない。それなのに、もしも弟子であるハリヴァルマンの論すなわち『成実論』が大乗を探究して小乗を註釈しているというならば、如来の経すなわち小乗経の義もまたまさにそうでなくてはならないことになる。そうすれば、巨大と細小とが互いに兼ねることになり、それならば何を大乗とか小乗とか名づけよう。（かくして条例がなくなってしまうことになる）。

⑤本宗に迷う第五。問う、成実論の文に盛んに生法二空を弁ず。大品に四諦の平等を明かすと、義既に異なることなし。故に知る、応に是れ大を探りて小を釈すなるべし、と。答う、四阿含の教の内に二空あり、論にも二空を明かすは、則ち還って三蔵を釈するなり。云何が乃ち大を探りて小を解すと言わん。又身子の毘曇も亦た二空を弁ず。而も是れ小にして大にあらず。訶梨の論義も亦た応に同じなるべし。問う、身子の毘曇も亦た大を探りて小を釈す。成実と例は同じ。彼れ既に大を探るならば、則ち此は専ら小なるにはあらざらん。答う、身子の造る所は還って佛の毘曇を釈するなり。佛説は既に是れ小乘なり。彼の論は寧《いずくん》ぞ大を探ると言わんや。

迷二本宗一第五。問、成實論文盛辨二生法二空一。與二大品明二四諦平等一。義既無レ異。故知、應二是探一レ大釋レ小。答、四阿含教内有二二空一、論明二二空一、則還釋二三藏一。云何乃言二探レ大解一レ小。又身子毘曇亦辨二二空一。而是小非レ大。訶梨之論義亦應レ同。問、身子毘曇亦探レ大釋レ小。與二成實一例同。彼既探レ大、則此非二專小一。答、身子所レ造還釋二佛毘曇一。佛説既是小乘。彼論寧言レ探レ大。

〈生法二空〉生空と法空。生空とは衆生空、すなわち人無我、我空、人空というのと同じ。『成実論』立仮名品以下に、仮名心と法心と空心との滅を論じ、五蘊より成る衆生の空と諸法の空とを説明している（大正三二巻、三二七上以下）。〈大品〉『大品般若経』四諦品（差別品ともいう）に、「須菩提白佛言、世尊何等是四聖諦平等相、須菩提、若無苦、無苦智、無集、無集智、無滅、無滅智、無道、無道智、是名四聖諦平等相」（大正八巻、四一二上）という。〈身子〉Śāriputra の訳、ふつうは舎利弗と音写する。佛十大弟子のひとり。〈身子毘曇〉『舎利弗阿毘曇論』第十六に、空を弁じて内空、外空、内外空、空空、大空、第一義空とあるのを指す（大正二八巻、六三三上）。

⑤（大乗）本来の主張に迷う第五。

問、『成実論』の文章にさかんに衆生空と法空とを弁じている。そしてこれは、大乗経典の『大品般若経』に四諦の平等を説明するのと、意義がすでに異なるところはない。それゆえまさにこれは大乗を探究して小乗を註釈しているにちがいないということが知られる。

答、四阿含の教えのなかにすでに二空がある。そこで『成実論』が二空を説明するのは、すなわちふりかえって原始経典を註釈するのである。どうして大乗を探究して小乗を解釈するということができよう。また『舎利弗阿毘曇論』もまた二空を弁じている。しかもこれも小乗であって大乗ではない。ハリヴァルマンの論（＝『成実論』）の義もまたまさに同じであろう。

問、『舎利弗阿毘曇論』もまた、大乗を探って小乗を註釈している。それは『成実論』と例は同じである。それはすでに大乗を探究しているから、すなわちこれもまたただ小乗専一ではないであろう。

答、シャーリプトラが造ったところの論（＝『舎利弗阿毘曇論』）は、ふりかえって佛のアビダルマを註釈しているのである。佛の説はすでにこれ小乗である。かの論がどうして大乗を探っているといえようか。

⑥大小を分つ第六。問う、小には一空を明かし、大には二空を弁ずれば、差別ある可し。既に同じく其れ二空なり。大小何ぞ異ならん。答う、同じく二空を弁ずと雖も、二空同じからず。略して四種を明かさん。一には小乗は法を拆して空を明かす。大乗は本性空寂なり。二には小乗は但だ三界の内の人法二空を明かし、空の義は即ち短なり。大乗は三界の内外の人法並びに空なるを明かし、空の義は即ち長し。三には小乗は但だ空を明かして、未だ不空を説かず。大乗は空を明かし亦た不空を弁ず。故に涅槃に云く、「声聞の人は但だ空を見て不空を見ず。智者は空及び不空を見る。空とは一切の生死なり。不空とは謂わく大涅槃なり」と。四には小乗は名づけて但空《たんくう》と為す。謂わく、但だ空に住するなり。菩薩を不可得空と名づく。空も亦た不可得なり。故に知る、二空を明かすと雖も、空の義に異あり、と。故に大小を分つ。

分二大小一第六。問、小明二一空一、大辨二二空一、可レ有二差別一。既同其二空。大小何異。答、雖三同辨二二空一、二空不レ同。略明二四種一。一者小乘拆レ法明レ空。大乘本性空寂。二者小乘但明二三界内人法二空一、空義即短。大乘明二三界内外人法並空一、空義即長。三者小乘但明二於空一未レ說二不空一。大乘明レ空亦辨二不空一。故涅槃云、聲聞之人但見二於空一不レ見二不空一。智者見二空及以不空一。空者一切生死。不空者謂大涅槃。四者小乘名爲二但空一。謂但住二於空一。菩薩名二不可得空一、空亦不可得也。故知、雖レ明二二空一、空義有レ異。故分二大小一。

〈拆法〉この拆は折の誤まりであろう。折は分析する意味。〈三界内人法二空・三界内外人法並空〉欲界・色界・無色界すなわち一切世界において輪廻する衆生について空を説くのに対して、その一切世界を超越した釈尊をふくむ聖者についてまで空を説く。〈涅槃経云〉『大般涅槃経』師子吼菩薩品に「智者見空及与不空……空者一切生死、不空者謂大涅槃……声聞縁覚、見一切空、不見不空……以是義故不得第一義空」（大正一二巻、五二三中）という。〈小乗名為但空……〉『大智度論』第三十七に「空相応有二種、一者但空、二者不可得空、但行空堕声聞辟支佛地、行不可得空、空亦不可得、則無処可堕」（大正二五巻、三三五上）という。

⑥大乗と小乗とを区分する第六。

問、もしも小乗は一空を明らかにし、大乗は二空を弁ずるならば、この両者に差別があるべきである。しかるに両者とも同じくそれ二空である。どうして大乗と小乗とはどのような相異があるであろうか。

答、両者が同じく二空を弁ずるといっても、その二空は同一ではない。その相異を略して次の四種について明らかにしよう。⑴小乗は法を分析して行って空を明かす。大乗は諸法の本性が空寂なのであるという。⑵小乗はただこの一切世界のなかにいる衆生と法についての二空を明らかにする。空の義がすなわち短い。大乗は一切世界のなかとそれを超越した場との人と法とがともに空であることを明らかにする。空の義がすなわち長い。(3)小乗はただ空を明らかにするだけで、（それと対応する）不空をまだ説いたことがない。大乗は空を明らかにすると同時に、また不空をも弁ずる。ゆえに『大般涅槃経』にいう、「（小乗の）声聞のひとは空を見て不空を見ない。智慧あるもの（大乗）は空および不空を見る。空は一切の生—死の世界におけることがらであり、不空とは（生—死を超越した）大涅槃の世界におけることがらである」と。(4)小乗は名づけて但空とする。但空というのは、ただひたすら空にとどまっていることをいう。（大乗の）菩薩の場合は不可得空と名づける。空もまた不可得とするからである。このような相異があるがゆえに、両者とも二空を明かしているとはいっても、その空の義そのものに相異があることが知られる。それゆえに大乗と小乗とを区分するのである。

⑦優降を格《ただ》す第七。竜樹は般若の累教品を釈して云く、「善吉は生と法との二空を観ずるも、菩薩の二空に比せんと欲するに、譬えば毛孔の空もて十方の空に比するが如し」と。即ち小空を浅と為し、大空を深と為す。成実に明かす所は但だ是れ声聞の空にして、大士の所得にあらざるのみ。

格優降第七。龍樹釋般若累教品云。善吉觀生法二空、欲比菩薩二空、譬如毛孔之空比十方空。既小空爲淺、大空爲深。成實所明但是聲聞空。非大士所得耳。

〈竜樹釈般若累教品〉『大智度論』第七十九に「須菩提所行空行、欲比菩薩空行、百分不及一……又如毛孔之空、欲比十方空」（大正二五巻、六一八中下）という。〈大士〉mahāsattva（摩訶薩）の訳。それは bodhisattva（菩薩）とならび称されて、意義・内容は同じく、大乗のにない手である。

⑦優と降とを正しく定める第七。ナーガールジュナ（竜樹）は『大品般若経』累教品を註釈していう、「スブーティ（善吉）は衆生と法との二空を観ずるけれども（かれもまだ小乗であるので）、それを菩薩の観ずる二空に比較しようと思うと、それはちょうど毛のあなの空を十方の空に比較する

ようなもので、全く比較にならないほど前者は小さく、後者は大きい」と。すなわち小乗の空は浅いとし、大乗の空は深いとするのである。『成実論』が明らかにするところは、ただこれ小乗の声聞の空であって、大乗の菩薩・摩訶薩の得るところではないのである。

⑧相即なし第八。法華信解品に云く、「四の大声聞は自ら所得の空を述べて云く、我等長夜に空法を修習す、生なく滅なく、小なく大なく、無漏・無為なり。佛の智慧に於いて貪著を生ぜず」と。成実の弁ずる所は此と全く同じ。故に大にあらざるを知るなり。問う、何を以てか然《しか》りと知るや。答う、法華の文は、声聞は空を証するも空に即して有を観じ有に即して空を観ずること能わず、故に相即なきを弁ず。成実の説く所も亦た相即なし。若し相即を明かさば、応に空と有と並び観ずべし。若し空と有と並び観ずれば、大乗と何の別かあらん。問う、何を以て小乗の義は相即なしと知るや。答う、釈論に云く、「小乗の内には生死は即ち畢竟空なりと明かさず、唯だ大乗のみ乃ち説く」と。故に爾《しか》りと知るなり。

無二相卽一第八。法華信解品云。四大聲聞自述二所得空一云。我等長夜修二習空法一。無レ生無レ滅、無レ小無レ大、無漏無爲。於二佛智慧一不レ生二貪著一。成實所レ辨與レ此全同。故知レ非レ大也。問、何以知レ然。答、法華之文辨下聲聞證レ空不レ能二卽レ空觀レ有卽レ有觀レ空、故無中相卽上。成實所レ說亦無二相卽一。若明二相卽一。應二空有並觀一。若空有並觀、與二大乘一何別。問、何以知二小乘義無二相卽一耶。答、釋論云。小乘內不レ明二生死卽畢竟空一。唯大乘乃說。故知レ爾也。

〈法華信解品云〉『妙法蓮華経』信解品の偈に、「我等若聞、浄佛国土、教化衆生、都無欣楽、所以者何、一切諸法、皆悉空寂、無生無滅、無大無小、無漏無為、如是思惟、不生喜楽、我等長夜、於佛智慧、無貪無著、無復志願」（大正九巻、一八中下）とあるのを要約したもの。〈四大声聞〉これは迦葉（カーシャパ）の説く偈であるが、それに須菩提（スブァーティ）・迦旃延（カーティヤーヤナ）・目犍連（マウドガリヤーヤナ）が同意しているので、ここに四人の大声聞という。〈釈論云〉『大智度論』第十九に、「声聞辟支佛中、不説世間即是涅槃……菩薩法中、説世間即是涅槃」（大正二五巻、一九七下）、同第

三十一に、「復次略説、有二種空、衆生空法空、小乗弟子鈍根故、為説衆生空……大乗弟子利根故、為説法空、即時知世間常空如涅槃云々」（同、二八七中）という。

⑧（空と有との）相即がない第八。法華経の信解品にいう、「四人の大声聞がみずから得るところの空を述べていう、『われらは長い期間を要して空法を修習した。そこでは、諸法は生ずることなく滅することなく、小なく大なく、煩悩の洩れることもなく、つくられたものでもない。佛の智慧において、貪りや執著を生じない』」と。『成実論』の弁ずるところもこれと全く同じである。ゆえにそれは大乗ではないと知るのである。

問、どういう理由をもってそうであることを知るのか。

答、法華経の文章は、声聞は空を証《あか》しているが、その証空は、すなわち空に即して有を観じ、また有に即して空を観ずるということができない、ゆえにそこには空と有との相即がないということを弁じている。『成実論』の説くところもまた（空と有との）相即がない。もしも相即を明らかにするならば、まさに空と有とは並べて同時に観ずべきである。もしも空と有とを並べて同時に観ずるならば、それは大乗と何の区別があろうか。全く区別はなくなるであろう。

問、どういう理由をもって小乗の義は相即がないと知るのか。

答、『大智度論』にいう、「小乗のなかには、人間の生―死（＝現実）がそのまま畢竟空であることを明らかにしていない。そのことはただ大乗だけが説いている」と。それゆえにそのように知るのである。

⑨解行を傷つくる第九。涅槃経に云く、「若し声聞・辟支佛の心を以て布施なしと言わば、是れ即ち名づけて

破戒・邪見と為す」と。小乗の人は空観に入りて布施を見ざれば、大乗の行を破す、故に破戒と云う。大乗の解を破す、故に邪見と云う。而るに成実には、布施を見ざる、是れ実の法空なりと明かし、以て宗極と為せり。大乗たらんと欲せば、小心を起こすこと勿れ。

傷㆓解行㆒第九。涅槃經云。若以㆓聲聞辟支佛心㆒言㆑無㆓布施㆒、是即名爲㆓破戒邪見㆒。小乘人入㆓於空觀㆒不㆑見㆓布施㆒、破㆓大乘行㆒、故云㆓破戒㆒。破㆓大乘解㆒、故云㆓邪見㆒。而成實明㆘不㆑見㆓布施㆒是實法空㆖、以爲㆓宗極㆒。欲㆑爲㆓大乘㆒、勿㆑起㆓小心㆒也。

〈涅槃経云〉『大般涅槃経』徳王菩薩品に「若依声聞、言不見施及施果報、是則名為破戒邪見」(大正一二巻、五〇七上)という。〈成実明〉『成実論』仮名品に布施持戒を説くのは第一義諦への準備的行為にすぎないとする(大正三二巻、三二七中)のを指す。

⑼さとりの実践を傷つける第九。『大般涅槃経』にいう、「もしも声聞・辟支佛という小乗の心をもって布施(の実践とその意義)がないというならば、これすなわち名づけて破戒・邪見とするのである」と。(それはつぎのとおり。)すなわち、小乗のひとは空の思想に入って布施(の実践とその意義)を見ないところから、大乗の実践を破壊する、ゆえに破戒という。大乗の理解を破壊する、ゆえに邪見というのである。しかるに『成実論』では、布施(の実践)を見ないのがこれこそ真実の法空であると説明し、それをもって主張の究極であるとしている。もしも大乗であろうと欲するならば、このような小乗の心をおこすことがないようにしなければならない。

⑽世人を検する第十。秦の弘始七年に天竺に刹利あり、海に浮かんで長安に至る。羅什が大乗の学を作すを聞いて、正観論等を以て諂《と》うて之を験す。什公は其れが為に敷折せり。頂受を為し、絶歎して已《や》むこと能わず。已《つい》に什公に白《もう》して曰く、「当《まさ》に此の明を以て暉《ひかり》を天竺に震《ふる》うべし。何に由りてか此の摩尼を蘊《あつ》めて乃ち

辺地に在るや。我れ天竺に在りしとき、諸《もろもろ》の論師の深く罽賓小乗の学者の鳩摩羅陀が自《みずか》ら朗月の照と称するを怪《あや》しみて、偏智小才此の喩にあらずというを聞けり。而して訶梨は其の師が才を以て自ら傷つき、智を以て自《みず》ら病むを惜しむ。故に此の論を作る。以て有法の実を弁じ、其の実に依るの仮を明かす。故に成実を以て名と為す」と。天竺の刹利の言を用《も》って之を験《かんがみ》るに、跋摩の師資は皆小乗の学なり。

檢二世人一第十。秦弘始七年、天竺有二刹利一。浮レ海至二長安一。聞三羅什作二大乘學一、以二正觀論等一諮而驗レ之。什公爲レ其敷折。爲二頂受一絶歎不レ能レ已。已白二什公一曰。當下以二此明一震中曜天竺上。何由蘊二此摩尼一乃在二邊地一。我在二天竺一、聞下諸論師深怪三罽賓小乘學者鳩摩羅陀自稱二朗月之照一、偏智小才非中此喩上也。而訶梨惜二其師以レ才自傷、以レ智自病一。故作二此論一。以辨二有法之實一、明二其依レ實之假一。故以二成實一爲レ名。用二天竺刹利之言一驗レ之、跋摩師資皆小乘學也。

〈刹利〉kṣatriya の音写。クシャトリヤはインドのカーストの第二で、武士・王族をいう。このクシャトリヤが誰を指すのかは不明。一説には覚賢（Buddhabhadra 三五九―四二九年）とするが、弘始七年（四〇五）という年号と合わず、覚賢が長安に来たのは翌弘始八年である。〈摩尼〉mani の音写、宝の意味。

⑩世のひとびとの意見をしらべる第十。秦の弘始七年（四〇五）に、インドにあるクシャトリヤがおり、海路を通って、長安に到着した。かれはクマーラジーヴァ（羅什）が大乗の学問をしているというのを聞いて、正観論（＝『中論』）などをもって、質問してこれを試《ため》した。クマーラジーヴァはかれのために、分類し分析した。そこでかれはクマーラジーヴァの説に、頭を下げておしいただいて、この上ない讃歎をやめることができなかった。そしてついに、かれはクマーラジーヴァに申しあげていった、「（あなたは）まさにこの明断さをもって、その光をインドまでふるわすべきであります。どのような理由によって、このすばらしい宝を集めていながら、文化を離れたこの辺地におられるのです

か。私はインドにいたとき、『多くの論師は、カシュミールの小乗の学者のクマーララータがみずから明らかな月の輝きであると称するのを深くあやしんで、その智はかたよっており、才能は小さくて、この比喩はあたらないといっている』のを聞いたことがあります。そしてハリヴァルマンは、その師（のクマーララータ）がその才能をもってみずから傷つき、智をもってみずから病んだのを惜しんで、ゆえにこの『成実論』をつくりました。そしてこれによって有の法の真実を弁じ、その真実による仮を明らかにしたのです。それゆえにこの論は『成実』をもってその名としているのです」と。インドのクシャトリヤのこのことばをもってよくこれを考えてみると、ハリヴァルマンの師―弟子のつながりはみな小乗の学問である。

c 大乗と小乗の拡大

爰《ここ》に斉の司徒の文宣王に至りて、誠に三宝を信じ、毎《つね》に嘉瑞を感じて、斉の永明十年の十月を以て、名徳五百余人を延請して、普弘寺に於いて敷講せしむ。文宣王は毎に大乗の経論を以て、履道《りどう》の津涯《しんがい》・正法《しょうぼう》の枢鍵《すうけん》と為せり。而るに後生は本を棄てて末を崇《あが》む。即ち諸の法師を請して、此の成実を抄して、以て九巻と為し、周顒《しゅうぎょう》に命じて序を作らしむ。専ら小論を弘めて大乗の業を廃せんことを恐るるなり。爾《そ》れより已後、爰に梁武に至りて、盛んに大乗を弘めて、成実の衆師を排拆す。具《つぶさ》に記す可からず。

爰至二齊司徒文宣王一、誠信二三寶一毎感二嘉瑞一、以二齊永明十年十月一、延二請名德五百餘人一、於二普弘寺一敷講。文宣王毎以二大乘經論一、爲二履道之津涯正法之樞鍵一。而後生棄レ本崇レ末。即請二諸法師一抄二此成實一以爲二九卷一、命二周顒一作レ序。恐下專弘二小論一廢中大乘業上。自レ爾已後、爰至二梁武一、盛弘二大乘一排二拆成實衆師一、不レ可二具記一。

《斉》四七九―五〇二年。南北朝時代、南朝のひとつ。ふつう南斉とも呼ばれる。《司徒》官名。宰相にあたる。《文宣王》四五九―四九三年。正しくは竟陵王《きょうりょう》・蕭子良《しょうしりょう》、南斉第二代の武帝（世祖）の第二子。文宣王雲英とはその字《あざな》。おいの第三代鬱林王昭業の宰相となって助けた。政治家・学者として名高い。『南斉書』四〇・『南史』四四巻を参照。《永明十年》『略成実論記』（『出三蔵記集』第十一所収）によれば、これは永明七年という（大正五五巻、七八上）。《周顒》五世紀後半のひと。河南省に生まれ、佛教とくに三論を研究し、また道教も学んだ。このひとの『抄成実論序』は『出三蔵記集』第十一にある（大正、同参照）。《梁武》梁の武帝。梁は五〇二―五五七年。南朝のひとつ。その第一代が武帝（四六四―五四九）で、斉の和帝の禅譲を受けて梁朝を創設。かれは四八年の長期間王位にあり、内政をととのえ、文化、とくに学問・佛教が栄えた。森三樹三郎『梁の武帝』（サーラ叢書）平楽寺書店。

（この部分は先の⑩の続きとする解釈もある）。ここに斉の国の宰相の文宣王に至って、熱心に佛・法・僧の三宝を信じ、つねにめでたい瑞兆を感じて、斉の永明十年（四九二）の十月をもって、すぐれた徳のあるひとびと五百余人を招待に要請して、普弘寺において、佛教経典を一般に講義させた。文宣王はつねに大乗の経と論とをもって、道を実践するためのよりどころ・正法の中心になる要《かなめ》とした。しかるに、その後に出たひとびとは、根本を棄てて、枝末を尊崇している。すなわち多くの法師に要請して、この『成実論』をダイジェストして、もって九巻とし、また周顒に命じて、その序を作らせた。それはひたすらかれらが小乗の論をひろめて大乗の実践を廃止しはしないかとおそれたからである。それより以後に、ここに梁の武帝に至って、さかんに大乗を弘めて、成実の多くの師をしりぞけた。しかしそれについては詳しく記すことはできない。

d 問答

問う、若し十義を以て成実を小乗と為すと証すれば、毘曇と優劣は云何。答う、求那跋摩の遺文の偈に云く、「諸論は各々異端なれども、修行すれば理は無二なり。偏執すれば是非あり。達者は違諍なし」と。又た釈論に云く、「四種の門あり。一には阿毘曇門、二には空門、三には昆勒《こんろく》門、此《ここ》には篋蔵と云う、四には非空非有門なり」と。般若の方便を得ずして毘曇門を学べば、則ち有見に堕し、空門を学べば、則ち空見に堕し、昆勒門を学べば、則ち亦《やく》空亦有見に堕し、非空非有門を学べば、則ち愚癡論に堕す。若し般若を得て心に染著なければ、機に随い化に適《かな》い、道を通じ人を利するに相い違背することなし。而るに成実と毘曇とは各々空有に執して互いに相い排斥し、道を障《さ》え見を増して、皆佛旨を失うなり。

問、若以二十義一證三成實爲二小乘一者、與二毘曇一優劣云何。答、求那跋摩遺文偈云、諸論各異端、修行理無二。偏執有二是非一。達者無二違諍一。又釋論云、有二四種門一。一者阿毘曇門、二者空門、三者昆勒門、此云二篋藏一、四者非空非有門。不レ得二般若方便一、學二毘曇門一、則墮二有見一、學二於空門一、則墮二空見一、學二昆勒門一、則墮二亦空亦有見一、學二非空非有門一、則墮二愚癡論一。若得二般若一心無二染著一、隨レ機適レ化、通レ道利レ人、無二相違背一。而成實毘曇各執二空有一。互相排斥、障レ道增レ見、皆失二佛旨一也。

〈求那跋摩〉Guṇavarman 三六七—四三一年。カシュミールの生まれ、二十歳で出家。のちセイロン、ジャヴァを経て、四二四年広州に達し、のち招かれて建康で活躍した。『梁高僧伝』三(大正五〇巻、三四〇)を参照。遺文偈も『高僧伝』の同所にある。〈釈論云〉『大智度論』第十八に「智者入三種門、……一者蜫勒門、二者阿毘曇門、三者空門云々」(大正二五巻、一九二上中)という。〈昆勒門〉荻原雲来博士によれば昆は毘の古い文字の書き誤りで、原音は veta サンスクリットの peta であり、昆勒門は迦旃延造の Peṭaka (-upadeśa) を指すといわれる。『荻原雲来文集』二〇六ページ以下。〈非空非有門〉『大智度論』第十五に「常無常非実相……若諸法非有常非無常、是為愚癡論云々」(大正二五巻、一七〇下)というのを指すか。

問、もしも(上述の)十の義をもって、『成実論』が小乗であることを立証するとすれば、それとアビダルマとの優劣はどうであるか。

答、グナヴァルマン（求那跋摩）の遺文の偈にいう、「多くの論はおのおの異なって説いているけれども、それを修行すれば、その根本の理は一つであって二ではない。ただし一方にかたよって執著すれば、よいとか悪いとかが出てくる。到達したものはその違いをあらそうことはない」と。『大智度論』にいう、「四種の門がある、⑴アビダルマ門、⑵空門、⑶昆勒門—ここシナでは篋蔵という、⑷非空非有門である」と。般若（＝智慧）の方便を得ないで、⑴アビダルマ門を学べば有の見に堕ちる、⑵空門を学べば空の見に堕ちる、⑶昆勒門を学べばすなわち亦空亦有（空でもあり有でもある）の見に堕ちる、⑷非空非有門を学べば愚癡の論に堕ちる。もしも般若を得て心に染まり執著することがなければ、時機にしたがい、変化に応じ、道を通じ、人に利をあたえるのに、互いにそむくことがない。しかるに成実とアビダルマとは、各々空と有とにとらわれて、互いに排斥しあって、道をふさぎ、邪見を増大して、みな佛の本旨を失っているのである。

問う、空を会《さと》らば、結を断じて、方《まさ》に道を得んのみ。有を鑒《かんが》みるの心は何ぞ能く凡を隔てん。故に知る、昆曇は宗に乖《そむ》き、成実は理を得たり。答う、若し空を見れば聖を成じ、有は凡を隔てずと言わば、三蔵の教門は応に道を得ることなかるべし。釈迦の小乗の一化は徒然たる虚設にして、成実の後に興るを待って方《はじ》めて大利あらん。豈に然る可けんや。

問、會㆑空斷㆑結方得㆑道耳。鑒㆑有之心、何能隔㆑凡。故知、昆曇乖㆑宗、成實得㆑理。荅、若言㆓見㆑空成㆑聖。有不㆑隔㆑凡、三藏敎門應㆑無㆑得㆑道、釋迦小乘一化徒然虚設、待㆓成實後興㆒、方有㆓大利㆒。豈可㆑然乎。

問、（成実によって）空を充分にさとれば、煩悩をすっかりなくして、まさに道を得ることができるであろう。一方、（アビダルマの）有を見つめている心は、どうして迷いを遠ざけることができるだろうか。ゆえにアビダルマは本来の教えにそむき、他方、成実は理を得ているということが知られる。

答、もしも「空を見れば聖を成就し、有は迷いを遠ざけない」というならば、原始佛教経典の教えるところは、当然道を得ることができなくなってしまうであろうし、釈迦の小乗についての一代の教化はいたずらに仮に設けたこしらえごとになってしまい、それらは成実の教えが後代に興るのをまってはじめて大きな利があるであろうとは、どうしてそのようなことがありうるだろうか。そんなことはありえない。

問う、毘曇には但だ人空を明かし、成実には具《つぶさ》に二空を明かす。云何ぞ両論に優劣あることなからんや。
答う、小乗の内に於いて三品を分かつ。一には倶に二空を得ず。犢子部の云うが如し、「四大和合して眼法あり、五陰和合して別に人法あり」と。此《これ》は下根の人なり。二には薩衛の流れは、但だ人空を得て法空を得ず。次の根の人と為《な》せり。三には譬喩と訶梨の流れは、具に二空を得たり。上根の人と為せり。空の義に約すれば浅と深とあり。則ち毘曇を小乗の劣と為し、成実を小の内の勝と為すなり。

問、毘曇但明二人空一、成實具明二二空一。云何兩論無レ有二優劣一。答、於二小乘内一分二三品一。一者倶不レ得二二空一。如二犢子部云一、四大和合有二於眼法一、五陰和合別有二人法一。此下根人也。二者薩衞之流、但得二人空一不レ得二法空一。爲二次根人一也。三者譬喩訶梨之流、具得二二空一。爲二上根人一也。約二空義一淺深。則毘曇爲二小乘之劣一、成實爲二小内之勝一也。

《犢子部》上座部―説一切有部より分かれる。『大智度論』第一に「四大和合有眼法、如是五衆和合有人法、犢子阿毘曇中説云々」（大正二五巻、六一上）という。

問、アビダルマにはただ人空を明らかにし、成実には詳しく人空と法空の二空を明らかにしている。どうして両論に優劣がないということがあろうか。（成実がアビダルマよりも優れていることは明らかであろう）。

答、小乗の内部において三種類がある。第一には人空と法空との二空をともに得ていない。それは犢子部が「地水火風の四大が和合して眼耳鼻舌身意の六入という法が生じ、色受想行識の五陰が和合して特別に人という法がある」というような説である。これは素質の下のひとである。第二は説一切有部の流れで、そこではただ人空を得ているだけで、法空を得ていない。これはその素質がそのつぎのひととするのである。第三は譬喩者とハリヴァルマン（＝成実）の流れで、そこでは人空と法空との二空をともに得ている。これは素質の上のひととするのである。このように空の義についてまとめていえば、浅いと深いとがある。そこでアビダルマを小乗の劣ったものとなし、成実を小乗のうちで勝れたものとなすのである。

問う、釈論に云く、「佛の滅度の後、分かれて二分と為る。一は但だ人空を信じ法空を信ぜず。二は倶《とも》に人法二空を信ず」と。但だ応に二あるべし。何ぞ三を分かつことを得るや。答う、犢子は真観に入るが故に、則ち我空を見るも、俗諦に出ずれば別に人体ありという。竜樹は其の入観の義辺に約するが故に、但だ二に分かつなり。

問、釋論云、佛滅度後分爲二二分一。一但信二人空一不レ信二法空一。二倶信二人法二空一。但應レ有レ二。何得レ分レ三。答、犢子入二眞觀一故、則見二我空一。出二於俗諦一別有二人體一。龍樹約二其入觀義邊一故、但分レ二也。

〈釈論云〉『大智度論』第三十五に「佛滅後五百歳分為二分、有信法空、有但信衆生空」（大正二五巻、三一九中）という。
〈真観〉真実の観、ここには無我観をいう。

問、『大智度論』にいう、「佛の滅度ののち、分かれて二分派となる。一つはただ人空を信ずるだけで法空を信じない。二つは人空と法空との二空をともに信ずる」と。したがって、ただこの二だけがあるべきであって、上述のように、どうして三つに分けることができようか。

答、犢子部は真実の観＝無我観に入っているから、そのときは我空（＝人空）を見るのである。ところが世俗諦に出て説くと特別に人の体があるとする。ナーガールジュナは（『大智度論』に）その真実の観に入った義のあたりをまとめていっているがゆえに、（犢子部も人空を得るとして）ただ二種類に分けたのである。

　問う、三論には外道と毘曇とを斥《しりぞ》けること、斯の事は爾《しか》る可し。而るに竜樹は前に興り、訶梨は後に出ず。時節遙かに隔たれり。何に由りてか相い破するや。答う、倶に執著をして即《すなわ》ち破を被むらしむ。何ぞ前後を論ぜん。若し前の論は後の迷を破せずといわば、亦た応に古の方は今の病を治せざるべし。扁鵲《へんじゃく》の術は末世に益なからん。

　問、三論斥二外道毘曇一、斯事可レ爾。而龍樹前興、訶梨後出。時節遙隔。何由相破。答、倶令二執著即便被一レ破。何論二前後一。若前論不レ破二後迷一、亦應二古方不一レ治二今病一。扁鵲之術末世無レ益矣。

〈扁鵲〉シナ春秋時代の名医。『史記』に伝記がある。

問、三論においては、外道とアビダルマとをしりぞけていることは、これはまさしくそのようにありうることである。しかしながらナーガールジュナは前におこり、ハリヴァルマンは後に出たひとである。時代がはるかに隔たっている。どういう理由によって、前のナーガールジュナが後のハリヴァルマンを否定することがあろうか。

答、（アビダルマとハリヴァルマンとは）そのいずれもが執著していることから、ナーガールジュナにより否定されるということになっているのであって、どうして前とか後とかを論ずる必要があろう。もしも前の論は後の迷いを否定しないというならば、また当然、昔の技術はいまの病気を治療しえないということになってしまうであろう。古代の名医の扁鵲の技術が、末世に益がないということになるであろう。（そのようなことはありえない）。

問う、若し法勝と訶梨とは小論を著わして以て三蔵を通じ、馬鳴《めみょう》と竜樹とは大教を作りて以て方等を弘む。巨と細とは流れを分かつ。何ぞ相い破することを俟《また》ん。答う、佛の小乗を説けるは、本と大を詮《あらわ》さんが為なり。保冥の徒は指を守って月を忘る。経に自ら之を斥《しりぞ》く。故に論主は佛に依れり。

問、若法勝訶梨著二小論一以通二三藏一。馬鳴龍樹作二大敎一以弘二方等一。巨細分レ流。何俟二相破一。答、佛說二小乘一、本爲レ詮レ大。保冥之徒守レ指忘レ月。經自斥レ之。故論主依レ佛。

〈法勝〉Dharmaśreṣthin 三世紀はじめ、有部の学者。『大毘婆沙論』を略して『阿毘曇心論』四巻をつくった。〈馬鳴〉Aśvaghoṣa 二世紀、ナーガールジュナよりやや前のインドの佛教文学者。『佛所行讃』(Buddhacarita) その他の作品がある。金倉圓照『馬鳴の研究』平楽寺書店。

問、もしもダルマシュレーシュティン（法勝）とハリヴァルマンとは、小乗の論を著わして、それによって原始佛教経典を通解し、アシュヴァゴーシャ（馬鳴）とナーガールジュナとは大乗のテクストを作って、それによって大乗をひろめた。この二つは、一方が巨すなわち大乗、他方が細すなわち小乗と、流れを別にしている。どうして互いに否定するということを期待しようか。

答、佛が小乗を説いたのは、もともと大乗をあらわさんがためである。誤りにとらわれたひとびとは、月を指でさし示すのに、その指に熱中していて、月を忘れてしまった。経典はみずからこのような誤りのひとびとをしりぞけている。ゆえに論の著者のナーガールジュナは佛の本来の意図によったのである。

問う、有る人の言く、「成実論は大を探りて小を釈す」と。此に何の過《とが》かあらん。答う、上に已に之を明かす。必ず此の迷あり、今当に更に述ぶべし。大を探りて小を釈せば、則ち小にも大にも収《おさ》まらず、進んでは白牛を馳《は》せず、退いては羊鹿に駕するを失う。騾論《らろん》の言は之を験すること久し。

問、有人言、成實論探レ大釋レ小。此有二何過一。答、上已明レ之、必有二此迷一。今當二更述一。探レ大釋レ小、則小大不レ收。進不レ馳二於白牛一、退失レ駕二於羊鹿一。騾論之言驗レ之久矣。

〈羊鹿牛〉羊車・鹿車・牛車は前の二つが小乗、牛車が大乗のたとえ、法華経の譬喩品にある。〈騾〉騾馬、驢馬の牡と牝馬との混合種。鈍重なもののたとえに用いられる。

問、あるひとがいう、「『成実論』は大乗を探究して小乗を註釈している」と。この意見になんの誤りがあるか。

答、前にすでにこのことを明らかにした。そして必ずこのような迷いがあるから、いまあらためてまさにそれを述べよう。大乗を探究して小乗を註釈するとすれば、それは小乗にも大乗にも収まらないことになる。そこで、それによれば、進んでは大乗のたとえである白牛を走らせることができず、退いては小乗のたとえである羊と鹿と（の車）に乗って行くことができない。こうして『成実論』は進退ともにきわまった鈍重な騾馬の論であるということばは、久しい以前から記録されている。

第五節　大執を呵す（大執への批判）

大執を呵する第四。初めに宗を立て、次に破斥す。

呵二大執一第四。初立レ宗、次破斥。

大乗佛教の執著をせめる第四の論をはじめよう。初めにその主張を立て、次にそれを破斥する。

aその立宗（主張）

有る大乗師の曰く、「四術・三玄は並びに外教為《た》り。毘曇・成実は蓋し是れ小乗なり。理を明かすこと周《あまね》からず。文に在りて足らず。既に大乗を障《ささ》う。理宜しく須《すべから》く破すべし。自《まこと》に方等の紘宗は衆聖の軌轍《きてつ》なり。教を満字と称し、理を無余と曰う。之を信ずれば則ち福を獲ること無辺なり。毀謗すれば莫大の罪を招く。但だ須く甘露を伏膺し、法橋を頂戴すべく、応に破すべからず」と。

有大乘師曰、四術三玄並爲二外敎一。毘曇成實蓋是小乘。明レ理不レ周。在レ文不レ足。既障二大乘一。理宜須レ破。自方等紘宗衆聖軌轍。敎稱二滿字一、理曰二無餘一。信レ之則獲レ福無邊。毀謗招二莫大之罪一。但須下伏二膺甘露一頂中戴法橋上、不レ應レ破矣。

〈四術三玄〉インドの四術とシナの三玄とは、いずれも佛教よりすれば外道。本書第一節c①の註を参照。〈有大乘師〉誰を指すか不明。仮に立てたものらしい。〈満字〉小乗の教えを半字というのに対して、大乗を満字という。半字教のことは『大般涅槃経』（北本）第五にある。〈無余〉『大法鼓経』巻下に「一切空経是有余説、唯有此経是無上説、非有余説」（大正九巻、二九六中）という。〈甘露〉amṛta の訳、不老不死の美酒。転じて佛法、さとり、解脱、涅槃（ニルヴァーナ）を指す。

（最初にその主張を述べるのに）ある大乗の師がいう、「インドの四術とシナの三玄とは、ともに佛教以外の外教である。アビダルマと成実とは、思うにこれ小乗である。これらは理を明らかにすることが徹底しておらず、その文章についてみても足りないところがある。それらはすでに大乗に支障をあたえるものであるから、その理は当然かならず否定されなければならない。それに対して方等＝大乗の大いなる主張は、多くの聖者の実践して行くべき途である。その教えを完成した円満な宇と称し、その理はあますところなく完全であるという。これを信ずれば、すなわち福を獲得することはかぎりがない。これを悪口をいってそしれば、莫大な罪を招く。ただただかならず甘露である佛法を忠実に守りしたがい、橋となる佛の教えをありがたく頂き受けるべきであって、かりにもそれを否定してはならない」と。

問う、必ず是れ夜光ならば、宜しく応に頂受すべし。*正に恐らくは多く偽宝を雑《まじ》えん。須《すべから》く之を陶汰すべし。若し瑕《きず》なしと謂わば、其の要を陳《の》ぶべし。答う、大乗は博奥にして、具《つぶさ》に明かす可らず。其の枢鍵を統《す》ぶるに、略して二意を標す。一には、教を弁ずるには五時を出ずること莫《な》く、二には、凡を隔つに宗は二諦に帰す。

五時と言うは、昔、涅槃初めて江左に度《わた》る。宋の道場寺の沙門の慧観は仍《よ》って経の序を製し、略して佛教を判ずるに凡そ二科あり。一には頓教、即ち華厳の流れなり。但だ菩薩の為に具足して理を顕《あら》かす。二には始め鹿苑より終り鵠林《こくりん》に竟《きわ》まるまで、浅より深に至る、之を漸教と謂う。漸教の内に於いては開いて五時と為す。一には三乗の別教なり。声聞人の為には四諦を説き、辟支佛の為には十二因縁を演説し、大乗人の為には六度を明かす。行因各別なれば得果不同なり。謂わく三乗の別教なり。二には般若は通じて三機を化す。謂わく三乗の通教なり。三には浄名と思益とは菩薩を讃揚し声聞を抑挫す。謂わく抑揚経なり。四には法華は彼の三乗を会して同じく一極に帰す。謂わく同帰教なり。五には涅槃は常住教と名づく。五時より已後、復た改易すと雖も、其の間に属在す。
教は五時なりと雖も、二諦を出でず、三仮を俗と為し、四忘を真と為す。彼の四忘を会す。故に三乗の賢聖あり。

問、必是夜光宜應頂受。正*恐多雜僞寶。須陶汰之。若謂無瑕、可陳其要。答、大乘博輿、不可具明。統其樞鍵、略標二意。一者辨教莫出五時、二者隔凡宗歸二諦。言五時者、昔涅槃初度江左。宋道場寺沙門慧觀仍製經序、略判佛教凡有二科。一者頓教、即華嚴之流。但爲菩薩具足顯理。二者始從鹿苑終竟鵠林、自淺至深。謂之漸教。於漸教內開爲五時。一者三乘別教。爲聲聞人說於四諦、爲辟支佛演說十二因緣、爲大乘人明於六度。行因各別得果不同。謂三乘別教。二者般若通化三機。謂三乘通教。三者淨名思益讃揚菩薩抑挫聲聞。謂抑揚教。四者法華會彼三乘同歸一極。謂同歸教。五者涅槃名常住教。自五時已後、雖復改易、屬在其間。教雖五時、不出二諦。三假爲俗、四忘爲眞。會彼四忘。故有三乘賢聖。

〈正*〉大正には「止」とあるが、佛教大系本・岩波文庫本など諸本によって「正」とする。
〈夜光〉宝石の名まえ。〈涅槃初度江左〉曇無讖の『大般涅槃経』四十巻の訳は、道朗の序によれば玄始十年（四二一）という（『出三蔵記集』第八）。その後およそ二十年以内にこの訳は南方の宋に伝えられ、慧厳・慧観・謝霊運により、法顕訳の『大般泥洹経』によって修訂されて、結局三十六巻本となった。『梁高僧伝』七（大正五〇巻、三六八）参照。このことを指していう。なお江左は江東で建康（いまの南京）を指す。〈慧観〉四―五世紀、シナ南北朝時代の学僧。クマーラジーヴァに学び、のち盧山の慧遠に法を伝えた。慧厳などとともに『大般涅槃経』（南本）を修訂し、五時の教判を立てた。〈頓教〉ただちにさとりに至る教え。〈漸教〉修行をつみかさねて行って次第にさとりに至る教え。〈鵠林〉コウリンとも読む。鵠はクグイという鳥で雁に似ているが全体が白色である。クシナガラの郊外で佛が入滅した際、四方の沙羅双樹のうち一本ずつがそれを悲しんで白色に変わったという伝説による。〈六度〉六波羅蜜ともいう。即ち次の六つのハラミツという、布施、持戒、忍辱、精進、禅定、般若（智慧）。《三機》声聞・辟支佛・大乗人の三つの機根。《三仮》因成仮（五蘊を因として仮に人を成ずる）・相続仮（前後相続して仮に念を成ずる）・相待仮（君臣・父母・大小のように相待によって仮に名字を成ずる）の三つをいう。吉蔵『大乗玄論』一（大正四五巻、一八中）を参照。《四忘》いわゆる四句分別をすべて根本的に否定することをいう。

問、かならずこれ宝玉の夜光があるならば、ようしくまさに頂いて受けとるべきである。しかしまさにおそらく多くは偽《にせ》の宝玉がまざっている。したがってどうしてもこれを選択しなければならない。もしも瑕《きず》がないというならば、その要点を述べるべきである。

答、大乗はひろく奥深くて、それを詳しく説明することはできない。しかしその重要な鍵となるところを統一して、略して次に二つの意を掲げよう。すなわち、(1)教えを区分して説明するのに五時を出ないことであり、(2)迷いを遠ざけるのに、その主張が二諦に帰するということである。（次にその(1)と(2)とを説明しよう）。

(1)五時というのは、昔、涅槃経が始めて江東（建康）に渡って行ったときに、宋の道場寺の沙門である慧観は、かさねてその経の序文を製作し、略して佛教を判別するのに、およそ次の二科があるとした。その第一には頓教であって、すなわち華厳の流れがそれである。これはただ菩薩のためにそれを充分にそなえて、理を明らかにする。その第二には、最初は初転法輪のおこなわれた鹿野苑から、最後は佛入滅の白い林まで、すなわち佛の一生涯の諸法全体について、それは法の浅いものから深いものまで種々ある、それを次第に追究して行く、これを漸教というのである。この漸教の内部を開いて、五時とする。①三乗を別々に説く教え。すなわち声聞のひとのためには四諦を説き、辟支佛（縁覚または独覚）のためには十二因縁を演説し、大乗のひとのためには六ハラミツを明らかにする。三乗のひとのそれぞれが、実践の因が各々別々であるから、得られる果も同一ではない。これを三乗の別教という。②般若経。これは声聞・辟支佛・大乗の三つの素質のものを全部通じて教化する。そこでこれを三乗の通教という。③維摩経と『思益梵天所問経』。菩薩をほめたたえてもちあげ、声聞をおさえてくじく。そこで抑揚教といわれる。④法華経。かの三乗をひとつに合わせて、三乗がともに一つの究極に帰すとする。そこで同帰教といわれる。⑤涅槃経。これは常住教と名づけられる。以上の五時が定められてからのちに、また種々改め変えられたけれども、それらはみなこの範囲内におさまっているものである。

（以上を図示すれば次のようになる。）

- 頓教──華厳経
- 漸教（五時）
  - ①三乗別教
    - 声聞──四諦
    - 辟支佛──十二因縁
    - 大乗人──六ハラミツ
  - ②三乗通教──般若経
  - ③抑揚教──維摩経と思益梵天所問経
  - ④同帰教──法華経
  - ⑤常住教──涅槃経

(2)以上のように教えは五時に分かれるけれども、佛教全体の教理は、俗諦（世俗諦）と真諦（勝義諦、第一義諦）との二諦を出ない。そして三仮を説くのを俗諦となし、一切の表現の根本的否定を真諦とする。こうして、一切の表現の根本的否定にここで出会うがゆえに、それによって三乗の賢聖がある。

b その破執（否定）

破執第二。前には五時を責め、次には二諦を難ず。

(1)問う、既に五時あり、云何が大と小とを分かつや。答う、初の一を小と為し、後の四を大と為す。問う、道理として大乗ありと為さんや、大なしと為さんや。如《も》し其れ大あらば則ち是れ有見なり。若し大なしと言わば何の立つる所ぞや。又若し大ありて小に異なると謂わば、則ち小ありて大に異なり、名づけて二見と為す。大品に云く、「諸の二ある者は、道なく果なし」と。涅槃に云く、「明と無明とを愚者は二と謂う」と。又若し実に大乗あらば有所得と名づく。有所得を魔の眷属と為す、佛弟子にあらず。又有所得ならば不動不出にして乗の義あることなし。名づけて乗と為さず。又大乗の宗は永く生死を断ずといわば、名づけて断見と為す。涅槃は是れ常なりといわば、即ち是れ常見なり。乃ち断常と為る。何の大かこれあらん。

破執第二。前責二五時一、次難二二諦一。問、旣有二五時一、云何分二於大小一。答、初一爲レ小、後四爲レ大。問、道理爲レ有二大乘一、爲レ無レ大耶。如其有レ大則是有見。若言レ無レ大何所レ立耶。又若謂二有レ大異一レ小則有レ小異レ大、名爲二二見一。大品云、諸有レ二者無レ道無レ果。涅槃云、明與二無明一愚者謂レ二。又若實有二大乘一者、名二有所得一。有所得者爲二魔眷屬一、非二佛弟子一。又有所得者不動不出無レ有二乘義一。不二名爲一レ乘。又大乘之宗永斷二生死一。名爲二斷見一。涅槃是常、旣是常見。乃爲二斷常一。何大之有。

〈大品云〉『大品般若経』遍学品の文（大正八巻、三八三中）。〈涅槃云〉『大般涅槃経』如来性品に、「凡夫之人聞已、分別生二法想、明与無明」（大正一二巻、四一〇下）という。〈有所得者為魔眷属非佛弟子〉『大般涅槃経』に「若有所得、是魔眷属、非佛弟子」（大正一二巻、四六四下）という。〈不動不出無有乗義〉『大品般若経』出到品に、「摩訶衍従三界中出、至薩婆若中、住不動故……汝所問是乗、至何処住……是大乗無住処云々」（大正八巻、二六〇中）という。〈大乗之宗〉『大般涅槃経』師子吼菩薩品に「衆生起見凡有二種、一者常見、二者断見、如是二見不名中道」（大正一二巻、五二三下）という。

第二にそのとらわれを否定する。その場合、(1)最初に五時を批判し、(2)次に二諦を非難しよう。

(1)問、すでに五時があるというのであれば、なにゆえに大乗と小乗とを区分するのか。

答、（上述の五時を説明したなかで）初の一（右の①）を小乗とし、のこりの四つを大乗とする。

問、道理として、大乗はあるとするのか、大乗はないとするのか。そのどちらであるか。もしもそれ大乗があるとするならば、すなわちこれは有という邪見になる。もしも大乗はないというならば、どうして大乗の主張するところがありえようか。またもしも大乗があってそれは小乗とは異なるというならば、すなわち小乗があってそれは大乗とは異なるということになり、それは二見と名づけられる。そしてこの二見については、『大品般若経』に、「多くの二見を有するものは、道もなく、果もない」といい、『大般涅槃経』に、「明（智慧）と無明（無知）とを愚者は二という」という。またもしも実際に大乗があるとすれば、それは有所得という一つのとらわれと名づけられる。そして有所得のとらわれは悪魔のなかまであるとされ、佛弟子ではない。また有所得であれば、動くこともなく出ることもなく、乗るという意味をもたないことになる。したがって乗と名づけることはできない。また大乗の主張する教えは永く生―死を断ずるというならば、それは断滅思想と名づけられる。それに対して涅槃（ニルヴァーナ）はこれ常であるというならば、すなわちこれ常住思想である。すなわちいずれにしても断滅か常住かの思想となってしまう。このような大乗がどうしてありえようか。

次に五時を難ず。前には総じて難じ、次には別して責む。

ⓐ難じて曰く。但だ応に大と小との二教を立つべし。応に五時を制すべからず。略して三経と三論とを引いて之を証せん。大品経に云く、「諸の天子は歎じて曰く、我れ閻浮《えんぶ》に於いて第二の法輪の転ずるを見る」と。竜樹は釈して云く、「鹿苑に已に小輪を転じ、今復た大法輪を転ず」と。法華経に云く、「昔は波羅捺《はらな》に於いて四諦を転じ、今は霊鷲山《りょうじゅせん》に在りて一乗を説けり」と。涅槃経に云く、「昔は鹿林《ろくりん》に於いて小を転じ、今は双樹《そうじゅ》に於いて大を説けり」と。故に知る、教は唯だ二門にして五時なきなり、と。智度論に云く、「佛法に二あり、一には三蔵、二には大乗蔵なり」と。地持論に云く、「十一部の経を声聞蔵と名づけ、方等大乗を菩薩蔵と名づく」と。正観論に云く、「前には声聞の為に生滅の法を説き、次には菩薩の為に無生滅の法を説く」と。経と論とを以て之を験するに、唯だ二蔵のみありて五時なし。

問う、若し乃ち皆是れ菩薩蔵ならば、華厳と般若と法華と涅槃と此の四は何《いか》んが異なる。答う、須《すべから》く四句を識るべし、衆経煥然たらん。一には但だ菩薩を教えて声聞を化せず、謂わく華厳経なり。二には但だ声聞を化して菩薩を教えず、謂わく三蔵教なり。三には顕《あら》わに菩薩に教え密《ひそ》かに二乗を化す、大品以上、法華の前の諸の大乗教なり。小乗の人に命じて大法を説く、謂わく顕わには菩薩に教え密かに此の法を示して、以て己《おの》が任*と為す。窮子に財を付するが如きは、謂わく密かに声聞を化するなり。四には顕わに声聞に教え顕わに菩薩を教う、法華の教なり。菩薩は是の法を聞きて疑網皆已に除くというは、菩薩を化するなり。千二百の羅漢、悉く亦た当に作佛すべしというは、二乗を化するなり。四句の中には、三義は菩薩蔵の内に属して之を開く。但だ二乗を化するを三蔵の教と為せり。

次難二五時一。前總難。次別責。難曰。但應レ立二大小二教一。不レ應レ制二於五時一。略引二三經三論一證レ之。大品經云、諸天子歎曰、我於二閻浮一見二第二法輪轉一。龍樹釋云、鹿苑已轉二小輪一。今復轉二大法輪一。法華經云、昔於二波羅捺一轉二於四諦一、今在二靈鷲山一說二於一乘一。涅槃經云、昔於二鹿林一轉ㇾ小、今於二雙樹一說ㇾ大。故知、敎唯二門無二五時一也。智度論云、佛法有ㇾ二、一者三藏、二者大乘藏。地持論云、十一部經名二聲聞藏一、方等大乘名二菩薩藏一。正觀論云、前爲二聲聞一說二生滅法一、次爲二菩薩一說二無生滅法一。以二經論一驗ㇾ之、唯有二二藏一、無二五時一矣。問、若乃皆是菩薩藏者、華嚴般若法華涅槃。此四何異。答、須ㇾ識二四句一。衆經煥然。一但敎二菩薩一不ㇾ化二聲聞一、謂華嚴經也。二但化二聲聞一不ㇾ敎二菩薩一、謂三藏敎也。三顯敎二菩薩一密化二二乘一、大品以上法華之前諸大乘敎也。命二小乘人一說二於大法一、謂顯敎二菩薩一、密示二此法一。以爲二已住*一。如ㇾ付二窮子財一。謂密化二聲聞一也。四顯敎二聲聞一顯敎二菩薩一、法華敎也。菩薩聞二是法一疑網皆已除、化二菩薩一也。千二百羅漢悉亦當作佛。化二二乘一也。四句之中、三義屬二菩薩藏內一開ㇾ之。但化二二乘一爲二三藏敎一矣。

〈住*〉大正には「任」とあるのを、諸本により「住」に改める。

〈大品経云〉『大品般若経』無作品（大正八巻、三一一中）の引用。〈閻浮〉閻浮提 Jambudvīpa の略。インドの伝説によればスメル山（須弥山＝ヒマラヤ）の南方の国をいい、インドを指す。〈竜樹釈云〉『大智度論』第六十五（大正二五巻、五一七上）の文章の要約。〈法華経云〉『妙法蓮華経』譬喩品の偈、「昔於波羅捺、転四諦法輪、分別説諸法、五衆之生滅、今復転最妙、無上大法輪、是法甚深奥、少有能信者」（大正九巻、一二上）というのを要約した。〈波羅捺〉Bārāṇasī の音写。いまの Benares に相当する。鹿野苑の所在地。〈霊鷲山〉Gṛdhrakūṭa の訳。祇闍崛山と音写する場合もある。中インドのマガダ国の首府の王舎城の東方。釈尊がしばしば説法した場所。のち法華経などはここで説かれたと伝えられた。

〈涅槃経云〉『大般涅槃経』第十四の文（大正一二巻、四四七下）を要約した。〈双樹〉クシナガラ郊外の佛の入滅の地にあった沙羅双樹をいう。〈智度論云〉『大智度論』末尾の文（大正二五巻、七五六中）の要約。〈地持論云〉『菩薩地持経』（『菩薩地持論』ともいう）に「十二部経、唯方広部是菩薩蔵、余十一部是声聞蔵」（大正三〇巻、九〇二下）という。〈正観論云〉『中論』の冒頭の注釈の文の要約（大正三〇巻、一中）。〈窮子財〉法華経の信解品に説くたとえ話。すなわち長者の子が流浪し貧窮して帰って来たのを、さまざまな方便により家に迎え入れる話。そのように声聞をさまざまの方便によって一乗の宝蔵に入れさせることをいう。〈菩薩聞是法疑網已除〉と〈千二百羅漢悉亦当作佛〉とは『妙法蓮華経』方便品の句（大正九巻、一〇上）の引用。〈羅漢〉Arhat すなわち阿羅漢の阿の落ちたもの。尊敬に値するひとの意で、もとは佛の異名。のち小乗佛教の修行の結果、到達される最高の境位、理想となった。

次に五時を非難するのに、ⓐ最初に総括的にこれを非難し、ⓑ次には各々別々にこれを責めて行こう。

ⓐ総括的に五時説を非難していう、ただまさに大乗と小乗との二つの教えを立てるべきであって、まさに五時を決めるべきではない、と。このことを次に三つの経と三つの論とから引用してこれを立証しよう。①『大品般若経』にいう、「多くの天子は感歎していう、自分はこのインドの地に第二の法輪が転ずる（佛陀の教えが説かれる）のを見る、と」。ナーガールジュナ（竜樹）はこれに註釈を加えて『大智度論』のなかにいう、「鹿野苑においてすでに小乗の法輪を転じ、いままた大乗の法輪を転ずる」と。②法華経にいう、「昔はバーラーナシー（＝鹿野苑）において四諦の教えを転じ、いまは霊鷲山にあって一乗の教えを説いた」と。③涅槃経にいう、「昔は鹿野苑において小乗の教えを転じ、いまは沙羅双樹のもとにおいて大乗の教えを説く」と。ゆえに、以上の三つの経から教えはただ（大乗と小乗との）二門だけであって、五時のないことを知るのである。④『大智度論』にいう、「佛法に二つある。一には三蔵（＝原始佛教経典）、二には大乗佛教経典である」と。⑤『菩薩地持論』にいう、「十二部経のうちで、十一部の経を声聞の一切経と名づけ、方等の大乗を菩薩の経典と名づける」と。⑥『中論』（正観論）にいう、「前の時代には声聞のために生―滅する法を説き、次の時代に菩薩のために生―滅を離れた法を説く」と。以上のように、経と論とをもって調査してみると、ただ大乗と小乗との二蔵だけがあって、五時はない。

問、もしもすなわちみなこれ菩薩蔵であるならば、華厳経、般若経、法華経、涅槃経、この四つの間にどのような相異があるのか。

答、かならず次の四句を認識すべきである。そうすれば多くの経について明瞭となるであろう。①ただ菩薩だけに教えて声聞を教化することはしない、それは華厳経をいうのである。②ただ声聞だけを教化して菩薩を教えない、それは三蔵教（＝原始佛教経典）をいうのである。③はっきりと菩薩を教え、ひそかに声聞・辟支佛の小乗の二乗の教化する。それは『大品般若経』以上で法華経より前の多くの大乗を教える経典である。この場合には、小乗のひとに命じて大乗の法を説かせているのであって、それは思うにはっきりとは菩薩を教えひそかにこの法を二乗に示して、それをもって自分のよりどころとしているのである。それはちょうど長者が自分のところから去り貧窮となってもどってきたわが子に、自分の財産をさまざまな方便をもって分けあたえて行くたとえのように、佛がひそかに声聞を教化して行くことを表現しているのである。④はっきりと声聞を教えはっきりと菩薩を教化するもので、法華経の教えがそれである。法華経のなかに、「菩薩はこの法を聞いて、網のようにもつれた疑惑がすでになくなった」というのは、菩薩を教化するのであり、「千二百の阿羅漢（聖者）は当然ことごとく佛になるべきである」というのは、声聞・辟支佛の（小乗の）二乗を教化するのである。以上の四句のなかで、②を除いた三つの義は菩薩蔵のなかに属しており、いまはこれを開き示したのである。そしてこの二乗だけを教化するのを三蔵（原始佛教経典）の教えとするのである。

(1)ⓑ次に別して五時を難ず。問う、若し五時を立つれば何の過《とが》ありや。答う、五時の説は但だに文なきのみにあらず、亦た復た理を害す。

①若し第一を三乗の別教と名づくと言わば、是の義然らず。毘曇宗に依るに、三乗は則ち同じく四諦を見て、然して後に道を得。成実の義に就けば、但だ一滅に会《え》して方《まさ》に乃ち聖を成ず。大乗宗に拠《よ》らば、同じく無生に契《ちか》いて然して後に凡を隔つ。是れ則ち初教も亦た通ずるなり。何を以てか別と言わん。

②次に大品は是れ三乗の通教なりと云う、是れ亦た然らず。釈論に云く、「般若は二乗に属せず、但だ菩薩に属す」と。若し大品は是れ三乗の通教ならば、則ち応に通属すべし。何が故ぞ二乗に属せざる。問う、若し釈論に依って、般若は但だ菩薩に属すと明かさば、経に在りて何が故ぞ三乗同じく般若を学ぶことを勧《すす》むるや。答う、般若に二種あり、一には摩訶般若、此には大慧と云う。蓋し是れ菩薩の所得なり、故に二乗に属せず。若し実相の境を以て名づけて般若と為せば、則ち三乗は同じく観ず。故に三乗を勧めて並びに之を学ばしむ。経師は二種の説を体せず、便ち般若は是れ三乗の通教なりと謂う。

③次に浄名は是れ抑揚教なりと云うは、是れも亦た然らず。大品には二乗を呵して癡狗と為し、浄名には声聞を貶《けな》して敗根と為す。小を挫《くじ》くこと既に斉《ひと》しく、大を揚ぐること二ならず。何ぞ大品を以て通教と為し、浄名を抑揚と為すことを得んや。

④次に法華を同帰と為すことは、応に疑う所なかるべし。但《ただ》し五時の説に在って同帰を弁ずと雖も、未だ常住を明かさず。而るに天親の論に法華の初分を釈するときには、七処に佛性の文あり。後段の寿量品を解するときには、三身の説を弁ぜり。斯れ乃ち究竟無余なり。応に不了の教と為すと謂うべからず。

⑤次に涅槃を常住教と為すというは、然も常と無常とは皆是れ対治の用門なり。若し涅槃を論ずれば、体は百非を絶し、理は四句を超えたり。旧宗は但だ用門を得て、未だ其の体を識らず、故に亦た旨を失うなり。

次別難二五時一。問、若立二五時一有二何過一耶。答、五時之説非二但無レ文、亦復害レ理。若言三第一名二三乗別教一、是義不レ然。依二毘曇宗一、三乗則同見二四諦一、然後得レ道。就二成實義一、但會二一滅二方乃成レ聖。據二大乘宗一、同契二無生一、然後隔レ凡。是則初敎亦通。何以言レ別。次云三大品是三乘通敎一、是亦不レ然。釋論云、般若不レ屬二二乘一、但屬二菩薩一。若大品是三乘通敎、則應二通屬一。何故不レ屬二二乘一。問、若依二釋論一、明三般若但屬二菩薩一、在レ經何故勸三三乘同學二般若一。答、般若有二二種一、一者摩訶般若、此云二大慧一。蓋是菩薩所得。故不レ屬二二乘一。若以二實相之境一名爲二般若一、則三乘同觀。故勸二三乘一令二並學一レ之。經師不レ體二二種之說一、便謂二般若是三乘通敎一。次云三淨名是抑揚敎一者、是亦不レ然。大品呵二二乘一爲二癡狗一、淨名貶二聲聞一爲二敗根一。挫レ小旣齊、揚レ大不レ二。何得下以二大品一爲二通敎一、淨名爲中抑揚上。次法華爲二同歸一、應レ無レ所レ疑。但在二五時之說一、雖レ辨二同歸一、未レ明二常住一。而天親之論釋二法華初分一、有二七處佛性之文一。解二後段壽量品一、辨二三身之說一。斯乃究竟無餘。不レ應レ謂レ爲二不了之敎一。次涅槃爲二常住敎一者、然常與二無常一皆是對治用門。若論二涅槃一、體絕二百非一、理超二四句一。舊宗但得二用門一、未レ識二其體一、故亦失レ旨也。

〈就成実義〉『成実論』一時品の終りに「復次行者……唯有一諦、謂見苦滅、名初得道。……最後見滅諦、故名為得道」（大正三二巻、二五七中）という。〈釈論云〉『大智度論』第四十三に「般若不属佛、不属声聞辟支佛、不属凡夫、但属菩薩」（大正二五巻、三七一上）という。〈三乗同学般若〉『大品般若経』三勧学品の終りの文（大正八巻、二三四上）にいう。〈大品呵二乗為癡狗〉『大品般若経』魔事品に「譬如狗不従大家求食云々」（大正八巻、三一九上）という。〈浄名貶声聞為敗根〉『維摩詰所説経』不思議品に「我等何為永絶其根、於此大乗已如敗種」（大正一四巻、五四七上）という。〈天親〉別に世親ともいう。Vasubandhu 三二〇—四〇〇年ごろ、インドの佛教学者。始め小乗を学んで、『倶舎論』をあらわし、のち大乗とくに唯識派に転じた。多くの経に註釈を書いたが、ここにいう法華経の釈もそのひとつ。これは二度漢訳され、菩提流支・曇林等訳『妙法蓮華経憂波提舎』と、勒那摩提・僧朗等訳『妙法蓮華経論優波提舎』（ともに大正二六巻）。ここでは前者が用いられる。吉蔵は『法華義疏』『法華経論疏』などを書いて、法華経にもきわめて理解が深い。〈解後段……〉『妙法蓮華経憂波提舎』に「示現成大菩提無上故、示現三種佛菩提故、一者示現応佛菩提……二者示現報佛菩提……三者示現法佛菩提云々」（大正二六巻、九中）という。くわしくは『法華経論疏』（大正四〇巻、八二〇）を参照。ヴァスバンドゥの釈は、一貫して法華経は佛の常住を説いているとするから、ここに佛の無常をいうのは誤りだとする。〈三身〉佛身説の発展につれて、佛は、①法身《ほっしん》＝法そのもの、②報身《ほうじん》＝前世の善い行為の結果、報いとして得られた佛身、③応身《おうじん》＝ひとびとに教えるため身を変化してあらわれた佛身の三つが説かれるようになった。〈旧宗〉上述の慧観（など）のたてた五時の説を指していう。

(1)ⓑ次に個別的に五時説を非難しよう。

問、もしも五時を立てれば、どのような過失があるか。

答、五時の説は、ただ典拠となる文例がないだけではなく、また内容の理をもそこなうのである。

（そこで上述aの①～⑤。五時説の一々をしらべて行こう。）

①もしも第一を「三乗の別教」と名づけるというならば、この「三乗の別教」という意義は正しくない。なぜならば、毘曇宗によると、そこでは「三乗はすなわち同じく四諦を見て、しかるのちに道を得る」と説いており、また成実の義についても、そこでは「三乗はただ同一の滅すなわちさとりに出会い、それによってまさしく聖が成立する」と説いている。さらにまた大乗の主張によれば、そこでは「同じく生を超越した涅槃《ねはん》（ニルヴァーナ）にかなっており、それのあとに迷いを遠ざける」と説いているのであるが、これはすなわち大乗だけではなくて、最初の教えすなわち原始佛教にもまた通ずることなのである。したがって三乗は共通するところがあるのであって、どうして別であるということができるであろうか。

②次に『大品般若経』はこれ「三乗の通教」であるという、これもまた正しくない。『大智度論』にいう、「般若は声聞・辟支佛の（小乗の）二乗には属しない、ただ菩薩（の大乗）に属す」と。もしも『大品般若経』は三乗の通教であるならば、すなわちまさに三乗に通じて属さなければならない。

どういう理由で、経自身に二乗には属さないということが説かれよう。

問、もしも『大智度論』によって、「般若はただ菩薩（の大乗）に属す」と明かすならば、『大品般若経』にあって、どのような理由によって、「三乗は同じく般若を学べ」とすすめるのであるか。

答、般若に（智慧）二種類ある、第一は摩訶般若（マハープラジュニャー）で、ここシナでは大慧と訳していう。思うにこれは菩薩だけの所得なのであり、ゆえに（小乗の）二乗には属さない。しかし第二に、もしも諸法実相の境地を名づけて般若とするのであるならば、それはすなわち三乗が同様に観ずべきところである。ゆえに三乗のすべてにすすめて、一様にこれを学ばせる。経師である慧観は、以上の二種の説を体得していなかった。そこで般若（経）はこれ三乗の通教であるといったのである。

③維摩経はこれ抑揚教であるというのは、これもまた正しくない。『大品般若経』には、二乗を叱りつけてこれは愚かな犬としており、維摩経には、声聞をけなして腐敗した根としている。このように二つの経は、小乗をくじくことはすでにひとしく、大乗を賞賛することが異なってはいない。両者全く同一であるのに、どうして、『大品般若経』をもって通教とし維摩経を抑揚教であると、別々に扱うことができようか。

④法華経を同帰（教）とすることは、まさしくこれは疑うところはないはずである。ただし五時の説にあっては、同帰をわきまえてはいるけれども、そこではまだ佛の常住を明らかにしていない。しかるにヴァスバンドゥ（天親）の法華経の註釈の論に、法華経の初分を註釈する個所には、法華経には七ケ処に「佛性」の文字があるといい、後段の「寿量品」を解する個所には、佛身の法・報・応の三身の説を区分して説いている。この説はすなわち全く完全なもので余《あま》すところがない。したがって慧

観のいうように、法華経を不了（不完全）の教えとするということはできない。

⑤次に涅槃経を常住教というのは、およそ常と無常という二つを並置すること自体、みなこれとらわれを除くための用門である。もしも涅槃そのものを正しく論ずるならば、その本体は百という多数の否定をつみ重ねてもさらにそれらを超越し、内容の理は一切の表現を超越している。しかるに慧観の説くこれまでの涅槃宗は、ただ用門を得ているだけで、まだその本体を認識していない。ゆえにこの説もまた本旨を失っているのである。

(2)次に二諦を難ぜん。二諦を迷失するに凡そ三人あり。

一には毘曇は定性の有を執して仮有に迷う。故に世諦を失す。亦た仮有の宛然として所有なきことを知らず。復た一の真空を失す。

二には大乗を学ぶ者、方広道人と名づくるもの、邪空を執して仮有を知らず、故に世諦を失す。既に邪空を執して正空に迷う、亦た真をも喪う。

三には即ち世に行なわるる所のもの、具《つぶさ》に二諦を知ると雖も、或いは一体と言い、或いは二体と言う。二を立つることは成ぜず。復た真と俗とを喪うなり。

問う、真俗一体とは此に何の過ありや。答う、若し俗と真と一の真ならば、真も俗も亦た真なり。若し真と俗と一の俗ならば、俗も真も亦た俗なり。若し真は真にして俗は真ならざれば、則ち俗と真と異ならん。若し俗は俗にして真は俗ならざれば、則ち真と俗とは異ならん。故に二途並び塞《ふさ》ぎて一体は成ぜず。

問う、一は既に過あらば、異は応に咎なかるべし。答う、経に云く、「色は即ち是れ空、空は即ち是れ色なり」と。若し各々体なりと言わば、相即は便《すなわ》ち壊《え》す。若し双即あらば、便ち二体は成ぜず。故に進退通ずることなくして、異の義も亦た屈す。

然るに五時立せず、真俗も又傾く。大乗の宗、言まさに何に寄せんや。

次難二二諦一。迷二失二諦一凡有二三人一。一者毘曇、執二定性之有一迷二於假有一。故失二世諦一。亦不レ知二假有宛然而無二所有一。復失二一眞空一。二者學二大乘一者、名二方廣道人一、執二於邪空一不レ知二假有一。故失二世諦一。既執二邪空一迷二於正空一、亦喪レ眞矣。三者即世所レ行、雖三具知二二諦一、或言二一體一。或言二二體一。立レ二不レ成。復喪二眞俗一也。問、眞俗一體。此有二何過一。答、若俗與レ眞一眞、眞俗亦眞。若眞與レ俗一俗、俗眞亦俗。若眞眞俗不レ眞、則俗與レ眞異。若俗俗眞不レ俗、則眞與レ俗異。故二途並塞一體不レ成。問、一既有レ過、異應レ無レ咎。答、經云、色即是空、空即是色。若言二各體一、相即便壞。若有二雙即一、便二體不レ成。故進退無レ通、異義亦屈。然五時不レ立。眞俗又傾。大乘之宗言將何寄。

〈方広道人〉『大智度論』第一に「更有佛法中方広道人言、一切法不生不滅、空無所有、譬如兎角亀毛常無」（大正二五巻、六一上）という。〈或言一体或言二体〉吉蔵の『中観論疏』二に「開善調真俗一体、故名為一。竜光謂真俗異体、故名言異、今倶斥之。故云不一不異」（大正四二巻、二六中）という。さらに吉蔵の『大乗玄論』（大正四五巻、二一下、二六上）より、開善とは智蔵、竜光とは僧綽であることが判る。〈経云〉『大品般若経』習応品に「舎利弗、色不異空、空不異色、色即是空、空即是色」（大正八巻、二二三上）という。

(2)次に二諦についての説を非難しよう。

二諦を迷い失うものにおよそ次の三人がある。

①アビダルマは（真諦から見た）定性の有にとらわれていて、（俗諦から見た）仮有に迷っている。ゆえに世俗諦を失う。さらにまた、仮有は（俗諦から見た名称なのであって、真諦から見れば）さながら有であるところはないということを知らない。したがってまた唯一無二の真諦の空を失う。

②大乗を学んでいるもので方広＝大乗の道人と名づけるものは、まちがった空にとらわれていて、

すでにまちがった空にとらわれていて、正しい空に迷っている。したがってまた真諦をも失う。

③いまの世のなかでおこなわれているところの説は、くわしく二諦を知ってはいるけれども、真諦と俗諦とがあるいは一体であるといったり、あるいは二体であるといっている。このような両方の説を立てることはともに成立しない。その説もまた真諦と俗諦とを失うのである。

問、真諦と俗諦とは一体であるというのは、これになんの過失があるか。

答、もしも俗諦と真諦とが同一の真諦であるならば、真諦も俗諦も両方ともまた真諦となるであろう。もしも真諦と俗諦とが同一の俗諦であるならば、俗諦も真諦も両方ともまた俗諦となるであろう。もしも真諦は真諦であって俗諦は真諦ではないとするならば、すなわち俗諦と真諦とは異なるであろう。もしも俗諦は俗諦であって真諦は俗諦ではないとするならば、すなわち真諦と俗諦とは異なるであろう。ゆえに真諦と俗諦との二つの途はたがいにふさがれていて、両者の一体は成立しない。(したがって「不二」といわなければならない)。

問、真諦と俗諦との同一がすでに過失があるならば、異とするのはまさに過失はないはずであろう。

答、経に「色(物質的対象)はすなわち空(実体がない)である、空はすなわち色である」という。(ここで色を説くのは俗諦であり、空を説くのは真諦である)。そこで真諦と俗諦とが各々別々であるというならば、経のいうような相即することは直ちに否定されてしまう。またもしも双即があるとすれば、直ちに真諦と俗諦とが一体となってしまって、二体は成立しない。ゆえに、相即の進むことも退くこともどちらもここには通じない。したがって異という義もまたくずれる。(「不異」といわなければならない。前のと合わせて、両者は「不一不異」ということになる)。

以上論じてきたところから、五時の説は成立せず、真諦と俗諦との二諦の説もまた傾いてしまった。このように、いままで説いてきたような大乗の主張は、そのことばを何によせて表現することができよう。このような大乗のとらわれは成立しないのである。

第二章　顕　正

第一節　序

顕正第二。

上より已来は外道・毘曇・成実・大乗を破す。此れより已後は前の四宗の三論を斥《しりぞ》くるを序ぶ。故に其の邪難を通じて正理を顕明せん。上に既に遍ねく四宗を斥く。時に於いて群難競《きそ》い起《た》って咸《ことごと》く疑う、竜樹は是れ正師にあらず、所造の論は応に邪法と為すべし、と。是の故に此の章に次に正義を顕わすを明かす。

正義は多しと雖も、略して二種を標せん。一には人の正を明かし、次には法の正を顕わさん。

顯正第二。自上已來破外道毘曇成實大乘。從此已後序前四宗斥於三論。故通其邪難顯明正理。上既遍斥四宗。於時群難競起咸疑、龍樹非是正師、所造之論應爲邪法。是故此章次明顯正義。正義雖多、略標二種。一明人正、次顯法正。

第二に顕正（正を顕《あら》わす）を説く。

上からこれまでは、外道とアビダルマと成実と大乗とを批判して否定してきた。これから以後は、前の四つの主張が三論をしりぞけることを述べているのに対して、そのあやまった非難を通じて、正しい理を顕《あら》わに明らかにして行こう。上にすでにあまねく四つの主張をしりぞけたのであるが、そのときに当り、多くの非難がきそいおこって、それらはことごとく、「ナーガールジュナ（竜樹）はこれ正師ではない。かれがつくったところの論はまさに邪法となすべきである」と疑っている。それゆえに此の章には、前の章に続いて正しい意義を顕《あら》わにすることを明らかにする。

その正しい意義は多数あるけれども、略して次の二種を掲げよう。第一には人の正を明らかにし、次には法の正を顕《あら》わそう。

第二節　人の正を明かす

人の正と言うは、楞伽経に、大慧の菩薩は問う、「世尊滅度の後に是の法を何人か持せん」と。佛は偈を説いて答う、「我が滅度の後、南天の大国の中に於いて、大徳の比丘あり、竜樹菩薩と名づけん。初歓喜地に住して人の為に大乗を説き、能く有無の見を破して安養国に往生せしめん」と。

次に摩耶経に云く、「摩耶は阿難に問いて曰く、佛の滅度の後に何人か法を持せん、と。阿難は答えて曰く、如来の正法は五百年なり。第一百年には優婆掘多《うばくつた》は説法教化して正法を住持せん。次の二百年には尸羅《しら》難陀《なんだ》比丘は閻浮提《えんぶだい》に於いて十億の人を度せん。次の三百年には青蓮華眼《しょうれんげげん》比丘は説法教化して半億の人を度せん。次の四百年の間には牛口《ごく》比丘は法要を演説して一万人を度せん。第五百年には宝天比丘は二万人を度し、八万の衆生が菩提心を発するも正法は便《すなわ》ち滅せん。六百年の間には九十六種の邪見が競い興って佛法を破滅せん。馬鳴《めみょう》比丘は此の外道を摧《くだ》かん。七百年の間には一比丘あり、名づけて竜樹と曰う。善巧《ぜんぎょう》をもって法を説き、正法の炬《ひ》を燃《もや》し、邪見の幢《はた》を滅せん」と。

大小乗経を尋ぬるに、親しく竜樹が邪を破し正を顕わすを記す。今内外並びに呵し、大小倶に斥くるに、何の疑う所かあらんや。又馬鳴・竜樹には佛は誠に記することあれども、尚お復た疑を生ぜば、法勝・訶梨は経に印する所なし。云何か輒《たやす》く受けん。

問う、法勝は乃ち未だ誠文を見ず。訶梨は亦た明拠あり。阿含経に云く、「実を四諦と名づく。是の故に比丘は当に四諦を成ずべし」と。佛は此の勅を垂れて懸《はる》かに鑒《かんがみ》ること在ることあり。玆《こ》の像末に逮《およ》んで訶梨に允属《いんしょく》す。是の法を成ぜんが為の故に斯の論を造れり。紘宗《こうしゅう》は斯《か》くの若《ご》し。豈に虚搆ならんや。答う、蓋し是れ通じて像末を指す。豈に別して訶梨を主とせんや。故に所拠にあらざるなり。

言㆓人正㆒者、楞伽經、大慧菩薩問、世尊滅度後、是法何人持。佛說ㇾ偈答、於㆓我滅度後、南天大國中㆒、有㆓大德比丘㆒、名㆓龍樹菩薩㆒。住㆓初歡喜地㆒、爲ㇾ人說㆓大乘㆒、能破㆓有無見㆒、往㆓生安養國㆒。次摩耶經云、摩耶問㆓阿難㆒曰、佛滅度後、何人持ㇾ法。阿難答曰、如來正法五百年。第一百年優婆掘多說法敎化住㆓持正法㆒。次二百年尸羅難陀比丘於㆓閻浮提㆒度㆓十億人㆒。次三百年青蓮華眼比丘說法敎化度㆓半億人㆒。次四百年間牛口比丘演㆓說法要㆒度㆓一萬人㆒。第五百年寶天比丘度㆓二萬人㆒、八萬衆生發㆓菩提心㆒、正法便滅。六百年間九十六種邪見競興破㆓滅佛法㆒。馬鳴比丘摧㆓此外道㆒。七百年間有㆓一比丘㆒、名曰㆓龍樹㆒。善巧說ㇾ法、燃㆓正法炬㆒、滅㆓邪見幢㆒。尋㆓大小乘經㆒、親記㆓龍樹破ㇾ邪顯㆒ㇾ正。今內外並呵、大小俱斥、何所ㇾ疑哉。又馬鳴龍樹佛有㆓誠記㆒、尚復生ㇾ疑、法勝訶梨無㆓經所㆒ㇾ印。云何輒受。問、法勝乃未ㇾ見㆓誠文㆒。訶梨亦有㆓明據㆒。阿含經云、實名㆓四諦㆒。是故比丘當ㇾ成㆓四諦㆒。佛垂㆓此勅㆒。懸鑒有ㇾ在。逮㆓玆像末㆒、允㆓屬訶梨㆒。爲ㇾ

成二是法一、故造二斯論一。紘宗若レ斯。豈虚搆哉。答、蓋是通指二像末一、豈別主二訶梨一。故非二所撥一也。

〈楞伽経〉梵本 Laṅkāvatārasūtra は南条文雄により出版された。漢訳は次の三本が現存する。①求那跋陀羅訳『楞伽阿跋陀羅宝経』四巻（宋訳、四三三年訳）、②菩提流支訳『入楞伽経』一〇巻（魏訳、五一三年訳）、③実叉難陀訳『大乗入楞伽経』七巻（唐訳、七〇〇―七〇四年訳）、いずれも大正一六巻に収められている。吉蔵が利用したのは②でふつう魏訳と称せられる。ここの引用は『入楞伽経』第九の説を要約したもの（大正一六巻、五六九上参照）。〈南天〉南天竺の略、すなわち南インド。〈歓喜地〉大乗佛教で菩薩の修行の段階を十に分けて十地を説くうち、その初地。また五十二位中の第四十一位で、いずれも聖者の位に入る最初の段階をいう。〈安養国〉安楽国ともいう。吉蔵の『法華経論疏』に「身無危険故安、心無憂悩故楽」という。〈摩耶経〉正しくは『摩訶摩耶経』二巻、斉の曇景訳、別名『佛昇忉利天為母説法経』。大正一二巻に収める。ここはその巻下の説の要約したもの（大正一二巻、一〇一三中）を参照。〈阿含経云〉『増壱阿含経』に「如是比丘、有此四諦、実有不虚……当作方便、成此四諦」（大正二巻、六三一上中）という。ハリヴァルマンの『成実論』は、実＝四諦を成ずる意味であるところから、この点で既に阿含の文章に佛が予言していると主張する。〈像末〉歴史を正法と像法と末法との三時期に分け、正法は正しく法がおこなわれる時代、像法は正しい法は説かれても、似ているだけで実行されない時代、末法は法が全く衰えた時代をいう。ここでは正法五百年、像法五百年の説を採用しており、ハリヴァルマンは佛滅後九百年の生まれであるから、像末は像の末とも、像と末ともどちらとも読まれる。

人の正というのは、次のとおりである。

『入楞伽経』にいう、「大慧菩薩が問う、『世尊の滅度ののちに、この法をなんびとが維持するのか』と。佛は偈（韻文）を説いて答える。『自分の滅度ののち、南インドの大国に、徳のすぐれた比丘があり、竜樹菩薩と名づける。この菩薩は第一の歓喜地にとどまり、ひとびとのために大乗を説いて、有―無にとらわれた思想をよく批判して、安養国（安楽国）に往生させるであろう』」と。

次に『摩訶摩耶経』にいう、「摩耶は阿難に問うていう、『佛の滅度の後にはなんびとが法を維持するのか』と。阿難は答えていう、『如来の正しい説がおこなわれるのは五百年である。まず最初の百年には優婆掘多が説法教化して正しい法を維持してとどまるであろう。次の二百年には尸羅難陀比丘がインドにおいて十億のひとびとをさとらせるであろう。次の三百年には青蓮華眼比丘が説法教化して半億のひとびとをさとらせるであろう。次の四百年の間には牛口比丘が法の要点を演説して一万人をさとらせるであろう。第五百年には宝天比丘が二万人をさとらせ、八万の生あるものたちは佛教信心へのさとりをめざす心を発するけれども、正しい法はそこではほろんでいるであろう。六百年の間には九十六種もの多数の邪見が競争しておこり、佛法を否定しほろぼすであろう。そのときに馬鳴比丘はこの外道をくじくであろう。七百年の間にはひとりの比丘がおり、名づけて竜樹という。かれが善く巧みに法を説いて、正しい法のたいまつをもやし、邪見の旗をほろぼすであろう』」と。

以上のように大乗と小乗との経を調べてみると、佛陀は親しくナーガールジュナ（竜樹）が邪を否定し正をあらわすべきことを予言している。いまナーガールジュナが佛教の内部と外部とをともにやっつけて、大乗と小乗とをともにしりぞけているが、それにはどのような疑問点があるだろうか。またアシュヴァゴーシャ（馬鳴）とナーガールジュナとについては、佛がまことに予言しているところが経典のなかにあるけれども、それでもなおまた疑問を生ずるというならば、ダルマシュレーシュティン（法勝）とハリヴァルマン（訶梨跋摩）とについては、経に全く記しているところがない。どうして後者の説くところを安易に受けいれられよう。

「問、ダルマシュレーシュティンについては、すなわちまだ経にまことの文を見ないけれども、ハリヴァルマンについてはまた明らかな典拠がある。すなわち、阿含経にいう、「実を四諦と名づける。

このゆえに比丘はかならず四諦を完成しなければならない」と。佛はこの勅をさずけられて、はるか後世をじっと考えるところがあるという例があり、この末《すえ》の世に及んで、ハリヴァルマンにまことに実を依嘱したのである。そこでハリヴァルマンは、この法を完成させんがためのゆえに、この論すなわち『成実論』をつくったのである。そこに説かれた広大な主張は以上のような由来があり、どうして虚構であることがあろうか。

答、思うに阿含経の予言は一般に末世を指しているのである。どうしてそのなかから特別にハリヴァルマンだけを主とすることができよう。ゆえにこれはよりどころとはならないのである。

第三節　法の正を顕わす

法の正を顕わす第二。

問う、竜樹の著述は部類甚だ多し。三論は偏空にして究竟にあらざるに似たり。答う、僧叡は昔什公の門下に在りて翻訳の宗為《た》り。其の論の序に云く、「夫れ百梁の搆の興るときは則ち茅茨《ぼうし》の仄陋《そくろう》を鄙《いや》しむ。斯の論の紘博《こうはく》なるを観《み》るときは則ち偏悟の鄙倍《ひばい》なるを知る」と。故に偏は小乗を主として、正は此の論に帰す。又前に云えるが如く、天竺の十六大国の方八千里は、向化の縁ありて、並びに委誠を為して竜樹を無相佛と為す。敢えて学に預くる者の徒は、斯の論を翫味《がんみ》して以て喉衿《こうきん》と為さざるなし。若しこれ偏空ならば、豈に諸国の重んずる所と為らんや。又羅什は本と小乗を執せしが、此の論に因《よ》りて轍《てつ》を正観に廻《めぐら》し、厥《そ》の後衆師は斯の文に藉《よ》りて迷を暁《あき》らむ。此を以て之を詳《つまびら》かにするに、蓋し是れ究竟無余の説なり。

顕二法正一第二。問、龍樹著述部類甚多。三論偏空似レ非二究竟一。答、僧叡昔在二什公門下一為二翻譯之宗㆒。其論序云、夫百梁之搆興則鄙㆓茅茨之仄陋㆒。覩㆓斯論之紘博㆒則知㆓偏悟之鄙倍㆒。故偏主㆓小乘㆒。正歸㆓此論㆒。又如㆓前云㆒、天竺十六大國方八千里、有㆓向化之緣㆒、並爲㆓委誠㆒龍樹爲㆓無相佛㆒。敢預㆑學者之徒無㆘不㆓翫㆒味斯論㆒以爲㆗喉衿㆖。若是偏空、豈爲㆓諸國所㆑重。又羅什本執㆓小乘㆒、因㆓此論㆒而廻㆓轍正觀㆒、厥後衆師藉㆓斯文㆒而曉㆑迷。以㆑此詳㆑之、蓋是究竟無餘之說。

〈其論序云〉『中論』序（大正三〇巻、一上）にある。大正の原文は、梁を搆に、紘博を宏曠にする。〈如前云〉上述の序をひろげていう。〈十六大国〉たとえば『長阿含経』第五に、①鴦伽　②摩竭　③迦尸　④居薩羅　⑤抜祇　⑥末羅　⑦支提　⑧抜沙　⑨居楼　⑩般闍羅　⑪頗漯波　⑫阿般提　⑬婆蹉　⑭蘇羅婆　⑮乾陀羅　⑯剣洴沙（大正一巻、三四中）をあげる。〈敢預学者之徒……為喉衿〉上述の『中論』序のなかにいう。そこでは徒を流とする。なお喉衿はノドとエリ、急所、かなめ、綱要などの意味。

第二に法の正を顕わす。

問、ナーガールジュナの著述の部類は非常に多い。そのなかで三論は空にかたよっており、究極を得ているとはいえないようである。

答、僧叡はむかしクマーラジーヴァ（鳩摩羅什）の門下にあって、翻訳事業の中心となっていた。（したがって僧叡のいうところは信用することができる）。ところでその僧叡が『中論』の序にいう、「一体、百本もの梁《はり》（横木）のある建築物がつくられるときは、すなわち茅《かや》ぶきの屋根の家の粗末さがいやしく下品に見える。この論（中論）の広大で該博であるのをよく見るときは、すなわちかたよったさとりがいやしくて理にそむいていることがわかる」と。それゆえ偏＝かたよっているというのは小乗を主としていい、正しいのはこの論（『中論』ないし三論）に帰する。また上述の本（『中論』序）にいっているように、インドの十六の大国のなかで四方八千里は、ナーガールジュナが教化するのに出会う縁があり、みなかれのために誠を委《ゆだ》ねることをなして、ナーガールジュナを三十二相をとらない佛であるとしている。そこにはさらにいう、「あえて大乗の学にかかわりをもつものたちは、この論（中論）をよくかみしめて味わい、それをもってかなめとしないものはない」と。もしもこれが空にかたよっているのであれば、どうして諸国から重んじられることがあろう。またクマーラジーヴァはもともと小乗にとらわれていたが、この論によって進路を正観に転向したのである。そののち、多くの師もこの文をよりどころとして、迷いを明らかにしている。以上のことをもってこのことを詳しく説明すれば、思うにこれは究極を得て完全無欠の説である。

問う、若し内外並びに呵し大小倶に斥ければ、此の論の宗旨は何の依拠する所ぞや。答う、若し心に内外を存し情を大小に寄せば、則ち偏邪に堕在して正理を失う。既に正理を失うときは則ち正観は生ぜず。若し正観の生ぜざれば則ち断常は滅せず。若し断常の滅せざれば則ち苦輪は常に運ぶ。内外並びに冥し大小倶に寂せるを以て、始めて正理と名づく。斯の正理を悟らば則ち正観を発生す。正観若し生ずれば則ち戯論は斯《ここ》に滅す。戯論斯に滅すれば則ち苦輪は便《すなわ》ち壊《え》す。三論の大宗は其の意此《かく》の如し。蓋し乃ち衆教の旨帰を総べ、群聖の霊府を統《す》ぶ。味道の流れ豈に斯の趣に栖憑《せいひょう》せざらんや。

問う、若し内外並びに除き大小倶に斥ければ、乃ち断見為《た》り。何ぞ正宗と名づけん。答う、既に内外並びに冥すれば、則ち断常は斯に寂なり。二辺既に捨つ。寧《いずくん》ぞ正宗にあらずや。

問、若内外並呵大小倶斥、此論宗旨何所二依據一耶。答、若心存二内外一情寄二大小一、則堕二在偏邪一失二於正理一。既失二正理一則正觀不レ生。若正觀不レ生則斷常不レ滅。若斷常不レ滅則苦輪常運。以二内外並冥大小倶寂一、始名二正理一。悟二斯正理一則發二生正觀一。正觀若生則戲論斯滅。戲論斯滅則苦輪便壞。三論大宗其意若レ此。蓋乃總二衆敎之旨歸一、統二群聖之靈府一。味道之流豈不レ栖二憑斯趣一耶。問、若内外並除大小倶斥、乃爲二断見一。何名二正宗一。答、既内外並冥、則断常斯寂。二邊既捨。寧非二正宗一耶。

〈苦輪〉輪廻《りんね》転生《てんしょう》するのを苦という。〈霊府〉『荘子』徳充符に「不可入於霊府」とあり、郭象の註に「霊府者精神之宅也」という。

問、もしもナーガールジュナ（三論を指す）が佛教の内部と外部とをともにやっつけて、大乗と小乗とをともにしりぞけている（前節の末尾参照）とすれば、この論の宗旨は何のよりどころがあろうか。全くよりどころがないことになってしまうであろう。

答、もしも心を佛教の内部と外部とにおいて、気持を大乗と小乗とに寄せるならば、すなわちかたよったあやまりにおちこんで正しい理を失う。すでに正しい理を失うときには、すなわち正しいみかたが生じない。もしも正しいみかたが生じなければ、すなわち断滅見・常住見が滅びない。もしも断滅見と常住見とが滅びなければ、すなわち苦である輪廻《りんね》はつねにめぐって行く。佛教の内部と外部とがともになくなり、大乗と小乗とがともに寂静であることをもって、はじめて正しい理と名づけるのである。この正しい理をさとるならば、すなわち正しいみかたが発生する。もしも正しいみかたが生ずれば、すなわち虚構の論はここに滅びる。虚構の論がここに滅びれば、すなわち苦である輪廻は直ちに消滅する。三論の大いなる教えはその意はこのようなものである。思うに、これによってすなわち多くの教えの帰結する要点を総括し、多くの聖者の精神のおさまる場所を統一している。道を味わうひとびとはどうしてこの趣旨に住んでたよりにしないことがあろうか。

問、もしも佛教の内部と外部とがともになくなり、大乗も小乗もともにしりぞければ、すなわち断滅見となる。どうして正しい教えと名づけることができよう。

答、すでに佛教の内部も外部もともになくなれば、すなわち断滅見も常住見もここにしずまって寂静となっている。断滅見と常住見との二辺をすでに捨てているのであるから、どうして正しい教えでないことがあろうか。

難じて曰く、夫れ断あり常あるが故に之を名づけて有と為す。断なく常なき之を目《な》づけて無と為す。既に其れ是れ無ならば、何に由ってか断を離れん。答う、既に断と常と斯に寂なれば、則ち有無は等しく皆離れたり。応に更に復た無に染すと謂うべからず。

難じて曰く、此の通ありと雖も、終《つい》に難を免れず。夫れ有あり無ある之を名づけて有と為す。有なく無なき始めて是れ大無なり。既に其れ無に堕《だ》せり。何に由ってか断を離れん。答う、本と有病に対す、是の故に無を説く。有病若し消ゆれば、空薬も亦た廃す。則ち知る、聖道は未だ曾《か》つて有無ならず。何の滞《とどこ》おる所かあらんや。

難じて曰く、是有是無を名づけて両是と為し、非有非無を名づけて両非と為す。既に是非に堕せり。還りて儒墨に同じからん。答う、本と二是にあらず。故に双非あり。二是既に忘れ*なば、双非も亦た息む。故に知る、是にもあらず、亦た復た非にもあらず。

難じて曰く、是にあらず非にもあらずんば、還りて二非に堕す。何に由ってか非を免れん。答う、二是は夢虎を生ず、両非は還《かえ》って空華を見る。則ち知る、本と是とする所なし、今亦た非とすることなし。

難じて曰く、若し是もなく非もなければ、亦た邪ならず正ならず。何が故ぞ篇章を建てて破邪顕正と称するや。答う、夫れ非あり是ある此れ則ち邪と為す。是なく非なき乃ち名づけて正と為す。所以《ゆえ》に篇を命じて破邪顕正を弁ず。

難じて曰く、既に邪の破す可きあり、正の顕わす可きあらば、則ち心に取捨あり。何ぞ無依と謂わん。答う、邪を息《や》めんが為に強いて名づけて正と為す。邪に在りて既に息めば、則ち正も亦た留《とど》まらず。故に心に所著なし。

難じて曰く、若し邪と正と並びに冥すれば、豈に空見にあらずや。答う、正観論に云く、「大聖の空法を説けるは諸見を離れしめんが為の故なり」と。水は能く火を滅するが如し。今水より還りて火を出ださば、当に何を用《も》ってか滅すべき。断常を火と為す、空は能く之を滅す。若し復た空に著すれば、即ち薬の滅す可きなきなり。

難じて曰く、既に空病に著せり。何の故に有の薬を服せしめずして而も化を息《や》むと言うや。答う、若し有を以て化するに、還りて復た有に滞《とどこ》おらん。乃至《ないし》言を忘*るとも便ち復た断に著せん。此の如きの流れをば何に由ってか化す可き。

難曰、夫有レ斷有レ常故名レ之爲レ有。無レ斷無レ常目レ之爲レ無。既其是無、何由離レ斷。答、既斷常斯寂、則有無等皆離。不レ應二更復謂レ染二於無一。難曰、雖レ有二此通一、終不レ免レ難。夫有レ有有レ無名レ之爲レ有。無レ有無レ無始是大無。既其墮レ無。何由離レ斷。答、本對二有病一、是故説レ無。有病若消、空藥亦廢。則知、聖道未二曾有無一。何所レ滯耶。難曰、是有是無名爲二兩是一。非有非無名爲二兩非一。既墮二是非一。還同二儒墨一。答、本非二二是一。故有二雙非一。二是既忘*、雙非亦息。故知、非レ是亦復非レ非。難曰、非レ是非レ非、還墮二二非一。何由免レ非。答、二是生二乎夢虎一。兩非還見二空華一。則知、本無レ所レ是。今亦無レ非。難曰、若無レ是無レ非、亦不レ邪不レ正。何故建二篇章一稱二破邪顯正一。答、夫有レ非有レ是此則爲レ邪。無レ是無レ非乃名爲レ正。所以命レ篇辨二破邪顯正一。難曰、既有二邪可レ破、有二正可レ顯、則心有二取捨一。何謂二無依一。答、爲レ息二於邪一强名爲レ正。在レ邪既息、則正亦不レ留。故心無二所著一。難曰、若邪正並冥、豈非二空見一。答、正觀論云、大聖説二空法一、爲レ離二諸見一故。若復見レ有レ空、諸佛所レ不レ化。如二水能滅一レ火。今水還出レ火、當二用レ何滅一。斷常爲レ火、空能滅レ之。若復著レ空、即無二藥可一レ滅也。難曰、既著二空病一。何故不レ服二有藥一而言レ息レ化。答、若以レ有化、還復滯レ有。乃至忘*レ言便復著レ斷。如レ此之流何由可レ化。

〈忘*〉大正に「亡」とあるのを「忘」に改める。
〈還同儒墨〉『荘子』斉物論に「道隠於小成、言隠於栄華、故有儒墨之是非」という。〈夢虎〉『善見律毘婆沙』第十二に「眠時夢見……虎狼師子賊逐」（大正二四巻、七六〇上）という。〈空華〉『入楞伽経』（魏訳）問答品の偈に「猶如虚空花、有無不可得」（大正一六巻、五一九上）という。〈正観論云〉『中論』観行品の最後の偈と全く同じ。火と水との喩はその部分の註釈（大正三〇巻、一八下）。

（相手が）非難していう、一体断滅があり常住があるがゆえに、これを名づけて有とする。それに対して断滅がなく常住がない、これを名づけて無とするのである。そこですでにこれを無とすれば、何によって断滅見を離れようか。

答、すでに断滅見と常住見とがここにほろんで寂静となっていれば、すなわち有と無とともに等しくみな離れている。さらにまた無にとらわれているというべきではない。

（相手が）非難していう、このような解釈がおこなわれるといっても、どうしても非難を免かれることはできない。なぜならば、一体有があり無があるのはこれを名づけて有とし、有がなく無がないのは始めてこれが大無である。そしてすでに三論の立場は無に堕している。何によって断滅見を離れることができよう。

答、三論の主張はもともと有の病いに対したものである。それゆえに無と説いたのである。そこでもしも有の病いが消えれば、そこで空を説いた薬もまたとりやめる。すなわち聖道は未だかつて有でも無でもないということが知られる。どのようなとどこおるところがあろうか。

(相手が)非難していう、これは有でありこれは無でもあるとするのを名づけて両是とし、有でもない無でもないとするのを名づけて両非とする。三論は有無なしと主張するのであるから、すでに是非に堕してしまっている。それは(もとシナの外道に)もどって儒家・墨子と同じであろう。

答、三論は本来は二是ではない。そこで有と無との両者に対する双非(二非)があるわけである。しかし双非はあくまで二是に対するものなのであるから、二是の方をすでに忘れてしまうならば、双非もまた必要がなくて、それももうなくなる。ゆえに是でもないし、また非でもないということが知られるのである。

(相手が)非難していう、是でもないし非でもないとするならば、もとにもどって二非に堕してしまう。何によって非を免れることができよう。

答、二是の説は夢のなかの虎を生ずるようなものであり、両非はもとにもどって空中の(根のない)花を見るようなものである。いずれも現実ではない。すなわち本来是とするところもなく、いままた非とするところもない、是といい非というのは現実を離れ、迷いにすぎないことが知られる。

(相手が)非難していう。もしも是もなく非もないならば、また邪でもなく、正でもないであろう。それなのになぜ篇と章とをたてて破邪顕正(邪を否定して正をあらわす)と称するのであるか。

答、一体非があり是がある、これをすなわち邪とするのである。また是もなく非もない、それをすなわち名づけて正とするのである。ゆえに篇を名づけて破邪顕正を弁ずるのである。

(相手が)非難していう、すでに邪があってそれを否定すべきものがあり、正があってあらわすべきものがあるならば、それはすなわち心に取るところと捨てるところとがある。どうして何にもよらないということができよう。

答、邪をなくそうとするために、しいて名づけて正としているだけである。邪においてすでになくなっているならば、すなわち正にもまたとらわれてとどまっていることはない。ゆえに心に執著するところはないのである。

（相手が）非難していう、もしも邪も正もともに滅びてしまうならば、どうしてそれは空見ではないのか。

答、正観論（＝『中論』）にいう、「大聖が空の法を説いたのは、多くの（とらわれた）見を離れさせんがためのゆえである。それなのにもしもさらに空があると見て、空の見にとらわれたものは、諸佛の教化しないどうしようもないものである」と。それはたとえば水―火の場合に、水はよく火を消すようなものとしてある。いま水からかえって火を出すならば、まさに何をもってこれを消すことができよう。断滅見と常住見とを火とし、空は（水のように）よくこれをほろぼすものである。それなのにもしもさらにその空に執著するならば、すなわちそれをほろぼしうる薬はないのである。

（相手が）非難していう、すでに空の病いに執著しているならば、なぜ有の薬を飲ませようともせず、教化のしようがないというのであるか。

答、もしも有をもってこれを教化したならば、かえってまた有にとどこおることになろう。ないしことばをすべて拒否してなくしてしまう場合にも、また断滅見に執著することになるであろう。このような種類のひとびとを、何によって教化することができるであろうか。

問う、心に所著あらば、何の過ありや。答う、若し所著あれば便《すなわ》ち所縛あり、生老病死憂悲苦悩を解脱するを得ず。故に法華に云く、「我れは無数の方便を以て、衆生を引道して諸著を離れしむ」と。浄名に云く、「世間に著せざること蓮華の如く、常に善く空寂行に入りて、諸法の相に達して罣礙なし、空の如くにして所依なきものに稽首す」と。三世の諸佛は六道の衆生の心に所著あるが為の故に出世して経を説き、四依の開士は大小の学人の心に所依あるが為の故に出世して論を造る。故に有依有得を生死の本と為し、無住無著を経論の大宗と為す。

難じて曰く、若し内と外と並び冥せば、佛経は何が故に大小両教を説くや。答う、法華に云く、「是の法は示す可からず。言辞の相寂滅せり。如来は無名相の中に於いて強いて名相をもって説く。故に大小の教門あり。衆生をして此の名相に因りて無名相を悟らしめんと欲す」と。而るに封教の徒は大小を説けるを聞きて更に染著を生ず。是の故に論を造りて斯の執情を破し、還りて本来寂滅を了悟せしむ。故に四依の出世は佛の如しと為すなり。

問、心有二所著一、有二何過一耶。答、若有二所著一便有二所縛一。不レ得三解二脱生老病死憂悲苦惱一。故法華云、我以二無數方便一引二道衆生一令レ離二諸著一。淨名云、不レ著二世間一如二蓮華一、常善入二於空寂行一、達二諸法相一無二罣礙一。稽二首如レ空無二所依一。三世諸佛爲三六道衆生心有二所著一故出世說レ經、四依開士爲三大小學人心有二所依一故出世造レ論。故有依有得爲二生死之本一、無住無著爲二經論大宗一。難曰、若內外並冥、佛經何故說二大小兩敎一。答、法華云、是法不レ可レ示。言辭相寂滅。如來於二無名相中一强名相說。故有二大小敎門一。欲レ令下衆生因二此名相一悟中無名相上。而封敎之徒聞レ說二大小一更生二染著一。是故造レ論破二斯執情一、還令レ了二悟本來寂滅一。故四依出世爲レ如レ佛也。

〈法華云〉『妙法蓮華経』方便品に「吾従成佛以来……無数方便、引道衆生、令離諸著」（大正九巻、五下）という。〈浄名云〉『維摩詰所説経』佛国品の偈（大正一四巻、五三八上）。〈四依〉第一章第一節aの註参照。〈開士〉bodhisattva の訳、ふつうは音写して菩薩とする。四依の開士はここではナーガールジュナとアーリヤデーヴァを指す。〈法華云〉『妙法蓮華経』方便品の偈（大正九巻、五下）。〈封教之徒〉封は封鎖、教えにとらわれてそれにとじこもるひとびとをいう。

問、心に執著するところがあれば、何の過失があるか。

答、もしも執著するところがあれば、すなわちそれに縛られるところがある。そして生・老・病・死・憂・悲・苦・悩から解《げ》脱《だつ》することができない。ゆえに法華経にいう、「自分（佛）は無数の方便をもって衆生をみちびいて行って多くの執著を離れさせる」と。また維摩経にいう、「世間に執著しないことは、ちょうど蓮華の花がどのような水にも汚されないごとくである。つねによく空寂の実践に入り、諸法の正しいありかたに到達して何の支障もない。一切とらわれのない空のごとくであって、何かに依存することがない、そのようなものに自分は敬礼する」と。過去・未来・現在の諸佛は、六道を輪廻する生あるもの（衆生）の心に執著するところがあるがためのゆえに、この世に出現して経を説き、第四の位の菩薩であるナーガールジュナ（竜樹）とアーリヤデーヴァ（提婆）は、大乗・小乗を学ぶひとの心によりどころとなるがためのゆえに、この世に出現して論をつくったのである。ゆえによりどころがあり、それを得るところがあるのを、衆生の生―死の根本となし、とどまるところがなく執著するところがないのを、経と論との大いなる教えとなすのである。

（相手が）非難していう、もしも内も外もならんで滅びる（のが正しい）とするならば、佛教の経はなぜ大乗と小乗との両者の教えを説くのか。

答、法華経にいう、「この法（佛法）は示すことができない。ことばの表現のありかたはのこらず滅びている。如来は無名相（ことばによる表現を超えたありかた）のなかで、しいて名相（ことばに表現されうるありかた）をもって説く。ゆえに大乗と小乗との教えの門がある。それは衆生をして、この名相によって無名相をさとらせようと欲しているのである」と。しかるに教えにとらわれてそれにとじこもるひとびとは、大乗と小乗とを如来が説くのを聞いて、さらにそれに執著を生じている。それゆえ論をつくってこの執著する情を否定して、もとにもどって本来一切が滅び寂静であることを完全にさとらせようとした。ゆえにそれを果たした第四の位の二人は、佛のごとくである、とするのである。

第四節　論名に寄せて正を顕わす

問う、此の論を名づけて正観と為すは、正に幾種ありや。答う、天に両の日なく、土に二の王なし。教に多門あれども、理は唯だ一の正なり。是の故に上来に四宗を破斥す。華厳に云く、「文殊の法は常に爾《しか》なり、法王は唯だ一法なり。一切の無畏の人は一道より生死を出だす」と。但し衆生を出処せんと欲して、無名相の法に於いて強いて名相をもって説き、稟学《りんがく》の徒をして因りて悟りを得しむ。故に二の正を開く、一には体正、二には用正なり。非真非俗を名づけて体正と為し、真と俗とを目《な》づけて用正と為す。然る所以は、諸法実相は言*忘慮絶し、未だ曾って真俗ならず。故に之を名づけて体と為し、諸の偏邪を絶す、之を目づけて正と為す。故に体正と言う。言う所の用正とは、体は名言を絶すれば、物は悟るに由なし。有無にあらずと雖も、強いて真俗と説く。故に名づけて用と為す。此の真と俗とも亦た偏邪ならざる、之を目づけて正と為す。故に用正と名づくるなり。

問、此論名為二正観一、正有二幾種一。答、天無二両日一、土無二二王一。敎有二多門一理唯一正。是故上來破二斥四宗一。華嚴云、文殊法常爾、法王唯一法。一切無畏人、一道出二生死一。但欲レ出二處衆生一、於二無名相法一强名相說、令二稟學之徒因而得一レ悟。故開二二正一、一者體正、二者用正。非眞非俗名為二體正一、眞之與レ俗目為二用正一。所二以然一者、諸法實相言忘*慮絶。未二曾眞俗一。故名レ之為レ體、絶二諸偏邪一、目レ之為レ正。故言二體正一。所レ言用正者、體絶二名言一、物無レ由レ悟。雖レ非二有無一、强說二眞俗一。故名為レ用。此眞之與レ俗亦不二偏邪一、目レ之為レ正。故名二用正一也。

〈忘*〉大正に「亡」とあるのを岩波文庫本により「忘」に改める。
〈四宗〉外道、毘曇、成実、大執の四つを第一章に批判したのをいう。〈華厳云〉華厳経、正しくは『大方広佛華厳経』の漢訳は次の三種がある、①佛駄跋陀羅訳、六十巻、四一八—四二〇年訳、大正九巻、②実叉難陀訳、八十巻、六九五—六九九年、大正一〇巻、③般若訳、四十巻、七九五—七九八年、大正一〇巻。吉蔵当時はもとより①の六十巻本（東晋訳本）しかなかった。ここはその本の菩薩明難品の偈句（大正九巻、四二九中）の引用。ただし原文は「無畏人」を「無礙人」としている。〈文殊〉Mañjuśri の音写を縮めたもの。マンジュシュリーは主として大乗佛教経典に登場し活躍する菩薩。王子ともいい、佛の法王に対する。〈出処〉出は生死を出る。処は涅槃に処《お》る。

問、この論（『中論』）を名づけて「正観」としているが、正には幾種類あるか。

答、（正には⑴唯一、⑵二種、⑶三種とする説の三つがあり、ここには⑴と⑵の前半を、次のパラグラフに⑵の後半と⑶とを説く。いわば正のありかたを説明して行く）。

⑴天に二つの太陽はなく、地上には二人の国王はいない。そのように、教えには多くの門があるけれども、理はただ一つの正があるだけである。このゆえに上に四つの主張を批判し否定した。華厳経にいう、「マンジュシュリー（文殊）の説く（大乗佛教の）法はつねにそのとおりである。法王である佛はただ一つの法だけである。一切に畏《おそ》れのないさとりきったひとは、一つの道から生死—この世間を

出現させる」と。

(2)しかしながら衆生をこの世間を出て涅槃にあらしめようと欲して、無名相（ことばによる表現を超えたありかた）の法において、しいて名相（ことばによって表現されるありかた）をもって説き、教えを受けて学ぶひとびとをして、それによってさとりを得させようとする、ゆえに次の二つの正を開く。①体正と②用正とである。①真でもない俗でもないのを名づけて体正とする。②真と俗とを名づけて用正とする。そのように命名する理由は次のとおり。①諸法実相はことばの表現を超え、思考の世界を絶しており、いまだかつて真とか俗とかではない。ゆえにこれを名づけて体（＝本体）とする、また多くのかたよったあやまりを絶しているから、これを名づけて正とする。ゆえにその両者から体正（本体の正）とする。②ここにいう用正（はたらきの正）とは、体は名称もことばも絶しているから、なにかあるものについてさとろうとしても、さとるべき手段がない。そこでそれ自体は有でもなく無でもないが、しいて真とか俗とかと説くのである。それゆえ、これは（本体については論じられないので、そのはたらきを論じて）名づけて用とするのである。そしてこの真と俗とがともにかたよったあやまりではないから、これを名づけて正とする。それゆえ用正と名づけるのである。

問う、既に真俗と云わば、則ち是れ二辺なり。何を名づけて正と為さんや。答う、因縁仮有の如き之を目づけて俗と為す。然るに仮有なれば其れ定有と言う可からず。仮有なれば其れ定無と言う可からず。此の仮有は二辺を遠離するが故に、名づけて正と為す。俗有既に爾なり、真無も亦た爾なり。仮無なれば定無なる可からず。仮無ならば定有なる可からず。二辺を遠離するが故に、之を目づけと正と為す。

問う、何が故に体用の二正を弁ずるや。答う、像末は鈍根にして多く偏邪に堕せり。四依出世して佛法を匡正《きょうしょう》す。故に用正を明かせり。既に正教を識りて便ち正理を悟らば、則ち体正あり。但し正に三種あり。一には偏病に対し之を目づけて正と為し、対偏正と名づく。二には偏を尽《ことごと》く浄むる、之を名づけて正と為し、謂わく尽偏正なり。三には偏病既に去れば正も亦た留《とど》まらず、偏にあらず正にあらず、知らず何を以てか之を美《ほ》めん。強いて嘆じて正と為す、謂わく絶待の正なり。正に在りて既に然《しか》なり。観・論も亦た爾なり。体正に因りて正観を発生するを名づけて体観と為し、二諦の用に藉《よ》りて二諦の観を生ずるを名づけて用観と為す。故に観にも二を具するなり。観は心を弁じて衆生の為の故に実の如く体を説くを名づけて体論と為す。若し用を説かば、之を名づけて用論と為す。故に論にも二を具するなり。正は既に対偏と尽偏と絶待とあるをもって、観と論とも亦た然なり。前に類して知る可し。

問既云二眞俗一、則是二邊。何名爲レ正。答、如二因緣假有一目レ之爲レ俗。然假有不レ可レ言二其定有一。假有不レ可レ言二其定無一。此之假有遠二離二邊一、故名爲レ正。俗有既爾、眞無亦爾。假無不レ可二定無一。假無不レ可二定有一。遠二離二邊一故、目レ之爲レ正。問、何故辨二體用二正一耶。答、像末鈍根多墮二偏邪一。四依出世匡二正佛法一。故明二用正一。既識二正敎一便悟二正理一則有二體正一。但正有二三種一。一對二偏病一目レ之爲レ正、名二對偏正一。二盡二淨於偏一名レ之爲レ正、謂盡偏正也。三偏病既去正亦不レ留、非レ偏非レ正、不レ知何以美レ之。强嘆爲レ正、謂絶待正也。在レ正既然。觀論亦爾。因二於體正一發二生正觀一名爲二體觀一、藉二二諦用一。生二二諦觀一名爲二用觀一。故觀具レ二也。觀辨二於心一、爲二衆生一故如レ實說レ體、名爲二體論一。若說二於用一、名レ之爲二用論一。故論具レ二也。正既有二對偏、盡偏、絶待一。觀論亦然。類レ前可レ知。

（まず(2)の続き、そのあとに(3)。そしてその正についての二種、三種を、観について、また論について述べる。それにより、正観論の一々の一種、二種、三種が説かれたことになるが、これはどちらかといえば、吉蔵のややペダンティック（衒学的）な悪趣味と評されるかもしれない）。

問、すでに真と俗といえば、すなわちこれは二辺である。どうして名づけて正とすることができよう。

答、因縁によってかりに存在する仮有のごときもの、これを名づけて俗（有）とするのである。しかるにそれは有ではあるけれども、仮有なのであるから、それを定有（一定した存在）であるとはいえない。また仮有であるから、それを定無（一定した非存在）であるとはいえない。このように、この俗有＝仮有は定有と定無の二辺から遠ざかり離れている。ゆえに名づけて正とするのである。俗有がすでに以上のとおりである。それならば真無（真諦の無）もまたそうであるはずだ。というのは真無は仮無なのであって、この真無は、仮無であるから定無であることはできない、仮無であるから定有であることはできない、この定無と定有の二辺から遠ざかり離れているがゆえに、これを名づけて正とするのである。

問、なぜ体正と用正との二つの正を論ずるのであるか。

答、いま像法と末法（または像法のすえ）のひとびとは素質が鈍であり、大部分がかたよった誤りに堕している。そこで第四の位のナーガールジュナとアーリヤデーヴァとが世のなかに現われて、佛法を正しくなおした。それゆえに（このはたらきに注目して）用正を明らかにしたのである。しかしすでに正しい教えを認識していて正しい理をさとれば、すなわちそこには体正があるのである。
(3)しかしながら、正には三種類があるともする。すなわち①偏病（かたよりの病い）に対するもので、これを名づけて正とするから、それは対偏の正と名づけられる。②偏（かたより）を尽く除き浄める、これを名づけて正とするから、それは尽偏の正といわれる。③偏病がすでになくなっているから、それと相待的な正もまたやはり去ってそこにとどまってはいない。偏でもなく、それに対する正でもない。何をもってこれをほめるべきかを知らない。しいて感嘆して正とするから、それは絶待（待を絶した）の正といわれるのである。

（以上「正」について(1)(2)(3)を説いた。次に、観と論とについて説く）。

正についてはすでに以上のとおりである。観と論ともまた同様であろう。たとえば（前の(2)をここに適用すると）、体正によって正観を発生するのを体観と名づけ、二諦の用（はたらき）によって二諦の観を発生するのを用観と名づけるのである。ゆえに観にも体と用との二つがそなわっているのである。また観は心によく考えて、衆生のために真実のごとく体を説くのを、名づけて体論となし、もしも用を説けば、これを名づけて用論とするのである。ゆえに論にも体と用との二つがそなわっているのである。（ところで次に上の(3)をここに適用すると）、正にすでに対偏と尽偏と絶待との三種類がある。それをもって、観と論との各々についてやはり同様に（三種類が）説かれる。それは前述のことに類似して知ることができる。

（尊祐の書いた『科註三論玄義』は、本章第一節「序」の最後に、「一明人正、次顕法正」とあるところから、ここまでを第一篇とする（佛教大系本（三三三）四五七ページ参照）。しかし鳳潭の著わした『頭書三論玄義』は、その内容を検討し、またのちに「別明造論縁起」とあるのを第二篇の始めと見なして、右の尊祐説を改め、このあとに次の二節を第一篇に加えた（佛教大系本（三三六）四六〇ページおよび（三四四）四六八ページ参照）。そしてこの説がわが国で広くおこなわれてきているので、ここでもそれによって、引き続き第五節と第六節とを述べ、そこまでを第一篇とする。）

第五節　経論の相資（関係）

次に経論は相資するを明かす。大品経に云く、「生死の道は長く衆生の性は多なりと雖も、菩薩は応に是《かく》の如く正しく憶念すべし。生死の辺は虚空の如く、衆生性の辺も亦た虚空の如し。此の中には生死の往来もなく亦た解脱する者もなし」と。然も既に生死なく亦た涅槃もなければ、則ち知る、亦た衆生と及以《およ》び佛もなし。寧《いずくん》ぞ経と論とあらんや。故に内と外と並び冥し縁観倶に寂なり。然も生死と涅槃とにあらずと雖も、而も衆生に於いて生死を成ぜり。故に大品に云く、「諸法は所有なけれども是《かく》の如く有なり」と。既に衆生あるが故に諸佛あり。既に諸佛あれば便《すなわ》ち教門あり。既に諸佛と教門とあれば則ち菩薩の論あり。諸佛は衆生の道を失するが為に、是の故に経を説き、菩薩は衆生の経に迷うが為に、是の故に論を造る。

次明二經論相資一。大品經云、雖三生死道長衆生性多二、菩薩應三如レ是正憶念一。生死邊如三虚空二、衆生性邊亦如二虚空一。此中無三生死往來二亦無二解脱者一。然既無二生死一亦無二涅槃一、則知亦無三衆生及以於佛一。寧有二經之與レ論耶。故內外並冥緣觀倶寂。然雖レ非二生死涅槃一、而於二衆生一成二生死一。故大品云、諸法無二所有一如レ是有。既有二衆生一故有二諸佛一。既有二諸佛一便有二教門一。既有二諸佛教門一則有二菩薩之論一。諸佛爲二衆生失レ道、是故說レ經。菩薩爲二衆生迷レ經、是故造レ論。

〈大品経云〉『大品般若経』夢行品に「菩薩摩訶薩、行六波羅蜜経時、当作是念、雖生死道長衆生性多、爾時応如是正憶念、生死辺如虚空、衆生辺亦如虚空、是中実無生死往来、亦無解脱者、菩薩摩訶薩、作如是行、能具是六波羅蜜、近一切種智」（大正八巻、三四九中）という。〈大品云〉同遍学品の終りに「二是有法、不二是無法……一切相皆是二、一切二皆是有法、適有有法、便有生死」（大正八巻、三八三中）というのを要約した。

次に経と論とが互いにたすけあう関係を明らかにしよう。

『大品般若経』にいう、「生あるものの生—死の迷いの道は長く、生あるものの迷いの本性は多種ではあるけれども、菩薩はかならず次のように正しく心にじっと考えなければならない、すなわち生—死の迷いの限界は虚空のように限りがなく、生あるものの迷いの本性の限界もまた虚空のように限りがない。そしてこのなかでは実は生—死を迷って往来することもないし、またそれを超越して解脱するものもない」と。しかるにすでに生—死の迷いがなく、またさとった涅槃（ニルヴァーナ、仏教の理想）もないならば、すなわち迷う衆生とさとった佛との差別もないことが知られる。それならばどうして経と論とがあるであろうか。ゆえに内も外もともになくなり、客観と主観との対応関係もともになくなってしまう。そのように、絶対の境地からすれば、生—死の迷いも涅槃のさとりもないけれども、しかもこの世俗の相対の立場からすると、生あるものにおいては生—死が成立する。ゆえに『大品般若経』にいう、「諸法（多くのもの）は存在するところがないにもかかわらず、しかも（この世俗においては）存在している」と。このようにして、すでに衆生があるがゆえに、諸佛もある。すでに諸佛があれば、すなわち教門がある。すでに諸佛と教門とがあれば、すなわち菩薩の論がある。というのは、諸佛は衆生が正しい道を失っているために、このゆえに経を説き、菩薩は衆生がその経に迷っているがために、このゆえに論をつくったのである。

然るに経に通・別あり。論に在りても亦た爾なり。言う所の経の通とは、通じて衆生の顚倒を息《や》めんが為なり。通じて道門を開顕せんが為なり。言う所の論の通とは、諸の聖弟子の一切の論を造るも亦た通じて迷教の病を息めて正道を申明せんが為なり。言う所の経の別とは、大小二縁に赴いて大小両教を説く。言う所の論の別とは、大小両迷を破せんが為に大小両教を申《の》ぶ。故に大小二論あるなり。然るに経論の中に就いて具《つぶさ》に能所の義あり。経は二智を以て能説と為し、二諦を所説と為す。論は二慧を以て能説と為し、言教を所説と為す。斯れ則ち経論に各々能所あるなり。

然經有㆓通別㆒。在㆑論亦爾。所㆑言經通者、通爲㆑息㆓衆生顚倒㆒。通爲㆑開㆓顯道門㆒。所㆑言論通者、諸聖弟子造㆓一切論㆒、亦通爲㆘息㆓迷敎之病㆒申㆗明正道㆖。所㆑言經別者、赴㆓大小二緣㆒說㆓大小兩敎㆒。所㆑言論別者、爲㆑破㆓大小兩迷㆒申㆓大小兩敎㆒。故有㆓大小二論㆒也。然就㆓經論之中㆒具有㆓能所之義㆒。經以㆓二智㆒爲㆓能說㆒、二諦爲㆓所說㆒。論以㆓二慧㆒爲㆓能說㆒、言敎爲㆓所說㆒。斯則經論各有㆓能所㆒也。

〈二智〉一切智と一切種智。いずれも佛の智慧であるが、しいていえば一切智は差別のある權《かり》の智、一切種智は平等の実の智。〈二慧〉道慧と道種慧。いずれも菩薩の智慧で、前述の二智にやや劣るとされる。また両者をしいて区別すれば、道慧は差別のある權の慧、道種慧は平等の実の慧。

しかしさらに詳しくいえば、経に通と別とがあり、論にあってもまたそうである。そこでここにいう経の通とは、全般的に衆生の顚倒（まよい）をなくさせようとするためのものであり、また全般的に道の門を開いて顕《あら》わそうとするためのものである。またここにいう論の通とは、多くのすぐれた弟子たちが一切の論をつくることも、これまた全般的に教えに迷っている病いをなくして、正しい道をのべ明らかにせんがためである。

次にここにいう経の別とは、大乗と小乗との二縁におもむいて、大乗と小乗との二つの教えを説くことをいう。またここにいう論の別とは、大乗と小乗との両者の迷いを否定せんがために、大乗と小乗との二つの教えを説くことをいう。ゆえに大乗と小乗との両方の論があるのである。

しかしまた経と論とのなかについて見てみると、くわしくは能（ポジティヴー能動態）と所（パシヴー受動態）の義がそなわっている。そこで、この能—所という観点からみると、経は（佛の実と権《かり》の）二智をもって能説となし、その結果として二諦が説かれて所説となっている。論は（菩薩の実と権の）二慧をもって能説となし、その結果として言教があって所説となっている。これすなわち経と論とに各々能と所とがあるのである。

第六節　経論の能所の絞絡（交錯）

a 総説

次に経論の能所の絞絡《こうらく》を明かすに、四句の不同あり。一には経の能を論の所と為す。二には経の所を論の能と為す。三には論の能を経の所と為す。四には論の所を経の能と為す。

次明㆓経論能所絞絡㆒。有㆓四句不同㆒。一者經能爲㆓論所㆒。二者經所爲㆓論能㆒。三者論能爲㆓經所㆒。四者論所爲㆓經能㆒。

《能所》前節にも示したとおり、能はポジティヴ、すなわち能動態、所はパシヴ、すなわち受動態をいう。この両者の語形の変化はとくにサンスクリットの場合は明瞭であるが、漢文でもそれぞれ能・所の語を付してあらわす。

次に経と論との能動態と受動態とが交錯する関係を明らかにしよう。これには次の四句の不同がある。①経の能動態が論の受動態となる場合（経が説こうとするところが、論に説かれようとするところになっている場合—以下同様）、②経の受動態が論の能動態となる場合、③論の能動態が経の受動態となる場合、④論の受動態が経の能動態となる場合。（以下この四種の場合について説明する）。

b 各論

①経の能を論の所と為すとは、如来の二智は即ち是れ論主の所悟なり。故に法華に明かす、「今昔の両教は直往の菩薩及び廻小向大の人をして並びに佛慧に悟入せしめんが為なり」と。故に涌出品に云く、「是の諸の衆生は、始めて我が身を見、我が所説を聞きて、即《すなわ》便ち信受せしものは如来の慧に入る」と。此れは昔の教は直往の菩薩をして佛慧に入れんが為なることを明かすなり。次に云く、「先に修習して小乗を学ぶ者を除く。我れ今亦た是の経を聞いて佛慧に入ることを得しむ」と。此れは今の教の廻小の人を佛慧に入るることを明かす。故に今昔の両教は同じく佛慧に入れんが為なることを明かす。則ち知る、佛慧は是れ所悟なり、と。

②次に経の所を論の能と為すことを明かすとは、経の所は即ち是れ二諦なり。能く論主の二慧を発生するが故なり。佛の二諦を能生と為し、論主の二慧を所生と為すなり。

③次に論の能を経の所と為すことを明かすとは、論主の二慧は経に由りて発生するなり。

④次に論の所を経の能と為すことを明かすとは、論主の言教は能く佛の二諦を申ぶるなり。

經能爲二論所一者、如來二智卽是論主所悟。故法華明、今昔兩敎爲二直往菩薩及廻小向大之人、並令レ悟二入佛慧一。故涌出品云、是諸衆生始見二我身一聞二我所說一、卽便信受入二如來慧一。此明四昔敎爲三直往菩薩入二佛慧一也。次云。除下先修習學二小乘一者上。我今亦令レ得下聞二是經一入中於佛慧上。此明三今敎廻小之人入二於佛慧一。故今昔兩敎同明レ爲レ入二佛慧一。則知、佛慧是所悟也。次明三經所爲二論能一者、經所卽是二諦。能發二生論主二慧一故。佛之二諦爲二能生一、論主二慧爲二所生一也。次明三論能爲二經所一者、論主二慧由レ經發生也。次明三論所爲二經能一者、論主言敎能申二佛二諦一也。

〈今昔両教〉華厳経と法華経とを指す。〈廻小向大〉小乗に執著した心を廻らして大乗に向かうひとをいう。〈涌出品云〉『妙法蓮華経』菩薩従地涌出品中の引用（大正九巻、四〇中）、但し是諸衆生を此諸衆生とし、即便信受を即皆信受としている。《次云》右の引用に直ちに続く。但し原文は学小乗者の次に如是之人を加えている。

①経の能動態が論の受動態となる（経が説こうとしているところが、論に説かれようとしているところとなる）場合とは、如来の二智がそのまますなわちこれ論の著者によってさとられた内容となる場合である。ゆえに法華には、華厳と法華との昔と今の二つの教えは、それぞれ直接向かって行く菩薩と、小乗の心を廻《めぐ》らして大乗に向かって行くひととを、ともに佛の智慧にさとって入らせようとするがためである、と明かしている。ゆえに法華経の涌出品にいう、「この多くの衆生は、はじめて自分（佛）の身体を見、自分の説くところを聞いて、それによって直ちにそれを信受したものは、如来の智慧に入る」と。これは昔の教え（華厳の説法）が直接向かって行く菩薩を佛の智慧に入れんがためであったことを明らかにしているのである。涌出品は続けていう、「先に修行してならい小乗を学ぶものは例外とする。そしてこのようなひとをも、自分はいままたこの経を聞いて、佛の智慧に入ることができるようにさせる」と。これは今の教え（法華の説法）が、小乗の心を廻らして大乗に向かうひとを、佛の智慧に入れることを明らかにしている。以上から、ゆえに今と昔の二つの教えは同じく佛の智慧に入らせんがためであることが明らかにされる。すなわち、佛の智慧（＝経の能動態）がこれ論の著者によってさとられた内容（＝論の受動態）であることが知られるのである。

②次に、経の受動態が論の能動態となること（経に説かれるところが論の説こうとしているところであること）を明らかにすれば、経の受動態はすなわちこれ二諦である。そしてこの二諦はよく論の著者に二慧を発生させることがある。ゆえに佛の二諦を能生（生ずる）となし、論の著者の二慧を所生

（生ぜられる）とするのである。

③次に、論の能動態が経の受動態となること（論の説くところが経に説かれるところであること）を明らかにすれば、論の著者の二慧は、論の能動態ではあるが、それは経によって発生するものであって、経の受動態である。

④次に、論の受動態が経の能動態となること（論に説かれるところが経の説くところであること）を明らかにすれば、論の著者のことばと教えすなわちその所説は、論の受動態であるが、それは佛の二諦をのべているのであって、経の能動態である。

c 余論

次に四句を会《え》して二句と為す。経の若しくは能、若しくは所なるは、並びに是れ能資なり。論の若しくは能、若しくは所なるは、皆是れ所資なり。又論の若しくは能、若しくは所なるは、悉く能申と為す。経の若しくは能、若しくは所なるは、悉く是れ所申と為す。故に合して一能一所と成るなり。

次に一句を泯《ほろ》ぼして以て無句に帰す。能を以て所と為すは、則ち能は定まれる能にあらず。所を以て能と為すは、則ち所は定まれる所にあらず。能は定まれる能にあらざるを以て、是れ則ち能にあらず。所は定まれる所にあらざれば、是れ則ち所にあらず。故に能にもあらず所にもあらず、経にもあらず論にもあらず、佛にもあらず菩薩にもあらず。知らず、何を以てか之を目づけん。故に正法を称して強いて中実と名づくるなり。

問う、能は定まれる能にあらざれば、是れ則ち能にあらず、所は定まれる所にあらざれば、是れ則ち所にあらずとは、何の文に出ずるや。答う、中論の然可然品に云う、「若し法の因待して成せば、是の法は還って待を成ずべし。今則ち因待することなければ、亦た所成の法なし」と。即ち其の証なり。

次會二四句一爲二二句一。經若能若所並是能資。論若能若所皆是所資。又論若能若所悉爲二能申一。經若能若所悉是爲二所申一。故合成二一能一所一也。次泯二一句一以歸二無句一。以レ能而爲レ所、則能非二定能一。以レ所而爲レ能、則所非二定所一。以三能非二定能一、是則非レ能。所非二定所一、是則非レ所。故非レ能非レ所。非レ経非レ論。非レ佛非二菩薩一。不レ知何以目レ之。故稱二正法一强名二中實一也。問、能非二定能一、是則非レ能、所非二定所一、是則非レ所、出二何文一耶。答、中論然可然品云、若法因待成、是法還成レ待。今則無二因待一、亦無二所成法一。即其證也。

《中論然可然品云》『中論』観燃可燃品第十の偈（大正三〇巻、一五中）。この偈の内容は次のように解釈される。「もしもAというものがBというものに相対関係をもって成立するとするならば、このAというものがかえって相対関係そのものを成立させることになる。それならばいまはもともと相対関係はないことになり、したがってまた相対関係によって成立されるBというものもないことになる。」この偈は次の第十一偈で次のように説明される。「（それはなぜかといえば）もしも相対関係があって始めてAによってBが成立するというならば、まだBは成立していない場合には、どうして相対関係があろうか。もしもBが成立しおわっていてAと相対関係にあるというならば、Bはすでに成立しているのであるから、どうして相対関係を必要としよう。」こうして第一〜第九偈にA—Bの相対関係を論じてきて、さて相対関係そのものを第十と第十一の両偈について再検討して、A—B、ここでいう能（能動態）—所（受動態）のそれぞれと相対関係について論ずる。

次に、上の四句を一緒に合わせて二句とすることができる。すなわち経はあるいは能動態（＝二智）であっても、あるいは受動態（＝二諦）であっても、すべてこれ能動的にたすけるものであり、論はあるいは能動態（＝二慧）であっても、あるいは受動態（＝言教）であっても、みなこれ受動的にたすけられるものである。また論はあるいは能動態であっても、あるいは受動態であっても、ことごとく能動的に述べるものであり、経はあるいは能動的であっても、あるいは受動態であっても、ことごとく受動的に述べられるものである。ゆえに以上を合わせて、一つの能動態と一つの受動態という（二句）が成立する。

次に、相対しあう二句のうちの一句をなくしてしまって、それによって無句に帰せしめることもできる。すなわち能動態と受動態とにおいて、能動態をもって受動態というとすれば、その能動態はそれだけで独立不変の能動態ではない。また受動態をもって能動態というとすれば、その受動態はそれだけで独立不変の受動態ではない。こうして能動態はそれだけで独立不変の能動態ではないから、これはすなわち能動態ではない。また受動態はそれだけで独立不変の受動態ではないから、これすなわち受動態ではない。ゆえに能動態でもないし受動態でもない、それから発展して、経でもないし論でもない、佛でもないし菩薩でもない。このようになれば、何をもってこれを名づけるべきかはわからない。それゆえに、正しい法を称して、しいて中実と名づけるのである。

問、能動態はそれだけで独立不変の能動態ではないから、これすなわち能動態ではない、受動態はそれだけで独立不変の受動態ではないから、これすなわち受動態ではない、といっているのは、これは何の文に出ているのか。

答、『中論』の燃可燃品にいう、「もしもあるものが他のものに相対関係をもって成立するとするならば、このあるものがかえって相対関係そのものを成立させることになる。それならばいまはもともと相対関係はないことになり、したがってまた相対関係によって成立する他のものもないことになる」と。これがすなわちその証となる文である。

（第四節の末尾に記したように、鳳潭の『頭書三論玄義』にしたがって、ここまでを第一篇とし、以下「次別明造論縁起」以下を第二篇とする）。

第二篇　別釈衆品（各論）

第一章　造論の縁起

第一節　総説

次に別して造論の縁起を明かす。然るに論を造る所以は、上に明かす所の如く、如来は道を失するが為の故に経を説き、論主は経に迷うが為の故に論を造る。道を失するが為の故に経を説く、此れは是れ根本の失なり。論主は経に迷うが為の故に論を造る、此れは是れ枝末の失なり。又佛は道を失う者の為に経を説く、此の失は謂わく一往の失なり。論主は経に迷うが為の故に論を造る、此の失は即ち失中に更に失を起こすなり。然る所以は、其れ道に迷うを以て此れは是れ一の失なり。如来の経を説けるは道に入らしめんが為なるに、而も復た経に迷うが故に、是れ失中の失なり。一往の失とは謂わゆる利根の人にして、経を聞きて即ち悟る。失中の失とは謂わゆる鈍根の人なり。

次別明㆓造論縁起㆒。然所㆓以造㆒㆑論者、如㆓上所㆒㆑明、如來爲㆑失㆑道故説㆑經、論主爲㆑迷㆑經故造㆑論。爲㆑失㆑道故説㆑經、此是根本失。論主爲㆑迷㆑經故造㆑論、此是枝末失。又佛爲㆓失㆑道者㆒説㆑經、此失謂一往失。論主爲㆑迷㆑經故造㆑論、此失卽失中更起㆑失。所㆓以然㆒者、以㆓其迷㆒㆑道此是一失。如來説㆑經爲㆑令㆑入㆑道、而復迷㆑經故是失中失也。一往之失謂利根人、聞㆑經卽悟。失中之失謂鈍根人也。

次には、特別に論がつくられたゆかりを明らかにしよう。しかるに、論をつくる一般的な理由は、すでに前に明らかにしたところのごとくである。すなわち、如来は道を失ったもののためのゆえに経を説き、論の著者はその経に迷うもののためのゆえに論をつくったのである。そこで、道を失ったもののために経を説いたという、この道を失うという失は、これ根本的な失である。それに対して、論の著者が経に迷うもののためのゆえに論をつくるという、この経に迷うという失は、これ枝葉末節の失である。また佛は道を失ったもののために経を説くという、この失はひとすじの失である。それに対して論の著者が経に迷うもののためのゆえに論をつくるという、この経に迷うという失は、失のなかにさらに失をおこしたものである。なぜそうであるかといえば、一体、道に迷うということによって、これはたしかに一つの失である。如来が経を説いたのは、この失をもつひとを道に入らせようとするがためであるのに、しかもさらにその経に迷うのであるから、これは失のなかの失である。ひとすじの失とは、いわゆる素質のすぐれたひとをいうのであって、このようなひとは経を聞いて即座にさとる。失のなかの失というのは、素質の劣ったひとをいうのである。

第二節　二部の分裂

問う、何等か是れ経に迷うの人ぞ。答う、即ち是れ諸部の異執なり。諸部の異執と言うは、或いは二部、或いは五部、或いは十八部、或いは二十部、或いは五百部なり。

二部と言うは、如来は二月十五日に涅槃に入り、諸の聖弟子は四月十五日に王舎城祇闍崛山《ぎしゃくっせん》中に於いて三蔵を結集す。爾《そ》の時、即ち二部の名字あり。一には上座部、謂わく迦葉《かしょう》を上座と為す。迦葉より上なること陳《ちん》如《にょ》は一夏《げ》なれども、佛は法を以て迦葉に付属せしが為に、上座部と名づくるなり。迦葉の領する所は但だ五百人あり。智度論に依れば則ち千人あり、と。二には大衆部、即ち界外の大衆なり。乃ち万数あり。婆師波《ばしは》羅漢を主と為す。此に涙出《るいしゅつ》と云う、常に苦の衆生を悲しみて涙を堕とせばなり。即ち五比丘中の一人にして、年は迦葉より大なり。界外の大衆に教授す。二衆ある所以は、迦葉は五百の羅漢を有して前に界内に入りて三蔵を結集し、後に多人来りて三蔵を結集せんとするを迦葉は並びに之を許さず。二の因縁あり、一には五百は皆聡明の人なるが故に。二には已に羯磨《こんま》し竟《おお》るが故なり。智度論に依れば、阿闍世《あじゃせ》王は但だ千人の食を設くるが故に余人来れども得ざりしなり、と。是れより以来佛の滅度の後百一十六年に至るまで、但だ二部の名字のみありて、未だ異執あらざりき。

百一十六年の外に舶主の児あり、摩訶提婆《まかだいば》と名づく。端正聡明にして三逆罪を作りて後に佛法に入る。凡そ二事あり。一には諸大乗経を取りて三蔵中に内《い》れて之を釈す。諸の阿羅漢の法蔵を結集する時に、已に此の義を簡除す。而して大衆部は此の義を用い、上座部は之を用いず。爾《しか》るに因りて諍を起こして遂に二部と成るなり。二には摩訶提婆は自ら偈を作りて言わく、「余人は衣を染汚す、無明あり、疑あり、他度す。聖道は言に顕わさるる所なり。是れ諸佛の正教なり」と。此の一偈を以て戒の後に安置して、布薩《ふさつ》に誦戒し竟って亦た此の一偈を誦す。此の偈に五事あり。一には余人は衣を染汚すとは、提婆は不浄を出して衣を汚す。而るに弟子を誑《たぶらか》して言わく、「我れは是れ阿羅漢なり、実には不浄なし。但だ是れ天の魔女の不浄を以て羅漢の衣を汚したるなり」と。故に余人は衣を染汚すと云う。然るに此の一語に虚あり実あり。其れ実には是れ凡夫にして、弟子を誑して上の如きの事を説く。是の故に虚と為す。魔女は実に能く不浄を以て羅漢の衣を汚す、是の故に実と為す。其の衆は其の所説を諍《あらそ》い、或いは虚とし或いは実とす。故に二部に分かる。二には無明と云うは、然るに羅漢は乃ち三界受生の無明なくして、無知と習気《じっけ》の無明あるが故に、無明と云う。時の衆が或いは羅漢に無明ありと言い、或いは無明なしと言い、此れに因りて諍を起こす、故に二部に分かる。三には疑と云うは、須陀《しゅだ》洹果《おんか》は乃ち三解脱門に於いて疑なけれども、而も外事に於いて疑あり。故に疑と云うなり。四には他度すとは、鈍根の初果は自ら初果を得たるを知らず、善知識に問うに、善知識は為に、三宝四諦に於いて疑なきは、是れ初果の相なりと説くに、其の自ら観察して方に初果を得たるを知る、故に他度と云う。五には聖道は言の所顕なりとは、然も聖道を得る時に亦た言に顕わさる所あり。身子の口に偈を誦する時に当って即ち初果を得たるが如し、故に言の所顕と云う。時の衆は此の五義を諍って、或いは是とし或いは非とす。故に二部と成るなり。

問う、此の二部の執は何の義か異なるや。答う、義の異なること乃ち多し。今は略して其の一を明かす。大衆部は生死・涅槃は皆是れ仮名なりと執し、上座部は生死・涅槃は皆是れ真実なりと執す。

問、何等是迷レ經之人。答、卽是諸部異執。言二諸部異執一者、或二部、或五部、或十八部、或二十部、或五百部。言二二部一者、如來二月十五日入二涅槃一、諸聖弟子四月十五日於二王舍城祇闍崛山中一結二集三藏一。爾時卽有二二部名字一。一上座部、謂迦葉爲二上座一。迦葉上陳如一夏、爲三佛以レ法付二屬迦葉一、名二上座部一也。迦葉所レ領但有二五百人一。依二智度論一則有二千人一。二大衆部、卽界外大衆。乃有二萬數一。婆師波羅漢爲レ主。此云二涙出一、常悲二苦衆生一面涙墮也。卽五比丘中之一人、而年大三迦葉一。敎二授界外大衆一。所三以有二二衆一、迦葉有二五百羅漢一、前入二界內一結二集三藏一、後多人來結二集三藏一、迦葉並不レ許レ之。有二二因緣一。一者五百皆聰明人故。二者已羯磨竟故。依二智度論一、阿闍世王但設二千人食一、故餘人來不レ得。從レ是以來至二佛滅度後百一十六年一、但有二二部名字一、未レ有二異執一。

百一十六年外有二舶主兒一、名二摩訶提婆一。端正聰明作二三逆罪一、後入二佛法一。凡有二二事一。一者取二諸大乘經一、內二三藏中一釋レ之。諸阿羅漢結二集法藏一時、已簡二除此義一。而大衆部用二此義一、上座部不レ用レ之。因レ爾起レ諍遂成二二部一。二者摩訶提婆自作レ偈言、餘人染二汚衣一、無明疑他度。聖道言所レ顯。是諸佛正敎。以二此一偈一安二置戒後一、布薩誦戒竟亦誦二此一偈一。此偈有二五事一。一餘人染二汚衣一者、提婆不淨出汚レ衣。而誑二弟子一言、我是阿羅漢、實無二不淨一。但是天魔女以二不淨一汚二羅漢衣一。故云二餘人染二汚衣一。然此一語有レ虛有レ實。其實是凡夫、誑二弟子一說二如レ上事一。是故爲レ虛。魔女實能以二不淨一汚二羅漢衣一、是故爲レ實。其衆諍二其所說一、或虛或實。故分二二部一。二云二無明一者、然羅漢乃無二三界受生無明一、而有二無知習氣無明一故、云二無明一。時衆或言二羅漢有二無明一、或言レ無二無明一。因レ此起レ諍。故分二二部一。三云レ疑者、須陀洹果乃於二三解脫門一無レ疑、而於二外事一有レ疑。故云レ疑也。四他度者、鈍根初果而不二自知一レ得二初果一。問二善知識一、善知識爲說下於二三寶四諦一無レ疑、是初果相上。其自觀察方知レ得二初果一。故云二他度一。五聖道言所顯者、然得二聖道一時。亦有二言所一レ顯。如下身子當二口誦レ偈時一即得中初果上。故云二言所顯一。時衆諍二此五義一、或是或非。故成二二部一也。問、此二部執何義異耶。答、義異乃多。今略明二其一一。大衆部執二生死涅槃皆是假名一。上座部執二生死涅槃皆是眞實一。

〈王舎城〉 Rājagṛha ガンジス河中流に近く、往時インド最強のマガダ国の首府。釈尊はしばしばここで説法をした。またこの記事のように、佛滅後三蔵の結集された地として名高い。〈祇闍崛山〉 Gṛdhrakūṭa 王舎城の東北方の山。訳は霊鷲山《りょうじゅせん》。〈迦葉〉 Kāśyapa 佛弟子のひとり。この記事にあるように、佛滅後、三蔵結集の中心となる。〈三蔵結集〉 三蔵は経蔵・律蔵・論蔵をいい、いわゆる経典の総称。釈尊は生前機に応じ人に応じて法をあちこちに説かれたので、滅後それらの散逸や誤伝を防ぐために、佛弟子たちが集まって佛法を結集し、右の三蔵に分類して後世に伝える基礎となった。〈陣如〉 憍陳如すなわち Kauṇḍinya 佛成道後はじめての説法を聞いた五比丘のひとり。いわば佛弟子第一号といえる。〈一夏〉 夏は夏臘の略。夏の雨期の安居《あんご》(集会) をもって年数を数える。カウンディニヤがいわば一年前にカーシャパより佛弟子となったという。〈依智度論〉 『大智度論』 第二に「爾時大迦葉選得千人、除善阿難」 (大正二五巻、六七下) という。〈大衆部〉

Mahāsaṅghika の訳。ここにあるようにその起源が、佛滅直後の結集から存在したかどうか。いまの研究ではこの文にいう百余年後の事件（ふつう第二結集といわれる）から始めて出てくる名称である。〈婆師波羅漢〉婆師波は Vāṣpa 初転法輪を聞いた五比丘のひとりと伝えられる。羅漢は阿羅漢 Arhat 尊敬に値する人の意で聖者をいう。始めは佛の異号のひとつであったが、のちにいわゆる小乗佛教では修業の結果到達される最高の境地、それを得たものの称号となった。〈五比丘〉釈尊は出家のあと、諸師に学び、のち六年間苦行をした。五比丘はその苦行をともにしたが、釈尊が苦行を捨てたので、釈尊と離れた。釈尊は成道ののち、ベナレス郊外の鹿野苑においてこの五比丘に最初の説法（初転法輪）をおこない、五比丘は佛弟子となった。したがって佛弟子の最初のひとびとである。〈羯磨〉karman の音写。ふつう所作、弁事などと訳される。戒律に規定された身・口・意の作法で、かならずこれを守らなければならない。〈依智度論〉上の『大智度論』の引用に続く。〈阿闍世王〉Ajātaśatru マガダ国王。はじめ父王を殺して王位についたが、のち佛教に帰依し、とくにここに説かれるように佛滅後の三蔵結集の後援をし、佛教をインドにひろめ、またマガダ国を隆盛にした王として名高い。〈百一十六年〉真諦訳『部執異論』などの説による。『増壱阿含経』には一百一十年中という。〈摩訶提婆〉Mahādeva の音写。ふつうは大天の訳が用いられる。インドのマトゥラの出身と伝えられる。母と通じて父を殺し、比丘を殺し、のち母をも殺した。ここにいう三逆罪を犯した。のち懺悔して佛門に入り、アショーカ王の帰依を受け、ここにいう五事の所説をとなえた。ただしこれらはみな伝説であり、五事の所説をはじめ、ここにいう結集（第二結集）そのものを疑う学者もある。佐々木ほか『佛教史概説—インド篇』平楽寺書店、三五—三六ページ参照。〈三逆罪〉父を殺す、比丘を殺す、母を殺すの三つの罪をいう。〈自作偈言〉『部執異論』のそれ（大正四九巻、二〇上）に全く一致する。〈布薩〉パーリ語の uposatha 教団において新月のときと満月のときに集まり、戒律を読誦して、罪過があれば懺悔する儀式。〈三界〉欲界（欲望世界）・色界（物質世界）・無色界（非物質世界）をもって全世界をあらわす。〈無明〉人間の本来もつ根源的な無智で、煩悩やまよいや苦の源とされる。〈習気〉しばしば煩悩のおこることによって習慣となり、煩悩をなくしたのちにもなおのこっている癖《くせ》のようなもの。〈須陀洹果〉小乗佛教ではその修行者—聖者を次の四段階に分けた、①須陀洹果 Srota-āpanna（訳は預流《よる》、すなわち、流れに預る）、②斯陀洹果 Sakṛdāgāmin（訳は一来《いちらい》または一還《いちげん》、すなわち、いったんふみいれて入って来た）、③阿那含果 Anāgāmin（訳は不還《ふげん》、すなわち、引き返さない）、④阿羅漢果 Arhat（訳は応供《おおぐ》、すなわち、供養＝尊敬に値する聖者）。〈初果〉はこの須陀洹果をいう。〈三解脱門〉禅定の名称で空解脱門・無相解脱門・無願解脱門の三をいう。〈三宝〉佛宝・法宝・僧宝の三。〈四諦〉苦諦・集《じっ》諦・滅諦・道諦の四。〈身子〉Śāriputra の訳、ふつうは舎利弗と音写される。『中本起経』に、シャーリプトラがアシュヴァジット（馬勝）のとなえる偈文によってさとりを開いたと伝える（大正四巻、一五三下）。〈生死涅槃〉生死は生と死とをくりかえす輪廻の俗界をいい、涅槃（ニルヴァーナ）はさとりの世界をいう。

（これからの説は一種のインド佛教史、とくに部派の成立史である。そしてこれらの資料は、天友造、真諦訳の『部執異論』（大正四九巻）と真諦著の『部執異論疏』であるが、後者は現在のこっていない。なお吉蔵以後に玄奘訳の『異部宗輪論』（大正四九巻）のほか、やはり玄奘訳の『阿毘達磨大毘婆沙論』九十九（大正二七巻、五一〇下）にも資料が伝えられるが、ここの記事と年代その他の一致しない個所が少なくない）。

問、どのようなひとびとがこれ経に迷うひとであるか。

答、すなわちこれ多くの部派の異なった執見である。多くの部派の異なった執見というのは、あるいは二部、あるいは五部、あるいは十八部、あるいは二十部、あるいは五百部である。（以下そのそれぞれについて詳しく述べる）。

二部というのは、如来が二月十五日に涅槃に入られ、多くのすぐれた弟子が四月十五日に王舎城の祇闍崛山《ぎしゃくっせん》（霊鷲山）のなかにおいて、佛教経典の全部である三蔵を結集した。そのときにすなわち二部の名称があった。その第一は上座部であって、カーシャパ（迦葉）を上座としたといわれる。佛弟子となった順序からいうと、カーシャパよりも上位であることが、カウンディニヤは一夏安居《げあんご》すなわち一年であったけれども、佛は法をもってカーシャパにあとを付託されたために、このカーシャパの部派を上座部と名づけるのである。カーシャパに属していたところはただ五百人である。もっとも

『大智度論』によれば、その数はすなわち千人であったという。その部派の第二は大衆部であって、規定の場所以外に集まった大衆である。その数はすなわち万の数があり、バーシュパ聖者（阿羅漢）をその主となした。この名はここシナでは訳して涙出という。それはつねに苦におちいっている衆生たちを悲しんで、涙をおとしていたからである。この聖者は佛の初転法輪を聞いてはじめて佛弟子となった五比丘のひとりであって、年齢はカーシャパよりも多かった。このひとが規定の場所以外の大衆に教授したのである。こうして、上座部と大衆部という二つのグループのある理由は、まずカーシャパが五百人の聖者をかかえて先に規定の場所のなかに入って三蔵を結集し、そのあとに多勢のひとびとが来て三蔵を結集しようとしたが、カーシャパは全くこれを許さなかったからである。そして許さなかったのには二つの理由がある。一つには、さきの五百人はみな聡明のひとびとであったからであり、二つにはそれらのひとびとがすでに戒律に定められた羯磨の所作をおわっていたからである。もっともそれは、『大智度論』によると、アジャータシャトル（阿闍世）王はただ千人のための食料しか準備してなかったがゆえに、それ以上のひとが来ても、そのひとびとは参加できなかったのである、という。これより以後、佛滅度ののち百十六年にいたるまでは、ただ二部の名称があるだけであって、まださらに異なった執見をもつものはいなかった。

ところで百十六年をはずれると、船主の子でマハーデーヴァ（摩訶提婆）と名づけるものがあらわれた。かれは端正であり聡明であったが、先に父・比丘・母を殺すという三逆罪をおかして、のちにその罪を悔い、佛法に入った。かれによっておよそ次の二つのことがおこった。第一には、多くの大乗経を採用して三蔵のなかにいれて、これを註釈したことである。多くの阿羅漢がはじめに法蔵を結集したときには、すでにこの大乗経の義をはぶいて削除したのに、しかも大衆部はこの義を採用するようになった。しかし上座部はこれを採用しない。このようなことによって、争いをおこして、ついに二部が成立したのである。第二にはマハーデーヴァみずから次の偈をつくったことである。その偈にいう、「他のひとが衣をよごした（①）、無明がある（②）、疑いがある（③）、他によってさとりに達する（④）、聖道はことばにあらわされる（⑤）。以上は諸佛の正しい教えである」と。かれはこの一偈をもって、波羅提木叉の根本の戒のあとにぴったりとくっつけて、新月と満月との戒をとなえる布薩の儀戒で戒を読誦しおわって、またこの一偈を読誦したのである。この偈には五つのことがふくまれている（これを「五事の新法」という）。その五とは、①「他のひとが衣をよごした」というのは、マハーデーヴァが不浄を出して衣をよごした。しかるにかれは弟子をあざむいていった、「自分は阿羅漢（聖者）であって、実際は不浄はない。（いまこの衣がよごれているのは）ただこれは天の魔女が不浄をもって阿羅漢の衣をよごしたのである」と。ゆえに他の人が衣をよごしたというのである。しかしこの一語には、虚偽があり、また真実がある。というのは、かれは実際には（阿羅漢ではなくて）凡夫であり、弟子をあざむいてそのようなことを説いたとするのであって、それゆえここではこの語は虚偽である。ところが他方、魔女は実際によく不浄をもって阿羅漢の衣をよごすことがありうる、それゆえここではこの語は真実である。このようにして、そこのひとびとが、その説くところについて争い、あるいは虚偽であると、あるいは真実であるとした。そのために二部に分裂した。②「無明」というのは、しかし阿羅漢にはすなわちこの三界に生まれて受ける無明は存在しないけれども、しかし無知と習慣としてののこりの無明とは存在しているので、「無明がある」といったのである。当時のひとびとは、あるいは阿羅漢に無明はあるといい、あるいは無明はないといって、これによって争いをおこした。それゆえ二部に分裂した。③「疑」というのは、修行の第一段階の須陀洹果（預流果）はすなわち禅定のなかで三解脱門をさとり、そのさとりにおいては疑いはないけれども、しかしそれ以外のことにおいて疑いがある。それゆえ「疑いがある」というのである。④「他によってさとりに達する」というのは、素質の劣ったものは初果（＝須陀洹果）に達しても、みずから初果を得たことを知らないでいる。そして正法を説く徳の高いひとにたずねる。この正法を説く徳の高いひとはかれのために、三宝と四諦とにおいて疑いなくそれを獲得しているのが、これ初果のありかたであると説明する。こうしてかれみずから自分を観察してはじめて初果を得たことを知るようになる。それゆえ「他によってさとりに達する」というのである。⑤「聖道はことばにあらわされる」というのは、当然、聖道を得たときには、またことばにあらわされることがあるのをいう。たとえば、シャーリプトラ（身子―舎利弗）は（アシュヴァジットが）口に偈をとなえたときに出くわして、即座に初果を得たごとくである。それゆえ「聖道はことばにあらわされる」という。当時のひとびとが以上の五つの義をあらそい、あるいはそれは正しいとし、あるいはそれはあやまりだとした。ゆえに（上座部と大衆部の）二部が成立したのである。

問、この二つの部派のとるところは、どのような義が異なっているのか。

答、義の異なっているところはすなわち多い。いま略してそのひとつだけを明らかにすると、大衆部はまよいの生死の輪廻とさとりの涅槃とはみなこれ仮に名づけたところであるという説をとり、上座部はまよいの生死の輪廻とさとりの涅槃とはみなこれ真実であるとの説をとっている。

第三節　大衆部の分裂

二百年の中に至って、大衆部より又三部を出だす。時に大衆部は摩訶提婆が*移度に因りて央崛多羅《おうくつたら》国に住す。此の国は王舎城の北に在り。此の部は華厳・般若等の大乗経を将《も》って三蔵の中に雑《まじ》えて之を説く。時の人に信ずる者あり、信ぜざる者あり。故に二部と成る。信ぜざる者は唯だ阿難等三師の誦する所の三蔵を此れ則ち信ず可し、三蔵より外の諸の大乗経は皆信ず可からずと言う。復た大乗を信ずる者あるに三の因縁あり、一には爾の時に猶お親しく佛の大乗法を説けるを聞く者あり。是の故に信ず可し。二には自ら道理を思量するに応に大乗あるべし。是の故に信ず可し。三には其の師を信ずるが故なり。是の故に信ず可し。

三部と言うは、一には一説部なり。此の部は生死・涅槃は皆是れ仮名なりと執す、故に一説と云う。二には出世説部なり。此の部は言わく、「世間法は顛倒より業を生じ、業より果を生ず。故に是れ不実なり。出世の法は顛倒より生ぜず、故に是れ真実なり」と。三には灰山住部《けざんじゅうぶ》なり。前の二は義に執するによりて名を受く。此れは住処より目《な》と為す。此の山に石ありて灰を作るに堪《た》う。此の部は彼の山中に住して道を修す。故に以て名と為す。其れ毘曇は是れ実教なり、経律を権説と為すと執するが故に、彼れ経の偈を引いて云く、「宜《よろ》しきに随いて身を覆い、宜しきに随いて飲食し、宜しきに随いて住処し、疾《すみや》かに煩悩を断ぜよ」と。宜しきに随いて身を覆うとは、三衣あるも佛は亦た許し、三衣なきも佛は亦た許す。宜しきに随いて飲食すとは、時食《じじき》をも佛は亦た許し、非時食をも亦た許す。宜しきに随いて住処すとは、結界住《けっかいじゅう》をも亦た許し、不結界をも亦た許す。疾かに煩悩を断ぜよとは、佛意は但だ疾かに煩悩を断ぜしむるのみ。此の部は甚だ精進すること余人に過ぐるなり。

二百年の中に至りて、大衆部の内より又一部を出だす。多聞部と名づく。大衆部は唯だ浅義を弘めて深義を棄てたり。佛の世に在りし時に仙人あり。佛に値《あ》いて羅漢を得、恒《つね》に佛に随いて他方及び天上に往きて法を聴く。佛の涅槃の時に其の人見えず。雪山に在りて坐禅す。佛の滅度の後二百年の中に至りて、雪山より出でて、諸の同行を覓《もと》む。大衆部の唯だ浅義を弘めて深法を知らざるを見て、其の人は具足して浅深の義を誦す。深義の中に大乗の義あり。成実論は即ち此の部より出ず。時の人に其の所説を信ずる者あり。故に別して一部を成し、多聞部と名づく。

二百年の中に於いて、大衆部より更に一部を出だす。多聞分別部と名づく。佛の世に在りし時、大迦旃延は論を造りて佛の阿含経を解す。二百年に至りて、大迦旃延は阿《あ》耨達池《のくだっち》より出ず。更に前の多聞部中の義を分別す。時の人に其の所説を信ずる者あり。故に多聞分別部と云う。

二百年の満に於いて一の外道あり。大天と名づく。爾の時に摩伽陀国に優婆塞あり、大いに佛法を弘む。諸の外道は利養の為の故に、皆頭を剃りて出家す。便ち賊住の比丘あり、大天は賊住の主と為り、大天は身自ら出家し、所度の弟子は大天が衆に依りて出家受戒す。爾の時に衆人共に斯の事を諍う。上座部云く、「和《わ》上《じょう》は無戒及び破戒なれども、闍梨は戒あり、大衆も亦た戒ありて、戒を受くれば則ち得《とく》す。戒は大衆に従いて得ればなり。大衆は和上の無戒を知りて、而も与《とも》に共《とも》に戒を受くれば、大衆は突吉羅《ときら》罪を得す」と。問う、戒は既に和上に従いて得ざれば、何が故に和上の名を称するや。答う、受戒の後に和上をして弟子を摂録し教誨せしめんと欲するのみ。薩婆多《さつばた》は此の解を用う。余部の言わく、「和上は無戒及び破戒ならば、大衆は戒あるとも則ち戒を得ず。戒は和上に従いて得るが故に」と。此の諍論に因りて遂に大天を容《い》れず。徒衆は爾《しか》るに因りて別に山間に住す。此の山間に於いて義を執すること又異なり。故に支提山部及び北山部あり。佛の得道及び転法輪の処なり。大衆の処を支提と名づく。此の処に山あり、支提山と名づく。彼の山の北に於いて別に山あり。北山部と名づくるなり。

大衆部は別を合して数うれば、或いは五、或いは七、或いは八。五部と言うは、初めには一説部、二には出世説部、三には灰山住部。此れは初めて破れて三と成れるなり。次には多聞部、次には多聞分別部。故に五部と成れり。七部と言うは、外道に因りて分かれて二部と成る。謂わく支提山部及び北山部なり。前の五は内の執に因りて起こる。後の二は外道に因りて起こる。故に七部と成る。八部と言うは、則ち根本の大衆部を数うるなり。

至二百年中、從大衆部又出三部。于時大衆部因摩訶提婆移*度住央崛多羅國。此國在王舍城北。此部將華嚴般若等大乘經雜三藏中説之。時人有信者、有不信者。故成二部。不信者唯言阿難等三師所誦三藏此則可信、自三藏外諸大乘經皆不可信。復有信大乘者。有三因緣。一者爾時猶有親聞佛説大乘法者。是故可信。二者自思量道理應有大乘。是故可信。三者信其師故。是故可信。言三部者、一一説部。此部執生死涅槃皆是假名。故云一説。二出世説部。此部言、世間法從顛倒生業、業生果。故是不實。出世法不從顛倒生。故是眞實。三灰山住部。前二從執義受名。此因住處爲目。此山有石堪作灰。彼山中修道。故以爲名。此部住其執毘曇是實敎、經律爲權説故、彼引經偈云、隨宜覆身、隨宜飲食、隨宜住處、疾斷煩惱。隨宜覆身者、有三衣佛亦許、無三衣佛亦許。隨宜飲食者、時食佛亦許、非時食亦許。隨宜住處者、結界住亦許、不結界亦許。疾斷煩惱者、佛意但令疾斷煩惱。此部甚精進過餘人也。至二百年中、從大衆部內又出一部。名多聞部。大衆部唯弘淺義棄於深義。佛在世時有仙人。值佛得羅漢、恒隨佛住他方及天上聽法。佛涅槃時其人不見。在雪山坐禪。至佛滅度後二百年中、從雪山出覓諸同行。見大衆部唯弘淺義不知深法、其人具足誦淺深義。深義中有大乘義。成實論卽從此部出。時人有信其所説者。故別成一部、名多聞部。於二百年中、從大衆部更出一部。名多聞分別部。佛在世時、大迦旃延造論解佛阿含經。至二百年、大迦旃延從阿耨達池出。更分別前多聞部中義。時人有信其所說者。故云多聞分別部。於二百年滿有一外道。名大天。爾時摩伽陀國有優婆塞、大弘佛法。諸外道爲利養故、皆剃頭出家。便有賊住比丘、大天爲賊住主、大天身自出家、所度弟子依大天衆出家受戒。爾時衆人共諍斯事。上座部云、和上無戒及破戒、闍梨有戒、大衆亦有戒、受戒則得。戒從大衆得。大衆知和上無戒、而與共受戒者、大衆得突吉羅罪。問、戒既不從和上得、何故稱和上名。答、欲令受戒後和上攝錄敎誨弟子耳。薩婆多用此解。餘部言、和上無戒及破戒、大衆有戒則不得戒。戒從和上得故。因此諍論、遂不容大天。徒衆因爾別住山間。於此山間執義又異。故有支提山部及北山部。佛得道及轉法輪處。大衆處名支提。此處有山、名支提山。於彼山北別有山。名北山部也。大衆部合別數、或五或七或八。言五部者、初一說部、二出世說部、三灰山住部。此初破成三也。次多聞部、次多聞分別部。故成五部。言七部者、因外道分成二部。謂支提山部及北山部。前五因內執起。後二因外道起。故成七部。言八部者、則數根本大衆部也。

〈移〉* 大正には「私」とあるのを、佛教大系本・岩波文庫本などによって「移」と改める。〈央崛多羅国〉 Aṅguttarāpa マガダ国の北方の国。〈華厳般若等大乘経〉 現在の研究によれば、これら大乗経典がこの当時成立していたとは考えられない。〈阿難〉 Ānanda 佛弟子のひとり。たえず佛陀とともに生活し、三蔵結集の中心となった。〈三師〉 アーナンダ（阿難）とウパーリ（Upāli 優波離）とカーシャパ（Kāśyapa 迦葉）またはプールナ（Pūrṇa, Pūrṇamaitrāyaṇīputra 富楼那）の三人。次の第四節の冒頭を参照。〈毘曇〉 Abhidharma 阿毘曇の略。〈権説〉 権は仮で実でないもの、仮の説。〈灰山住部〉『部執異論』による。『異部宗輪論』には鶏胤部といい、『十八部論』には窟居という。〈三衣〉 出家者の着る袈裟をいい、上・下・襯の三つ。〈時食〉 早朝より正午までの規定の時間に比丘が食事をすることと。

〈結界〉戒を保つために一定の区域を限定して結界といい、のち伽藍の境内を指していう。〈多聞分別部〉『部執異論』によると別名を分別説部という。『異部宗輪論』によれば説仮部といい、『十八部論』によれば施設論という。〈大迦旃延〉Mahākātyāyana 佛の十大弟子のひとり。〈阿耨達池〉Anavatapta 訳は無熱池、清涼池。雪山の北にあり、岸は宝石でかこまれ、インドの諸大河はみなこの池から出発するとされた伝説上の池。〈大天〉Mahādeva の訳。〈優婆塞〉Upāsaka の音写。在俗の佛教信奉者の男子。〈賊住〉比丘の資格である具足戒を受けないで、しかも比丘のなかに加わって教団の行事をおこなうもの。〈和上〉和尚と同じ。授戒のときに師となり、正しくは戒和尚という。授戒は戒和尚と羯磨《こんま》阿闍梨と教授阿闍梨の三師がそろわなければならない。〈闍梨〉ācārya 阿闍梨の略。教授などと訳す。授戒のときの教師となる。〈突吉羅罪〉突吉羅は duṣkṛta の音写、訳は悪作。戒律の罪名で、軽罪、小過である。〈薩婆多〉Sarvāsti (vādin) の音写。訳して説一切有部、略して有部。上座部中最大の部派。〈支提山部〉支提は caitya の音写。訳は塚、そこに佛陀や佛弟子の遺骨・遺品などを祀り、ひとびとがあつまる。塔 stūpa と混用される。この音写は制多ともされ、この部派は『異部宗輪論』には制多山部とある。〈北山部〉のあとに『異部宗輪論』はさらに西山部を加える（したがって全部合計すると九部となる）。

佛滅後二百年の中にいたって、大衆部からまた三部が分かれて出た。その当時、大衆部はマハーデーヴァ（摩訶提婆）が教化の場所の移動によって、アングッタラーパ（央崛多羅）国に住んでいた。この国は王舎城の北にある。この部派は、華厳経や般若経などの大乗の経典をもって原始佛教経典の三蔵のなかにまじえて、これを説いたのである。当時のひとびとは、信ずるものもあったし、信じないものもあった。ゆえに二部が成立した。信じないものは、「ただアーナンダ（阿難）などの三人の師のとなえるところの三蔵は、これをすなわち信ずることができる、しかし三蔵より以外の多くの大乗経典はみな信ずることはできない」といった。一方また大乗を信ずるものもあって、それには次の三つの因縁があった。すなわち、①その当時になお佛が大乗の法を説かれたのを親しく聞いたものがあった、それゆえ信ずることができるとした。②みずから佛教の道理をあれこれ考え、おしはかって、当然大乗はあるはずであるとし、それゆえ信ずることができるとした。③その師を信ずるがゆえに、それゆえ信ずることができるとした。

ここにいう三部というのは、一には一説部である。この部は、まよいの生死の輪廻とさとりの涅槃は、みなこれ仮の名称であるという説をとり、ゆえに一説という。二には出世説部である。この部はいう、「世間の法は、あやまりの顚倒から業を生じ、業から結果が生ずる。ゆえにこれは真実ではない。世間を超越した法は顚倒からは生じない。ゆえにこれは真実である」と。三には灰山住部である。前の二つはそれがとらえている義によって、その名称を受けたが、これはその住処によって、その名称とした。この山に石があり、それで灰をつくることができる。この部はその山のなかに住んでいて道を修めたので、それを名称としたのである。この部派は、アビダルマ（＝論）はこれ真実の教えであり、（原始佛教の）経と律とは仮の説であるという考えをとる。それゆえ、かれらは経の偈を引用していう、「よろしいように適宜その身体をおおい、よろしいように適宜に飲食し、よろしいように適宜にある場所に住み、すみやかに煩悩をなくさなければならない」と。よろしいように適宜その身体をおおうというのは、三衣があるのも佛がまたこれを許し、三衣のないのも佛がまたこれを許すのをいう。よろしいように適宜に飲食するというのは、戒律の規定する時間内での食事もまた佛がこれを許し、その時間外での食事もまた佛がこれを許すのをいう。よろしいように適宜ある場所に住むとは、戒律上一定の区域内に住むことも佛がまたこれを許し、その区域外に住むことも佛がまたこれを許すのをいう。すみやかに煩悩をなくせというのは、佛の意図するところはただすみやかに煩悩をなくさせようとすることにあるのをいう。この部派は非常によく努力・精進し、それは他のひとびと以上である。

佛滅後二百年のうちにいたって、大衆部のなかから、また一部が分かれて出た。これを多聞部と名づける。大衆部はただ浅い義をひろめていて深い義を棄てていた。ところで、佛がこの世におられたときに、仙人がおり、佛に出会って、阿羅漢（聖者）を得て、つねに佛にしたがって、他方および天上に行って法を聞いていた。ところが佛の涅槃された時に、そのひとが見えない、かれはヒマラヤ（雪山）にあって坐禅していたのである。佛の滅度ののち二百年のなかにいたって、ヒマラヤから出て、修行を同じくする多くのひとびとを探し求めた。そして大衆部がただ浅い義をひろめていて深い法を知らないのを見た。そこでこのひとは充分に浅い義も深い義をともにとなえた。この深い義のなかに大乗の義があったのである。そして『成実論』はすなわちこの部派から出た。当時のひとびとには、その説くところを信ずるものがあった。ゆえに別に分かれて一部となり、これを多聞部と名づけた。

佛滅後二百年のなかにおいて、大衆部からさらに一部が分かれて出た。多聞分別部と名づける。佛がこの世におられた時に、マハーカーティヤーヤナ（大迦旃延）は論をつくって佛の阿含経を解釈した。二百年にいたって、マハーカーティヤーヤナはアナヴァタプタ池から出現して、さらに上述の多聞部中の義をくわしく説いた。当時のひとびとでその説くところを信ずるものがあった。それゆえこの部を多聞分別部という。

佛滅後二百年がみちたときに、ひとりの外道があった。大天という名であった。そのときにマガダ国に在俗の男子の信者がいて、大いに佛法をひろめた。そのとき、多くの外道は自分の利養のためのゆえに、みな頭を剃って出家して佛教に入った。こうして受戒せずに教団の行事をおこなう比丘があることになった。大天はこの戒を受けていない比丘たちの主となった。大天はかれ自身みずから出家し、かれに教化された弟子は、大天の弟子に依って出家し受戒した。そこでその当時、多くのひとびとがともどもにこの問題について争った。そしてそれについて上座部はいう、「戒を授ける和尚は無戒および破戒で戒がそなわっていなくても、それに立ちあう師（阿闍梨）に戒があり、それを受ける大衆もまた戒があるならば、そのような状況で戒を受ければ、すなわち戒を得ることができる。戒は大衆にしたがって得られるからである。しかし大衆が戒を授ける和尚の無戒を知っていて、しかももとどもに戒を受けさせれば、大衆は突吉羅罪という小罪を得る」と。問、戒がすでに戒を授ける和尚にしたがって得られないのに、なぜ大天に対して戒を授ける和尚の名を称するのであるか。答、それを受戒させたのちに、その和尚に弟子を管括して収め教誨させようとしているにすぎない。説一切有部はこの解釈を用いている。しかしその他の部派はいう、「戒を授ける和尚が無戒および破戒であるならば、たとえ大衆が戒があったにしても、すなわち戒を得ることはできない。戒はその和尚にしたがって得られるものであるから」と。このような論争によって、ついに大天の説を受けいれなかった。そこでこの弟子のひとびとはそのことによって、分かれて山の間に住んだ。そしてこの山の間においても、義をとりいれることがまた異なったのである。ゆえに支提山部および北山部があるようになった。それは佛が道を得た場所と、説法した場所とである。大衆のところを支提と名づける。この処に山があって支提山と名づける。その山の北に別に山があって、そこに住むひとびとを北山部と名づけるのである。

大衆部の分かれたのを合わせて数えれば、或いは五部、或いは七部、或いは八部である。五部というのは、①一説部、②出世説部、③灰山住部である。これらは最初に分裂して三部となったのである。次に④多聞部、次に⑤多聞分別部があり、ゆえに五部になる。七部というのは、さらに外道（の大天）によって分かれて二部が成立した。いわく支提山部とおよび北山部とである。以上のうち、前の五部は内部の意見によっておこり、後の二は外道によっておこった。ゆえに七部となる。八部というのは、すなわちこれに根本の大衆部を数えるのである。

（以上を図示すれば次のとおり。）

- 1 大衆部
  - 佛滅後二百年中
    - 2 一説部
    - 3 出世説部
    - 4 灰山住部
  - 二百年中
    - 5 多聞部
  - 二百年中
    - 6 多聞分別部
  - 二百年満
    - 7 支提山部
    - 8 北山部

第四節　上座部の伝承と分裂

次に上座弟子部とは、佛の滅度の後、迦葉《かしよう》は三蔵を以て三師に付す。修多羅《しゆたら》を以て阿難に付し、毘曇《びどん》を以て富楼那《ふるな》に付し、律を以て優婆離《うばり》に付す。阿難は世を去るとき、修多羅を以て末田地《までんち》に付す。末田地は舎那婆《しやなば》斯《し》に付す。舎那婆斯は優婆掘多《うばくった》に付す。優婆掘多は富楼那に付す。富楼那は寐者柯《みしゃか》に付す。寐者柯は迦《か》旃延《せんえん》尼子《にし》に付す。迦葉より寐者柯に至るまで二百年已来異部なし。

三百年の初めに至りて、迦旃延尼子は世を去るとき、便ち分かれて両部と成る。一には上座弟子部、二には薩婆《さつば》多《た》部なり。分かれて二部と成る所以は、上座弟子は但だ経を弘め、経を以て正と為し、律は開遮不定なり。毘曇は但だ経を釈するに、或いは本に過ぎ、或いは本を減ず。故に正しく之を弘めず。亦た二蔵を棄捨せざるなり。而るに薩婆多は毘曇最勝なりと謂う。故に偏《ひと》えに之を弘む。迦葉より掘多に至るまでは、正《ただ》しく経を弘む。富楼那より稍ゝ《やや》本を棄てて末を弘む。故に正しく毘曇を弘む。迦旃延に至りて大いに毘曇を興す。上座弟子部は其の本を棄てて末を弘むるを見て、四過《たび》宣令して其れをして宗を改め遣《し》めんとするに、遂に宗を守りて改めず。而して上座弟子部は雪山に移住して之を避く。因りて雪山住部と名づく。

三百年に薩婆多より一部を出だす。可住子弟子部と名づく。即ち是れ旧の犢子《とくし》部なり。可住子弟子部と言うは、仙人あり、可住と名づく。女人あり、是れ此の仙人の種なり。故に可住子と名づく。阿羅漢あり、是れ可住女人の子なり。故に可住子と名づく。此の部は是れ此の羅漢の弟子なり。故に可住子弟子と名づくるなり。舎利《しゃり》弗《ほつ》は是れ羅睺羅《らごら》の和上なり。羅睺羅は是れ可住子の和上なり。此の部は復た是れ可住子の弟子なり。舎利弗は佛の九分の毘曇を釈して法相毘曇と名づく。羅睺羅は舎利弗の毘曇を弘む。可住子は羅睺羅の所説を弘む。此の部は復た可住子の所説を弘むるなり。

次に三百年の中に可住子部より復た四部を出だす。舎利弗毘曇の足らざるを嫌うを以て、更に各各論を造るに、経中の義を取りて之に足せり。所執異なるが故に、故に四部と成る。一には法尚《ほっしょう》部、即ち旧の曇無《どんむ》徳《とく》部なり。二には賢乗《けんじょう》部、三には正量《しょうりょう》弟子部、大正量羅漢あり、其れは是れが弟子なり、故に正量弟子部と名づく。此の三は人に従いて名と作す。四には密林部と名づく、住処に従いて名と作すなり。

三百年に薩婆多部より復た一部を出だす。正地部《しょうち》と名づく。婆羅門あり、是れ国の師なり、正地部と名づけ、善く四韋陀《いだ》を解す。出家して羅漢を得、四韋陀の好語を取りて佛経を荘厳す。義を執ること又異なる。時の人は其の所説を信ずるあり。故に別して一部と為す。

三百年中に正地部より又一部を出だす。法護部と名づく。其の本は是れ目連《もくれん》の弟子なり。羅漢を得て恒《つね》に目連に随いて色界中に往きて所説の法あらば皆能く誦持して自ら撰して五蔵と為す。三蔵は常の如く、四には呪蔵、五には菩薩蔵なり。其の所説を信ずる者あり。故に別して一部と成るなり。

三百年中に薩婆多部より又一部を出だす。善歳部《ぜんさい》と名づく。迦留陀夷《かるだい》は是れ其の父にして、及多《ぐた》比丘尼は是れ母なり。七歳にして羅漢を得て、佛に値いて法を聞き、皆能く誦持して、佛語を撰集す。次第に相対して、外道を破するを一類と為し、衆生の煩悩を対治するを復た一類と為す。時の人に其の所説を信ずる者あり。故に別して一部と為すなり。

三百年中に薩婆多部より又一部を出だす。説度部《せつど》と名づく。謂わく、五陰は此の世より度りて後世に至る、治道を得て乃ち滅す、と。亦た説経部《せっきょう》と名づく。謂わく、唯だ経蔵を正と為す、余の二は皆経を成ずるのみ、と。

上座部より都合して十一部あり。大衆部に七部あり。合して十八部と成る。根本の二部を足して二十部と為す。

次上座弟子部者、佛滅度後、迦葉以二三藏一付二三師一。以二修多羅一付二阿難一、以二毘曇一付二富樓那一。以レ律付二優婆離一。阿難去レ世、以二修多羅一付二末田地一。末田地付二舍那婆斯一。舍那婆斯付二優婆掘多一。優婆掘多付二富樓那一。富樓那付二寐者柯一。寐者柯付二迦旃延尼子一。從二迦葉一至二寐者柯一二百年已來無二異部一。至二三百年初一、迦旃延尼子去レ世、便分成二兩部一。一上座弟子部、二薩婆多部。所三以分成二二部一者、上座弟子但弘レ經、以レ經爲レ正、律開遮不定。毘曇但釋レ經、或過レ本、或減レ本。故不二正弘上レ之。亦不レ棄二捨二藏一也。而薩婆多謂二毘曇最勝一。故偏弘レ之。從二迦葉一至二掘多一、正弘レ經。從二富樓那一稍棄レ本弘レ末。故正弘二毘曇一。至二迦旃延一大興二毘曇一。上座弟子部見二其棄レ本弘上レ末、四過宣令遣二其改上レ宗、遂守レ宗不レ改。而上座弟子部移二住雪山一避レ之。因名二雪山住部一。三百年從二薩婆多一出二一部一。名二可住子弟子部一。卽是舊犢子部也。言二可住子弟子部一者、有二仙人一、名二可住一。有二女人一、是此仙人種。故名二可住子一。有二阿羅漢一、是可住女人之子。故名二可住子一。此部是此羅漢之弟子。故名二可住子弟子一也。舍利弗是羅睺羅和上。羅睺羅是可住子和上。此部復是可住子之弟子。舍利弗釋二佛九分毘曇一、名二法相毘曇一。羅睺羅弘二舍利弗毘曇一。可住子弘二羅睺羅所説一。此部復弘二可住子所説一也。次三百年中從二可住子部一復出二四部一。以レ嫌二舍利弗毘曇不上レ足、更各各造レ論取二經中義一足レ之。所執異故、故成二四部一。一法尚部、卽舊曇無德部也。二賢乘部。三正量弟子部、有二大正量羅漢一、其是弟子、故名二正量弟子部一。此三從レ人作レ名。四名二密林部一、從二住處一作レ名也。三百年從二薩婆多部一復出二一部一。名二正地部一。有二婆羅門一、是國師。名二正地部一、善解二四韋陀一。出家得二羅漢一、取二四韋陀好語一莊二嚴佛經一。執レ義又異。時人有レ信二其所説一。故別爲二一部一。三百年中從二正地部一又出二一部一、名二法護部一。其本是目連弟子。得二羅漢一恒隨二目連一往二色界中一、有二所説法一皆能誦持、自撰爲二五藏一。三藏如レ常、四呪藏、五菩薩藏。有下信二其所説一者上。故別成二一部一也。三百年中從二薩婆多部一又出二一部一。名二善歲部一。迦留陀夷是其父。及多比丘尼是母。七歲得二羅漢一、値レ佛聞レ法皆能誦持、撰二集佛語一。次第相對、破二外道一爲二一類一。對二治衆生煩惱一復爲二一類一。時人有下信二其所説一者上。故別爲二一部一也。三百年中從二薩婆多部一又出二一部一。名二説度部一。謂五陰從二此世一度至二後世一、得二治道一乃滅。亦名二説経部一。謂唯経蔵為レ正、餘皆成レ経耳。従二上座部一都合有二十一部一。大衆部有二七部一。合成二十八部一。足二根本二部一為二二十部一。

〈三蔵〉tripiṭaka の訳。経典、ここでは原始佛教経典の総称。それは①経蔵 sūtra（ここにいう修多羅）②律蔵 vinaya ③論蔵 abhidharma（ここにいう毘曇）から成る。〈富楼那〉Pūrṇa 正しくは Pūrṇamaitrāyaṇīputra 佛の十大弟子のひとり。説法第一と称された。〈優波離〉Upāli 佛の十大弟子のひとり。持律第一と称された。〈末田地〉Madhyāntika アーナンダの弟子。カシュミール地方に佛教をひろめたと伝えられる。〈舎那婆斯〉Śāṇavakavāsī, Sānavāsī または Sambhūta などと伝えられる。商那和修などとも音写される。アーナンダの弟子。〈優婆掘多〉Upagupta 優婆毱多などとも音写される。アショーカ王に佛法を教えたと伝えられる。〈弥若柯〉Micaka？弥遮迦とも記す。もとバラモン、のち佛教に帰依し、北インドに伝えたという。〈迦旃延尼子〉Kātyāyanīputra 迦多衍尼子などとも音訳する。西紀前二〜一世紀に出た大論師。『阿毘達磨発智論』をあらわして、説一切有部の基礎をかためた。〈可住子〉Vatsīputra 犢子とも音写する。〈舎利弗〉Śāriputra 佛十大弟子のひとり。智慧第一と称せられる。〈羅睺羅〉Rāhula 釈尊の出家以前のひとり息子。のち出家して佛十大弟子のひとり。密行第一と称される。〈九分毘曇〉原始―小乗経典にいう九分教に説かれたアビダルマ説。〈法相毘曇〉佛がみずから法のありかたを詳しく論じた書物の意味であるが、実際には『舎利弗阿毘曇論』をいう。『大智度論』第二に「有人言、佛在時、舎利弗解佛語、故作阿毘曇、後犢子道人等、読誦乃至今、名為舎利弗阿毘曇」（大正二五巻、七〇上）という。〈法尚部〉Dharmottarīya『異部宗輪論』には法上部という。〈賢乗部〉Bhadrayānīya『異部宗輪論』には賢冑部という。〈正量弟子部〉Sammitīya『異部宗輪論』も同じ。〈密林部〉Saṃnagarika『異部宗輪論』には密林山部。〈正地部〉Mahīśāsaka の訳。『異部宗輪論』には化地部。〈四韋陀〉韋陀は Veda の音写。ヴェーダはインド最古の文献で、次の四つから成る。Ṛg-Veda, Sāma-Veda, Yajur-Veda, Atharva-Veda.〈法護部〉Dharmagupta『異部宗輪論』には法蔵部。〈目連〉Maudgalyāyana 佛十大弟子のひとり。神通第一と称される。〈色界〉三界のひとつ。欲界の上にある天界。清浄な世界。〈善歳部〉Suvarṣa 別名は飲光部 Kāśyapīya〈迦留陀夷〉Kālodāyin〈及多〉Gupta〈羅漢〉Arhat 阿羅漢の略。聖者。〈説度部〉Saṅkrānti 説経部、説転部ともいう。別名は経量部 Sautrāntika。〈五陰〉五蘊と同じ。色・受・想・行・識の五つのあつまり。一切を分析して右の五種とし、それを合わせて一切をあらわす。

次に、上座弟子部というのは、佛の滅度ののちに、カーシャパ（迦葉）は三蔵をそれぞれつぎの三師に付託した。すなわち、経蔵をもってアーナンダ（阿難）に付託し、論蔵をもってプールナ（富楼那）に付託し、律蔵をもってウパーリ（優波離）に付託したのである。アーナンダが世を去るときに、経蔵をもってマドゥヤーンティカ（末田地）に付託し、マドゥヤーンティカはシャーナヴァカヴァーシー（舎那婆斯）に付託し、シャーナヴァカヴァーシーはウパグプタ（優婆掘多）に付託し、ウパグプタはプールナに付託し、プールナはミチャカ（弥者柯）に付託し、ミチャカはカーティヤーヤニープトラ（迦旃延尼子）に付託したのである。カーシャパからミチャカにいたるまでの二百年の間は、異なる部派はなかった。

佛滅後三百年のはじめにいたって、カーティヤーヤニープトラが世を去るときに、すなわち分かれて二つの部派となった。一つは上座弟子部であり、二つは薩婆多部（説一切有部、略して有部）である。分かれて二つの部派となった理由は、一方で上座弟子はただ経をひろめ、経をもって正しいとする。したがって律は許したり許さなかったりして場合により不定である。また論はただ経を註釈するものにすぎず、その際、あるいは原典以上であったり、原典より少なかったりするがゆえに、正しくこれをひろめない。しかしまた律と論の二蔵を棄て去ってしまうのでもない。しかるに他方、薩婆多部は論蔵が最もすぐれているといい、したがってひたすらこれをひろめた。こうしてカーシャパからウパグプタにいたるまでは、正しく経をひろめ、プールナからやや根本を捨てて、枝葉末節をひろめた。それゆえ正しく論をひろめたのである。こうしてカーティヤーヤニープトラにいたって、大いに論（アビダルマ）をおこした。上座弟子部はこのようにしてその薩婆多部が根本を捨てて、枝葉末節をひろめるのを見て、四たび命令を発して それをしてその主張を 改めさせようとしたけれども、（薩婆多部は）ついにその主張を守って改めなかった。こうして上座弟子部は雪山（ヒマラヤ）に移住して、このひとびとを避けた。よってこれを雪山住部と名づける。

佛滅後三百年に薩婆多部から一部が分かれて出た。可住子弟子部と名づける。すなわちこれは古く犢子部（と翻訳していたもの）である。可住子弟子部という名称の所以は、仙人があって可住という名であったが、かれに娘があり、この娘はこの仙人の子であるから、可住子と名づける。さらに阿羅漢（聖者）がいて、これはこの可住の娘の子である。ゆえにこれもまた可住子と名づけるのである。そしてこの部派は右の阿羅漢の弟子である。ゆえにこの部派は可住子弟子と名づけるのである。もとシャーリプトラ（舎利弗）はラーフラ（羅睺羅）に戒を授けた和尚である。そしてラーフラは可住子に戒を授けた和尚である。さらにこの部はまた可住子の弟子である。シャーリプトラは佛のつくった九分教の論を註釈して、法相毘曇と名づけた。ラーフラはシャーリプトラの論をひろめた。可住子はラーフラの説くところをひろめた。この部派はまた可住子の説くところをひろめたのである。

次に佛滅後三百年の中に可住子部からまた四部が出た。シャーリプトラの論（舎利弗阿毘曇論）の不充分であることをあきたらず思うことにより、さらに各々が論をつくったところ、それぞれ経のなかの義をとって、それに加えた。ところが、その取る意見がそれぞれ異なっているので、四部となった。一には法尚部で、すなわち古く曇無徳部（と翻訳されたもの）である。二には賢乗部であり、三には正量弟子部である。大正量阿羅漢があって、この部派はそれの弟子である。ゆえに正量弟子部と名づける。以上の三部はそれをとなえた人にしたがって、その部の名称としている。四には密林部と名づけたものがあり、これはその住処にしたがって、その名称としている。

佛滅後三百年に薩婆多部からまた一部が出た。正地部と名づける。バラモンがおり、かれは国の師であったが、かれは正地〔部〕と名づけ、充分に四つのヴェーダ全部を理解していた。佛教に出家して、阿羅漢の地位を得、四ヴェーダの好いことばを取って、佛教経典を飾った。こうしてその義をとるところがまたそれまでのものと異なっていた。当時のひとびとでそれの説くところを信ずるものがあった。それゆえ分かれて一部となったのである。

佛滅後三百年の中に正地部よりまた一部を出した。法護部と名づける。その本である法護というひとは、マウドガリヤーヤナ（目連）の弟子であった。かれは阿羅漢の地位を得て、つねにマウドガリヤーヤナにしたがって色界である天の世界に行き、そこで説かれた法があれば、それらをみなよく誦持して、それをみずから著述して、五蔵となした。その五蔵のうち、三蔵はつねにあるもののごとくであるが、それに四に呪蔵、五には菩薩蔵を立てたのである。それの説くところを信ずるものがあった。それゆえ分かれて一部となったのである。

佛滅後三百年の中に薩婆多部よりまた一部を出した。善歳部と名づける。カーローダーイン（迦留陀夷）はこれこの善歳の父であり、グプタ（及多）比丘尼はこれこの善歳の母である。善歳は七歳で阿羅漢の地位を得て、佛に出会って法を聞き、みなよく誦持して、佛のことばを集めて著わした。それが次第次第に相対して外道を打ち破ることばを一つのグループとし、衆生の煩悩を対治することばを一つのグループとした。（この二つのグループから佛のことばは成っていた）。当時のひとびとでそれの説くところを信ずるものがあった。それゆえ分かれて一部となったのである。

佛滅後三百年の中に薩婆多部からまた一部を出した。説度部と名づける。この部派はいう、「五つのあつまりすなわち一切のものは、この世から渡って行って後の世にいたる。煩悩を対治する道を得て、すなわち滅する」と。またこの部派は説経部とも名づける。そしていう、「ただ経蔵だけを正とする。その他の二すなわち律蔵と論蔵とはみな経蔵を成立させるためのものにほかならない」と。

以上のように、上座部からは都合合計十一部がある。そして大衆部には七部がある。合わせて十八部となる。これに根本の上座部と大衆部の二部を足して合計二十部とするのである。

（右の上座部に関する記事を図示すれば次のとおり、年数はすべて佛滅後。）

- 1上座部（上座弟子部）
  - 三百年初
    - 2雪山住部（上座弟子部）
    - 3薩婆多部
      - 三百年中
        - 4可住子弟子部（旧犢子部）
          - 三百年中
            - 5法尚部（旧曇無徳部）
            - 6賢乗部
            - 7正量弟子部
            - 8密林部
      - 三百年中
        - 9正地部
          - 三百年中
            - 10法護部
      - 三百年中
        - 11善歳部
      - 三百年中
        - 12説度部（説経部）

而るに薩婆多伝*には異世の五師あり、同世の五師あり。異世の五師とは、一には迦葉、二には阿難、三には末田地、四には舎那婆斯、五には優婆掘多なり。此の五人は佛の法蔵を持すること各々二十余年を得て、更に相《あい》付属す。異世と名づくるなり。同世の五師とは、優婆掘多の世に於いて、即ち分かれて五部と成る。一時に並び起こる、同世の五師と名づく。一には曇無《どんむ》徳《とく》、二には摩訶僧祇《まかそうぎ》、三には弥沙塞《みしゃそく》、四には迦葉維《かしょうい》、五には犢子《とくし》部なり。又大集経《だいじっきょう》にも亦た五部を明かす。而るに文殊師利経と部執論と及び羅什の分別部論と、此の三は皆二十部を明かす。五部あり復た二十部の不同ある所以は、其の始終の異執を取るが故に二十あり。其の当世に盛んに行なわるるを取るが故に但だ五部を説くなり。而して五部一時に起こると言うは、則ち上の二十部の義と相違す。或いは見聞各々異なるが故なる可し。言う所の五百部とは、智度論に般若信毀品を釈して云う、「佛の滅度の後に五百歳の後に、五百部あり。佛意は解脱の為なるが故なるを知らず、諸法に決定の相ありと執して、畢竟空を聞きて刀の心を傷つくるが如し」と。竜樹と提婆は、諸部の異執が佛教の意を失うが為の故に、論を造りて迷を破すなり。

而薩*婆多傳有二異世五師一、有二同世五師一。異世五師者、一迦葉、二阿難、三末田地、四舍那婆斯、五優婆掘多。此五人持二佛法藏一各得二二十餘年一、更相付屬。名二異世一也。同世五師者、於二優婆掘多世一、卽分成二五部一。一時並起。名二同世五師一。一曇無德、二摩訶僧祇、三彌沙塞、四迦葉維、五犢子部。又大集經亦明二五部一。而文殊師利經部執論及羅什分別部論、此三皆明二二十部一。所下以有二五部一復有中二十部不同上者、取二其始終異執一故有二二十一。取二其當世盛行一故但說二五部一。而言二五部一時起一者、則與二上二十部義一相違。或可二見聞各異故一也。所レ言五百部者、智度論釋二般若信毀品一云、佛滅度後五百歲後、有二五百部一。不レ知下佛意爲二解脱一故上、執二諸法有二決定相一、聞二畢竟空一如二刀傷一レ心。龍樹提婆爲三諸部異執失二佛敎意一故、造レ論破レ迷也。

〈薩〉* 大正に「羅」とあるのは明らかに誤植であるから、「薩」に改める。
〈薩婆多伝〉 梁の僧祐撰の『薩婆多師資伝』(別名『薩婆多部記』)を指す。この書物は古く散逸してなくなったが、同じ僧祐のあらわした『出三蔵記集』第十二に、その序と目録とを伝えている。〈曇無徳部〉 Dharmottariya 先に法尚部といったのと同じ。〈摩訶僧祇〉Mahāsaṅghika 先に大衆部といったのと同じ。〈弥沙塞〉Mahīśāsaka 先に正地部といったのと同じ。〈迦葉維〉Kāśyapīya 飲光部と訳す。先に善歳部といったのと同じ。〈犢子部〉Vatsīputrīya 先に可住子弟子部といったのと同じ。〈大集経〉『大方等大集経』二十二に「曇摩毱多、薩婆帝婆、迦葉毘、弥沙塞、婆嗟富羅」の五部をあげる（大正一三巻、一五九上）。〈文殊師利経〉『文殊師利問経』下（大正一四巻、五〇一）。〈部執論〉『部執異論』（大正四九巻、二〇）。〈分別部論〉『十八部論』ともいう（大正四九巻、一七）。ただしこの訳者は羅什とする説、真諦とする説、不明とする説がある。〈智度論〉『大智度論』六十三に「是声聞人、著声聞法佛法、過五百歳後、各各分別、有五百部云々」（大正二五巻、五〇三下）の要約。この文中、大正は「五部」とするが、その下註によれば他本はすべて「五百部」。

しかるに薩婆多伝によると、時代を異にする五師があり、また同時代の五師があるという。そこで時代を異にする五師とは、①カーシャパ（迦葉）、②アーナンダ（阿難）、③マドゥヤーンティカ（末田地）、④シャーナヴァカヴァーシー（舎那婆斯）、⑤ウパグプタ（優婆掘多）である。この五人は、佛の法蔵を保持することと各々二十余年であることができて、さらに次々と付託していったのを、時代を異にすると名づけたのである。同時代の五師というのは、ウパグプタの時代において、すなわち分かれて次の五部となった。一時期にならんでおこった。そのことから同時代の五師と名づける。①曇無徳（法尚部）、②摩訶僧祇（大衆部）、③弥沙塞（正地部）、④迦葉維（飲光部＝善歳部）、⑤犢子部（可住子弟子部）である。また大集経にもまた五部を明かしている。しかるに文殊師利経と部執(異)論とクマーラジーヴァ（羅什）の分別部論とのこの三本にはみな二十部を明かしている。このように、一方では五部があるといい、他方では二十部の不同があると説いている理由は、その始めから終りまでの異なった意見を全部とりあげるがゆえに二十部があるのであり、それに対して、その当時さかんに行なわれたものだけをとりあげたがゆえに、ただ五部と説くのである。しかし五部が（ウパグプタの時代に）一時に起こるというのは、すなわち上述した二十部の説明とは相違する。あるいは見るところ・聞くところが各々異なるがゆえであろう。

次に先に述べた五百部というのは、『大智度論』に般若経の信毀品を註釈していう、「佛の滅度のあと五百年ののちに、五百部があって、それらは佛の意図するところが解脱のためであることを知らない。そのためにかれらは、諸法に一定不変の相（ありかた）があるととらわれて、そこでそれらは畢竟空であると聞いて、刀が心の奥底を傷つけたように思った」と。ナーガールジュナ（竜樹）とアーリヤデーヴァ（提婆）とは、多くの部派が佛教の意図するところを失ってしまっているがためのゆえに、論をつくって、迷いを否定するのである。

第五節　論主の批判

問う、論主は並びに諸部を破すと為さんや、亦た破せざるあらんや。答う、凡そ四句あり。一には破して取らず。若し是れ諸部の所説が大小乗経に乖《そむ》きて自ら義を立つれば、則ち破して取らず。故に智度論に迦旃延弟子を呵して云く、「三蔵には此の説なし、摩訶衍の中にも亦た此の説なし。蓋し是れ諸《もろもろ》の論義師が自ら是の説を作すなり」と。即ち是れ其の事なり。二には取りて破せず。文殊問経に云うが如し、「十八及び本の二は皆大乗より出ず。是《ぜ》もなく亦た非もなし。我れ未来に起こらんと説く」と。三には亦たは破し亦たは取る。諸部の能迷の執情を破して、諸部の所迷の教を収め取る。四には破せず取らず。正道門に就いては未だ曾つて破あらず。亦た取る所なきなり。

問、論主爲三並破二諸部一、亦有レ不レ破耶。答、凡有二四句一。一破而不レ取。若是諸部所説乖二大小乘經一自立レ義者、則破而不レ取。故智度論呵二迦旃延弟子一云、三藏無二此説一、摩訶衍中亦無二此説一。蓋是諸論義師自作二是説一。卽是其事。二取而不レ破。如二文殊問經云一、十八及本二皆從二大乘一出。無レ是亦無レ非。我説二未來起一。三亦破亦取。破二諸部能迷執情一、收二取諸部所迷之敎一。四不レ破不レ取。就二正道門一、未二曾有レ破、亦無レ所レ取也。

〈四句〉これについては、本書三二ページを参照。〈智度論〉『大智度論』四に「佛何処説是語……迦旃延尼子弟子輩言、雖佛口三蔵中不説、義理応爾云々」（大正二五巻、九二上）とあるのを要約したもの。〈摩訶衍〉mahāyāna の音写、訳は大乗。〈文殊問経〉『文殊師利問経』巻下の偈（大正一四巻、五〇一中）。本書六三ページにも引用された。

問、論主すなわちナーガールジュナ（竜樹）はすべて諸部を否定するとすべきであるか、それともまた否定しないのもあるのであろうか。

答、これについてはおよそ次の四句がある。①否定して採用しない。もしもこの諸部の説くところが大乗と小乗との経典にそむいていて、みずから義を立てているのであれば、すなわちこれを否定して採用しない。それゆえ『大智度論』においてカーティヤーヤニープトラの弟子のひとびとを批判していう、「三蔵すなわち原始佛教経典にこの説はない。大乗の経典のなかにもまた、この説はない。思うにこれは、多くの論議の師がみずからこの説をつくりあげたのである」と。これはすなわちこのことをいっているのである。②採用して否定しない。文殊問経に次のようにいうごとくである、「十八部および根本の二部は、みな大乗佛教から出ている。これについてはよいともわるいともどちらともいえない。自分はこの説は未来に起こるであろうと説く」と。③一部分を否定し、一部分を採用する。

諸部が迷わせているとらわれの情を否定する一方、諸部が迷わされている教えを収めて取りあげるのがそれである。④否定もしないし採用もしない。正しい道の門については、いまだかつて否定ということはありえない。しかしこの道はまたそれを採用するということもないのである。

第二章　諸部通別の義

次に諸部通別の義を明かす。論に二種あり。一には通論、二には別論なり。

若し通じて大小の二迷を破し、通じて大小の両教を申ぶるを、名づけて通論と為す。即ち中論は是れなり。故に前の二十五品には大迷を破して大教を申べ、後の両品には小迷を破して小教を申ぶ。二には別論、別して大小の迷を破し別して大小の数を申ぶ、名づけて別論と為す。

摂《しょう》大乗論・地持論等の如きは、謂わく大乗の通論なり。十地論・智度論等は大乗の別論なり。成実《じょうじつ》論等の如きは通じて三蔵を申ぶ、謂わく小乗の通論なり。馬鳴《めみょう》菩薩の師を脇《きょう》比丘と名づく。四阿含の優婆提舎《うばだいしゃ》を造りて、別して修多羅《しゅたら》蔵を釈す。善見毘婆沙は別して毘尼《びに》蔵を釈す。智度論に云く、「八十部の律、八十部の毘婆沙ありて之を釈す」と。善見律は別して師子国の要用なる十誦律を釈せり。舎利弗は別して佛の九分毘曇を釈せり。此《かく》の如く別して三蔵を釈するが故に、是れ小乗の別論なり。三蔵の中に就いて復た通別あり。若し具《つぶ》さに一蔵を釈せば名づけて通論と為し、別して一蔵中の一部を釈せば、名づけて別論と為すなり。

問う、中論は既に通じて大小を釈す、応に大小の通論と名づくべし。名づけて大乗論と為すことを得ざるなり。答う、大小を釈すと雖も但だ大を顕《あら》わさんが為なり、故に是れ大乗論なり。然る所以は、初分には大乗を明かし、中分には小乗を明かし、後分には還って大乗を明かすを以ての故なり。是の義を以ての故に大乗論と名づくるのみ。

問う、十二門論は是れ何の論でや。答う、是れ大乗の通論なり。始終に大迷を破して通じて大教を申べ、小迷を破して別して小教を申ぶることなきを以ての故に、是れ大乗の通論なり。

問う、百論は復た云何。答う、百論は通じて大小を障《ささ》うるの邪を破し、通じて如来大小の両正を申ぶるが故に、是れ大小の通論なり。但し始終に大乗を明かさんが為の故に、大乗の通論に属するのみ。

次明二諸部通別義一。論有二二種一。一者通論、二者別論。若通破二大小二迷一、通申二大小兩敎一、名爲二通論一。即中論是也。故前二十五品破二大迷一申二大敎一、後兩品破二小迷一申二小敎一。二者別論、別破二大小迷一別申二大小敎一。名爲二別論一。如二攝大乘論地持論等一、謂大乘通論。十地論智度論等、大乘別論。如二成實論等一、通申二三藏一。謂小乘通論。馬鳴菩薩師名二脇比丘一。造二四阿含優婆提舍一、別釋二修多羅藏一。善見毘婆沙別釋二毘尼藏一。智度論云、八十部律八十部毘婆沙釋レ之。善見律別釋二師子國要用十誦律一。舍利弗別釋二佛九分毘曇一。如レ此別釋二三藏一故、是小乘別論。就二三藏中一復有二通別一。若具釋二一藏一名爲二通論一、別釋二一藏中一部一名爲二別論一也。問、中論既通釋二大小一、應レ名二大小通論一。不レ得三名爲二大乘論一也。答、雖レ釋二大小一、但爲レ顯レ大、故是大乘論。所二以然一者、以下初分明二大乘一、中分明二小乘一、後分還明中大乘上故。以二是義一故名二大乘論一耳。問、十二門論是何論耶。答、是大乘通論。以下始終破二於大迷一、通申二大敎一、無丙破二小迷一別申乙於小敎甲故、是大乘通論。問、百論復云何。答、百論通破下障二大小一之邪上、通申二如來大小兩正一、故是大小通論。但始終爲レ明二大乘一故、屬二大乘通論一耳。

〈中論〉ナーガールジュナ（竜樹）造、漢訳はクマーラジーヴァ（鳩摩羅什、略して羅什）、大正三〇巻。〈摂大乗論〉アサンガ（無著）造、漢訳は①ブッダシャーンタ（佛陀扇多）訳、二巻本、②パラマールタ（真諦）訳、三巻本、③玄奘訳、八巻本があり、すべて大正三一巻にある。その註釈に①ヴァスバンドゥ（世親）のもの、これに、パラマールタ訳、ダルマグプタ訳、玄奘訳がある。②アスヴァバーヴァ（無性）のもの、これに玄奘訳がある。〈地持論〉くわしくは『菩薩地持経』

（『菩薩地持論』）ともいう。原本は Bodhisattvabhūmi『菩薩地』、ダルマラクシャ（曇無讖《どんむしん》）訳、一〇巻、大正三〇巻。『瑜伽師地論』Yogācārabhūmi（漢訳ではマイトレーヤナータ（弥勒）造、チベット訳ではアサンガ造という。玄奘訳、一〇〇巻、大正三〇巻）の部分訳とされている。〈十地論〉正しくは『十地経論』ヴァスバンドゥ造、ボーディルチ（菩提流支）訳、一二巻、大正二六巻。〈智度論〉正しくは『大智度論』ナーガールジュナ造と伝えられる。クマーラジーヴァ訳、一〇〇巻、大正二五巻。〈成実論〉ハリヴァルマン（訶梨跋摩）造、クマーラジーヴァ訳、一六巻又は二〇巻、大正三二巻。〈馬鳴菩薩〉Aśvaghoṣa、西紀一～二世紀のインドの佛教学・佛教文学において名高い。〈脇比丘〉Pārśva『大智度論』九十九に「如脇比丘、年六十始出家……作四阿含優婆提舎、於今大行於也」（大正二五巻、七四八下）という。この文中、大正には「勤比丘」とあるが、下註によると元本・明本などには「脇比丘」とある。〈優婆提舎〉upadeśa の音写。ウパデーシャは論議と訳され、経典を逐一解釈するもの。〈修多羅蔵〉sūtra-piṭaka すなわち三蔵のうちの経蔵。〈善見毘婆沙〉正しくは『善見律毘婆沙』、パーリ本はサマンタパーサーディカー。ブッダゴーサ（佛音）造、漢訳はサンガバドラ（僧伽跋陀羅）ほか。大正二四巻。〈毘尼蔵〉vinaya-piṭaka すなわち三蔵のうちの律蔵。〈智度論云〉『大智度論』百に「毘尼名比丘作罪、佛結戒……是作是事得是罪。略説八十部……有八十部毘婆沙解釈」（大正二五巻、七五六下）という。〈師子国〉ふつうはセイロンを指すが、ここはおそらくカシュミールの西隣の地方をいう。〈十誦律〉クマーラジーヴァがプニヤターラ（弗若《ふつにゃ》多羅）の口述より約三分の二を訳出、プニャターラ死去のあと、ダルマルチ（曇摩流支《どんまるし》）が助けて完訳、その訳文をヴィマラークシャ（卑摩羅叉《ひまらしゃ》）が校訂して六一巻とする。大正二三巻、現在の研究では、十誦律は有部所属、善見律は上座部所属。〈十二門論〉ナーガールジュナ造、クマーラジーヴァ訳、一巻、大正三〇巻。〈百論〉アーリヤデーヴァ（提婆）造、クマーラジーヴァ訳、二巻、大正三〇巻。

次に諸部における通別の義を明らかにしよう。論に二種類ある。一には通論であり、二には別論である。

もし通して大乗と小乗との二つの迷いを破り、通して大乗と小乗との二つの教えを述べるならば、これを名づけて通論とする。すなわち『中論』がこれである。ゆえに『中論』は（全二十七品のうち）前の二十五品では大乗の迷いを破り、大乗の教えを述べ、後の二品では小乗の迷いを破り、小乗の教えを述べるのである。二に別論というのは、各別に大乗と小乗との迷いを破り、各別に大乗と小乗との教えを述べる。これを名づけて別論とするのである。

(例をあげて説明しよう)。『摂大乗論』や『菩薩地持論』などのごときは、大乗の通論というのである。『十地経論』や『大智度論』などは大乗の別論である。また一方、『成実論』などのごときは、通して三蔵を述べている、そこで小乗の通論ということができよう、アシュヴァゴーシャ(馬鳴)菩薩の師をパールシュヴァ(脇)比丘と名づけるが、かれは四阿含にウパデーシャ(論議、解説書)をつくり、また別に経蔵を註釈している。『善見律毘婆沙』は別に律蔵を註釈している。『大智度論』にいう、「八十部の律、八十部のヴィバーシャ(註釈)があって、これを註釈する」と。『善見律毘婆沙』は各別にカシュミールの西隣の師子国で重要なはたらきをしていた『十誦律』を註釈した。またシャーリプトラ(舎利弗)は、各別に佛の九分教のアビダルマ(論)を註釈した。このように、各別に三蔵を註釈するがゆえに、これらは小乗の別論である。

(以上をまとめると次のとおり。)

大乗通論—中論・摂大乗論・菩薩地持論など。
大乗別論—十地経論・大智度論など。
小乗通論—成実論など。
小乗別論—脇比丘造の論・善見律毘婆沙・舎利弗阿毘曇論。

三蔵のなかについて、また通と別とがある。もしも詳細に一蔵(の全部)を註釈すれば、これを名づけて通論とし、各別に一蔵のなかの一部を註釈すれば、これを名づけて別論とするのである。

問、『中論』はすでに通して大乗と小乗とを註釈している。当然、大小通論と名づけるべきであって、名づけて大乗（通）論とはすることできない。

答、『中論』は大乗と小乗とを註釈してはいるけれども、ただ大乗だけをあらわさんがためである。ゆえにこれは大乗論である。なぜそうであるかという理由は、この本は、初めの部分に大乗を明らかにし、中の部分に小乗を明らかにし、後の部分に再びもとにもどって大乗を明らかにしていることから、このような理由をもってのゆえに、大乗論と名づけるにすぎない。

問、『十二門論』はこれ何の論であるか。

答、これは大乗の通論である。始めから終りまで大乗の迷いを破り、通して大乗の教えを述べている。そしてそれは、小乗の迷いを破り、かつ別に小乗の教えを述べることがない。それをもってのゆえに、これは大乗の通論である。

問、『百論』はまたどうであるか。

答、『百論』は通して大乗と小乗とを妨害する邪見を破り、また通して如来の説いた大乗と小乗の両方の正見を述べているがゆえに、これは大小の通論である。ただし始めから終りまで大乗を明らかにせんがためのゆえに説かれているから、大乗の通論に属するにほかならない。

第三章　衆論立名の不同

次に衆論立名の不同を明かす門。

衆論の名を立つるに凡そ三種あり。一には法に従いて名と為す、成実論等の如し。実は謂わく四諦の理、成は謂わく能成の文なり。故に云く、「是の法を成ぜんが為の故に、斯の論を造る」と。謂わゆる法に従いて名を立つるなり。二には人に従いて名を立つ、舎利弗阿毘曇等の如し。智度論に云く、「犢子道人は此の毘曇を受持すれば、亦た犢子毘曇と名づくるなり」と。三には喩に従いて名を立つ。甘露味毘曇等の如し。亦た訶梨跋摩の師の鳩摩羅陀が日出論等を造るが如きなり。

四論の立名は並びに是れ法に従う。人にあらず喩にあらず。中に就きて自ら四種を開く。大智度論は所釈の経に従いて名を立つ。大は謂わく摩訶、智は謂わく般若、度は謂わく波羅蜜、論は経を釈する題なり。故に所釈に従いて名と為す。中論は理実に従いて名を立つ。十二門は言教に従いて目《な》と為す。百論は偈句に従いて称と為すなり。若し通じて言うことを為さば、四論は通じて中道の理実を顕わす、並びに理に就きて名を立つることを得。四論は同じく言教ありて理実を開通す、並びに教を以て称と為すことを得。同じく偈句あれば、通じて偈に従いて名を立つることを得れども、今は互いに相い開避せんと欲するが故に、四部の差別あり。所以《ゆえ》に名を立つること不同なり。

次明㆓衆論立名不同㆒門。衆論立㆑名凡有㆓三種㆒。一従㆑法爲㆑名、如㆓成實論等㆒、實謂四諦之理、成謂能成之文。故云爲レ成二是法一故造二斯論一。謂從レ法立レ名也。二從レ人立レ名、如二舍利弗阿毘曇等一。亦如二智度論云、犢子道人受二持此毘曇一、亦名二犢子毘曇一也。三從レ喩立レ名、如二甘露味毘曇等一。亦如二訶梨跋摩師鳩摩羅陀造二日出論等一也。四論立名、並是從レ法。非レ人非レ喩。就レ中自開二四種一。大智度論從二所釋之經一立レ名。大謂摩訶、智謂般若、度謂波羅蜜、論釋レ經題。故從二所釋一爲レ名。中論從二理實一立レ名。十二門從二言教一爲レ目。百論從二偈句一爲レ稱也。若通而爲レ言、四論通顯二中道理實一、並得二就レ理立一レ名。四論同有二言教一開二通理實一、並得二以レ教爲一レ稱。同有二偈句一。通得二從レ偈立一レ名、今欲二互相開避一、故有二四部差別一。所以立レ名不同也。

〈成実論〉発聚（序論）のあと苦諦聚・集諦聚・滅諦聚・道諦聚の五聚より成る。〈四諦〉苦諦・集諦・滅諦・道諦の四をいい、釈尊のさとりの内容をなし、初転法論（最初の説法）以来説かれた。〈故云〉『成実論』三色相品にいう（大正三二巻、二六一上）。〈舎利弗阿毘曇〉三〇巻または二二巻、ダルマヤシャ（曇摩耶舎）・ダルマグプタ（曇摩掘多）等の共訳。吉蔵はその経名から舎利弗がみずから造ったと考えた。〈智度論云〉『大智度論』二に「有人言、佛在時舎利弗解佛語、故作阿毘曇、後犢子道人等、読誦乃至今、名為舎利弗阿毘曇」（大正二五巻、七〇上）という。〈甘露味毘曇〉現存の『阿毘曇甘露味論』二巻尊者瞿沙造（大正二八巻）をいう。〈訶梨跋摩〉Harivarman の音写。三―四世紀のインドの佛教学者。〈鳩摩羅陀〉Kumāralāta の音写、訳は童受。三世紀のインドの佛教学者。日出論師と称された。〈日出論〉吉蔵の『中観論疏』序に「其師是鳩摩羅陀、造日出論」（大正四二巻、四下）という。〈大智度論〉サンスクリット本は存在しないが、そのサンスクリット名は Mahā-prajñā-pāramitā-(upadeśa-)śāstra であろうと推定される。以下の摩訶・般若・波羅蜜はそれぞれ音写。論のみ訳。

次に、多くの論がそれぞれ題名を立てるのに同一でない根拠を明らかにする部門について述べよう。

多くの論がそれぞれ題名を立てるのに、およそ次の三種類の根拠がある。

(1)一には法にしたがって題名とする。たとえば『成実論』などのごとくである。すなわち『成実論』の「実」とは四諦の理をいい、「成」は能成（成立させる）の文章をいう。ゆえにこの書物にいう、「この法を成立させんがためのゆえに、この論をつくる」と。これはいわゆる法にしたがって題名を立てるのである。(2)二には人にしたがって題名を立てる。たとえば『舎利弗阿毘曇論』などのごとくである。『大智度論』にいう、「犢子部の道のひとびとは、この（阿）毘曇を受持しているから、また犢子毘曇と名づけるのである」と。(3)三には喩えにしたがって題名を立てる。たとえば『甘露味毘曇（阿毘曇甘露味論）』などのごとくである。またハリヴァルマン（訶梨跋摩）の師のクマーララータ（鳩摩羅陀）が『日出論』などをつくったごとくである。

四つの論（次に論ずる）の題名の決定の根拠は、すべてこれ法にしたがったものであって、人でもなく、喩えでもない。それぞれのなかで、みずから次の四種にひらかれる。(1)『大智度論』は註釈している経（『摩訶般若波羅蜜経』）にしたがって、その題名を立てている。すなわちその「大」はサンスクリット語でマハー（摩訶）といい、「智」はプラジュニャー（般若）を訳していい、「度」はパーラミター（波羅蜜）を訳していい、「論」は経を註釈するという題名である。それゆえ註釈されているところにしたがって題名としている。(2)『中論』はその理法の実にしたがってその題名を立てている。(3)『十二門論』はそのことばの教え（の区分）にしたがってその題名としている。(4)『百論』はそこにある偈句（の数）にしたがって、その称題としているのである。以上(1)～(4)を通していおうとすれば、四つの論はどれも一貫して中道の理法の実をあらわしているのであり、どれもその理法について題名を立てることができる。また四つの論は同じようにことばの教えがあり、理法の実を開通しているのであり、どれもその教えをもって称題とすることができる。さらに同じように偈句があるから、すべてを通して偈にしたがって題名を立てることができる。しかしながらいまはたがいに避けあおうとしているがゆえに、四部にその題名の区別がある。それゆえ、題名を立てることは同じではない。

第四章　衆論の旨帰（根本趣旨）

第一節　総説

次に衆論の旨帰《しいき》を明かす門。通じて大小乗の経を論《はか》るに、同じく一道を明かす。故に無得の正観《しょうかん》を以て宗と為す。但し小乗教は正観猶お遠し。故に四諦の教に就いて宗と為す。大乗は正しく正観を明かす。故に諸の大乗経は同じく不二の正観を以て宗と為す。但だ方便の用の異なるを約するが故に、諸部の差別あり。応説・不応説を明かすが如し。今昔を開会《かいえ》するを名づけて法華と為し、八倒を破斥《はしゃく》して常・無常の用を弁ずるを名づけて涅槃と為すも、不二の正道を論ずるに至りては更に別異なし。経に在りて既に爾《しか》なり。論に在りても亦た然り。諸部は異ありと雖も、同じく不二の正観を用《も》って宗と為す。

又経と論とは宗を同じくす。佛は正観を説きて経と為し、論は正観を申べて論と為す。経と論とは用は異なれども正観は別なし。故に無量義経に云く、「水の穢を洗う義は同じなれども、井池に約して異を為すが如し」と。昔より今に及ぶまで、一切の諸教は同じく断常の病を治し、同じく正道を開けども但だ今昔に約して教の用の異なるのみ。

次明㆓衆論旨歸㆒門。通論㆓大小乘經㆒、同明㆓一道㆒。故以㆓無得正觀㆒爲㆑宗。但小乘敎者正觀猶遠。故就㆓四諦敎㆒爲㆑宗。大乘正明㆓正觀㆒。故諸大乘經同以㆓不二正觀㆒爲㆑宗。但約㆓方便用異㆒故、有㆓

諸部差別一。如レ明二應説不應説一。今昔開會名爲二法華一、破二斥八倒一辨二常無常用一名爲二涅槃一、至レ論二不二正道一更無二別異一。在レ經旣爾。在レ論亦然。雖二諸部有一レ異、同用二不二正觀一爲レ宗。又經論同レ宗。佛説二正觀一爲レ經、論申二正觀一爲レ論。經論用異正觀無レ別。故無量義經云、如下水洗レ穢義同。約二井池一爲上異。自レ昔及レ今、一切諸敎、同治二斷常之病一、同開二正道一、但約二今昔一敎用異耳。

〈応説不応説〉『大般涅槃経』迦葉菩薩品に、如来の説法に七種の語ありとして、その一つに不応説語をあげる。不応説とは「我経中説、天地可合、河不入海、如為波斯匿王説、四方山来」などの例をあげる（大正一二巻、五七四上）。また法華経は、それまでの三乗教を説くのを応説とし、一乗を説くのを不応説とする。〈今昔〉法華経の説かれた以後の説法を今とし、それ以前の説法を昔とする。〈開会〉開とは三乗の説に開いて説くのをいい、会とは三乗が一乗に帰するのを説くことをいう。〈八倒〉『大般涅槃経』二に「苦者計楽、楽者計苦……無常計常、常計無常……無我計我、我計無我……不浄計浄、浄計不浄、是顚倒法」（大正一二巻、三七七中）という。〈無量義経云〉『無量義経』（曇摩伽陀耶舎訳、一巻）に「法譬如水能洗垢穢、若井、若池、若江、若河渓渠大海、皆悉能洗諸有垢穢」（大正九巻、三八六中）の要約。

次に多くの論が帰着する根本趣旨を明らかにする部門について述べよう。

全体を通して大乗と小乗との経をおしはかってみると、同じく一つの道を明かしている。ゆえにすべてはとらわれるところのない正観をもって、その宗《むね》としている。ただし小乗の教えはなお正観に遠く離れている、それゆえ四諦の教えについて述べて、それを宗としている。一方、大乗は正しく正観を明らかにしている。それゆえ多くの大乗の経は同じように唯一不二の正観をもって宗としている。ただそれらが方便のはたらきが異なるごとに、それぞれについて、それゆえに諸部の区別がある。たとえば応説（説くべきもの）と不応説（説くべからざるもの）とを明らかにするがごときがそれである。それらのうち、現在と過去とを開と会とするのを名づけて法華（経）とし、八つのひっくりかえった考えを否定して常と無常とはたらきを区別して明らかにするのを名づけて涅槃（経）とする。しかし両経ともに、唯一不二の正道を論ずるということにいたっては、いずれもさらに区別や相異はない。経についてみてすでにそのとおりである。それは論についてもまた同様である。諸部に相異があるとはいっても、いずれも同じように唯一不二の正観をもって、その宗としている。

また経と論とは宗を同じくしている。佛が正観を説いたものを経とし、論は（論師が）正観を述べたものを論とする。経と論とははたらきは異なっているけれども、その正観には区別はない。ゆえに『無量義経』にいう、「水がよごれを洗う義は同じであるが、その水が井戸水か池の水かについて相異があるがごとくである」と。昔から現在におよぶまで、一切の多くの教えは同じく断滅と常住との病いを治療し、同じく正道を開いているのであるが、ただ現在と昔とについて、教えのはたらきが異なるにすぎない。

第二節　四論の各説

今四論は用の不同を約するが故に、四宗の差別を弁ず。

今四論約二用不同一故辨二四宗差別一。

〈四論〉『大智度論』『中論』『百論』『十二門論』。

いまこれからとりあげる四論も、それぞれが別であるのは、それぞれのはたらきの不同についてである。それゆえ、以下四論の主張の区別を明らかにしよう。

a 智度論

智度論は正しく大品を釈す。

而るに竜樹は大品を開いて二道と為し、前には般若の道を明かし、次には方便の道を明かす。此の二道は即ち是れ法身の父母なり。故に大品には実慧と方便慧とを以て宗と為し、論は経の二慧を申べて還って二慧を以て宗と為す。中論の二諦を申べて還って二諦を以て宗と為すが如きなり。

問う、大品は何の故に前に般若を明かし、後に方便を明かすや。答う、般若と方便とは実には前後なし。而るに前後の説を作《な》すは、般若を体と為し、方便を用と為す。故に智度論に云く、「譬えば金を体と為し、金の上の精巧を用と為すが如し」と。故に前に其の体を明かし、後に其の用を弁ずるなり。又凡夫の行にもあらず、賢聖の行にもあらず、是れ菩薩の行なり。般若は凡を超え、方便は聖を越えたり。要《かな》らず前に凡を超え後に方《まさ》に聖を越えたり。故に前に般若を明かし後に方便を弁ず。又衆生の見を起こすに凡そ二種あり。一には有見、二には無見なり。般若は其の有見を破し、方便は其の無見を斥《しりぞ》く。故に前に般若を明かし後に方便を弁ず。若し次第を明かさば、三蔵は多く有教を説きて以て外道を破す。而るに三蔵の有を封執するが故に、般若は次に空を説く。惑者は般若の空に著するが故に、次に方便を説きて、其れをして空を離れしむ。故に智度論の序に云く、「邪病の自ら起こることを知るが故に、阿含は之が為に作る。有に滞《とどこ》おるを之れ患なりと為すを以ての故に、般若は之が為に照らす」と。即ち斯の意なり。若し位に約して言わば、般若は六地に配するが故に前に之を明かし、方便は七地に在るが故に後に説くなり。

問う、旧にも亦た大品の二慧を明かして宗と為せり。今と何《いか》んが異なる。答う、今明かす、聖心は未だ曾つて二ならず、衆生の為の故に二なけれども二と説く。二に因《よ》りて不二を悟らしめんと欲す。故に旧と不同なり。又二慧を明かすと雖も、旧と亦た異なる。旧の義は実慧は但だ空を照らして有に達せず、漚《う》和《わ》は但だ有を照らして空に達せず。蓋し是れ聖心を限局して便ち二見を成ず。今明かす、至人は無礙の道を体するが故に無礙の用あり。般若は既に空を照らして即ち能く有を鑒《かんが》みる。方便は既に有に渉《わた》りて即ち能く空を鑒みる、具《つぶ》さには二智の中に説くが如し。

智度論正釋二大品一。而龍樹開二大品一爲二二道一、前明二般若道一、次明二方便道一。此之二道卽是法身父母。故大品以二實慧方便慧一爲レ宗。論申二經二慧一、還以二二慧一爲レ宗。如下中論申二二諦一、還以二二諦一爲上レ宗也。問、大品何故前明二般若一、後明二方便一耶。答、般若方便實無二前後一。而作二前後説一者、般若爲レ體、方便爲レ用。故智度論云、譬如二金爲レ體、金上精巧爲一レ用。故前明二其體一、後辨二其用一也。又非二凡夫行一、非二賢聖行一、是菩薩行。般若超レ凡、方便越レ聖。要前超レ凡後方越レ聖。故前明二般若一後辨二方便一。又衆生起レ見凡有二二種一。一者有見、二者無見。般若破二其有見一、方便斥二其無見一。故前明二般若一後辨二方便一。若明二次第一者、三藏多說二有敎一以破二外道一。而封二執三藏之有一故、般若次說レ空。惑者著二般若之空一故、次說二方便一令二其離一レ空。故智度論序云、知二邪病之自起一故、阿含爲レ之作。以二滯レ有之爲一レ患故、般若爲レ之照。卽斯意也。若約レ位而言、般若配二於六地一、故前明レ之、方便在二於七地一、故後說也。問、舊亦明二大品二慧一爲レ宗。與レ今何異。答、今明、聖心未二曾二一、爲二衆生一故無レ二說レ二。欲レ令三因レ二悟二於不二一。故與レ舊不同。又雖レ明二二慧一、與レ舊亦異。舊義實慧但照レ空不レ達レ有、漚和但照レ有不レ達レ空。蓋是限二局聖心一便成二二見一。今明、至人體二無礙之道一故有二無礙之用一、般若既照レ空卽能鑒レ有、方便既涉レ有卽能鑒レ空。具如二二智中說一。

《大品》くわしくは大品般若波羅蜜経、正しくは摩訶般若波羅蜜経。《竜樹開大品為二道》『大智度論』一〇〇に「菩薩道有二種、一者般若波羅蜜道、二者方便道、先嘱累者、為説般若波羅蜜体竟、今以説令衆生得是般若方便竟嘱累」（大正二五巻、七五四中下）といい、大品般若経九〇品のうち、前の六六品が般若道、あとの二四品が方便道であることを説く。《法身父母〉『大智度論』七六に「般若波羅蜜是母、五波羅蜜是父……六波羅蜜等法亦是三世十方佛父母」（大正二五巻、五九八下）というのを要約。〈智度論云〉『大智度論』一〇〇に「譬如金師、以巧方便故、以金作種種異物、雖皆是金、而各異名」（大正二五巻、七五四下）とあるのによる。〈賢聖〉小乗佛教の声聞・縁覚の徒をいう。たとえば『維摩詰所説経』問疾品に「在於生死、不為汚行、住於涅槃、不永滅度、是菩薩行、非凡夫行、非賢聖行、是菩薩行」（大正一四巻、五四五中）という。〈衆生起見〉たとえば『大般涅槃経』師子吼品に「衆生起見、凡有二種、一者常見、二者断見、如是二見不名中道、無常無断乃名中道」（大正一二巻、五二三下）という。〈智度論序云〉僧叡述『摩訶般若波羅蜜経釈論』序に「正覚有以見邪思之自起故、阿含為之作、知滞有之由惑故、般若為之照」（大正二五巻、五七上）という。〈六地・七地〉『十地経』に十波羅蜜を説き、それを菩薩の十地に配当するとき、般若波羅蜜は第六現前地に、方便波羅蜜は第七遠行地に配当する。すなわち「是菩薩住菩薩現前地中、般若波羅蜜行増上成就」（大正二六巻、一七二下）といい、また遠行地に「是菩薩十波羅蜜中、方便波羅蜜増上、余波羅蜜非不修習、随力随分」（同一七八中）という。〈旧〉梁の三師、すなわち光宅寺法雲、荘厳寺僧旻、開善寺智蔵をいう。〈漚和〉サンスクリットの upāya の音写、訳は方便。なぜここにこの音写語を用いたのか不明。〈具如二智中説〉吉蔵撰『大乗玄論』四の二智義を指す（大正四五巻、五五五下）。

『大智度論』は正しく『摩訶般若波羅蜜経』（大品般若経）を註釈する。

しかるにそこでナーガールジュナ（竜樹）は大品般若経を開いて二道となし、前の部分は般若（智慧）の道を明らかにし、あとの部分には方便の道を明らかにする、としている。この二道はすなわちこれ佛の法身の父母であるがゆえに、大品般若経には実慧と方便慧とをもって宗《むね》となし、そして『大智度論』はこの経の二つの慧を述べて、もとにもどって二つの慧をもって宗とするのである。それは『中論』が二諦を述べて、もとにもどって二諦をその宗としているごとくである。

問、大品般若経はなぜ前の部分に般若を明らかにし後の部分に方便を明らかにするのか。

答、般若と方便とは実際に前後の関係はない。しかるに前後の説をなすのは、(1)般若を本体となし、方便を作用とするがゆえである。それゆえ『大智度論』にいう、「たとえば金を本体となし、金の上にある精巧さを作用とするがごとくである」と。それゆえに、前の部分にその本体を明らかにし、後の部分にその作用を区別して明らかにするのである。(2)また般若と方便とは、凡夫の行でもない、小乗の賢聖の行でもない、これは菩薩の行である。般若は凡俗を超越しており、方便は聖を超越している。そこで順序のうえから、必ず前の部分に凡俗を超越し、後の部分に聖を超越するのを置くのであり、それゆえに前の部分に般若を明らかにし、後の部分に方便を区別して明らかにするのである。(3)また衆生が意見を起こすのに、およそ二種類ある。一つは有見であり、二つには無見である。その際に般若はその有見を破り、方便はその無見をしりぞける。それゆえ前の部分に般若を明らかにし、後の部分に方便を区別して明らかにする。(4)またもしも成立順序の次第を明らかにするならば、三蔵すなわち原始佛教経典は多く有の教えを説いて、それをもって外道を破る。しかるにその三蔵の有にしっかりととらわれてしまうから、般若によりその次に空を説く。ところで惑えるものは、かえって般若の空にさらにとらわれてしまうから、そこで方便を説いて、その惑えるものをして空を離れさせるのである。それゆえ『大智度論』の序にいう、「まちがいの病いがみずから起こることを知っているがゆえに、阿含はこれのために作られたのである。そして有に停滞しているのをこれ患《わずら》いとなすがゆえに、般若はこれのために照らすのである」と。それはすなわちこの意味である。(5)もしも菩薩の段階についていうならば、般若（波羅蜜）は第六地に配当してあるがゆえに、前の部分でこれを明らかにし、方便（波羅蜜）は第七地に位置しているがゆえに、後の部分に説くのである。

問、昔（梁の時代）にもまた大品般若経は実慧と方便慧との二慧を宗とすることを明らかにしている。それといまの説とどのように異なっているのか。

答、いまは、聖なる心はいまだかつて二つではなく(唯一である)が、衆生の理解のために、二でないのを二として説いている、ということを明らかにするのである。それゆえ昔と同じではない。またいまは、二に因《よ》りながらしかも不二をさとらせようと欲するのである。またいまは、二に因《よ》りながらしかも不二をさとらせようと欲するのである。また二慧を明かすといっても、いまのは昔とまた異なっている。昔の義は、実慧はただ空を照らして有に達しないし、方便(慧)はただ有を照らして空に達しない。思うにこれは聖なる心を部分的に限定しており、したがって二見を成立させるものである。いま明らかにするところは、最上のひとはなんの障害もない道を本体とし、それゆえなんの障害もない作用(はたらき)がある。すなわち般若はすでに空を照らして、すなわちよく有を見ている、方便はすでに有に到達して、すなわちよく空を見ている。(以上の点が昔といまとの二慧の相違である)。さらにくわしくは、二智について他で説いているごとくである。

b 中論

次に中論は二諦を以て宗と為すことを明かさん。二諦を用《も》って宗と為す所以は、二諦は是れ佛法の根本なり。如来の自行と化他は皆二諦に由る。自行は二諦に由るとは、瓔珞経の佛母品に、二諦は能く佛を生ずるが故に、二諦は是れ佛母なり、と明かすが如し。蓋し二智を取りて佛と為す。二諦は能く二智を生ず。故に二諦を以て母と為す。即ち是れ如来の自徳円満なることは二諦に由るなり。化他の徳は二諦に由るとは、如来は所説の法ありて衆生を教化すること常に二諦に依る。故に中論に云く、「諸佛は二諦に依りて衆生の為に法を説くなり」と。

問う、何を以てか自他の両徳は並びに二諦に由ると知るや。答う、十二門論に云く、「二諦を識るを以ての故に、即ち自利・他利及《お》以《よ》び共利を得」と。即ち其の事なり。二諦は是れ自行・化他の本となるを以ての故に、二諦を申べ明かすを以て論の宗と為し、即ち一切衆生をして具さに自他の二利を得しむるなり。

問う、何の人か二諦に迷い、論主は迷を破して二諦を申ぶるや。答う。三種の人ありて二諦に迷う。一には小乗五百部は各々諸法は決定の性ありと執し、畢竟空を聞くに刀をもって心を傷つくるが如し。此の人は第一義諦を失す。然も既に第一義諦を失すれば、亦た世諦をも失す。然る所以は、空は宛然として有なり。故に有を空の有と名づく。方《まさ》に是れ世諦なり。彼は既に空を失するをもって、亦た是れ有に迷う。故に世諦を失す。故に五百部の執は如来の二諦の外に出ず。二には方広道人は一切諸法は亀毛兎角の如く罪福報応なしと謂えり。此の人は世諦を失す。然も有は宛然として空なり。故に空を有の空と名づく。既に空の有を失するをもって亦た有の空を失す。斯くの如きの人も亦た二諦を失す。又諸の外道も亦た二諦を失す。有見外道の如きは真諦に迷い、空見外道は世諦に迷う。又凡夫は有に著するが故に真諦に迷う。二乗は空に滞《とどこ》おれば世諦に迷うなり。第三の人は二諦の名を得て二諦の旨を失す。斯の執は甚だ多し。今は略して二種を出ださん。或いは二諦は一体なりと言い、或いは二諦は異体なりと言う。並びに二諦の義を成ぜず。具さには疏の初めに之《の》を序ぶるが如し。今は此の失を破して二諦を申べ明かす。故に二諦を用って宗と為すなり。

問う、何を以てか此の論は二諦を用って宗と為すと知ることを得るや。答う、略して三種あり。一には瓔珞経の佛母品に二諦とは不生不滅乃至不来不去なりと明かす。今の論には正しく八不を明かす。故に知る、即ち是れ二諦を弁ずるが故に二諦を以て宗と為す、と。二には青目が論の意を序ぶるに、外人は二諦を失するをもって、竜樹菩薩は是等の為の故に此の中論を造ると明かす。即ち知る、外の迷失を破して二諦を申べ明かすが故に、二諦を以て宗と為すなり、と。三には関内の曇影の中論の序に云く、「此の論は理として窮めざるなく、言として尽さざるなしと雖も、其の要帰を統《す》べれば二諦に会通す」と。今は還って旧釈を述ぶ。故に知る、二諦を宗と為す、と。

問う、既に中論と名づくるに、何が故に中道を用って宗と為さずして、乃ち二諦を以て宗と為すや。答う、即ち二諦は是れ中道なり。既に二諦を以て宗と為す、即ち是れ中道を宗と為すなり。然る所以は、還って二諦に就きて以て中道を明かすをもってなり。故に世諦の中道、真諦の中道、非真非俗の中道あり。但し今は名宗両《ふた》つながら挙げんと欲するが故に、中と諦とを互いに説く。故に宗は其の諦を挙げ、名は其の中を題す。若し中道を以て名と為し、復た中道を以て宗と為せば、但だ不二の義を得て其の二つの義を失するが故なり。

問う、経には何が故に二諦を立つるや。答う、此れに両義あり。一には佛法は是れ中道なりと示さんと欲するが故なり。世諦あるを以て、是の故に不断なり。第一義を以て、是の故に不常なり。所以《ゆえ》に二諦を立つ。又二慧は是れ三世の佛の法身の父母なり。第一義あるを以ての故に般若を生ず。世諦あるを以ての故に方便を生ず。実慧と方便慧とを具すれば、十方三世の佛あり。是の故に二諦を立つ。又第一義を知るは是れ自利なり。世諦を知るが故に能く他を利す。具さに二諦を知るとは、即ち共利を得。故に二諦を立つ。又二諦あるが故に佛語は皆実なり。世諦を以ての故に有は是れ実なりと説き、第一義の故に空は是れ実なりと説く。又佛法は漸深なれば、先に世諦の因果を説きて教化し、後に為に第一義を説く。又得道智を成就する者には第一義を説き、世諦を説くことあることなし。又若し先に世諦の因果を説かずして、直ちに第一義を説かば、則ち断見を生ず。是の故に具さに二諦を明かすなり。

次明下中論以二二諦一爲上宗。所下以用二二諦一爲上宗者、二諦是佛法根本。如來自行化他皆由二二諦一。自行由二二諦一者、如三瓔珞經佛母品、明二二諦能生レ佛故、二諦是佛母一。蓋取二二智一爲レ佛。二諦能生二二智一。故以二二諦一爲レ母。卽是如來自德圓滿由二於二諦一。化他德由二二諦一者、如來有二所說法一敎二化衆生一常依二二諦一。故中論云、諸佛依二二諦一爲二衆生一說レ法也。問、何以知三自他兩德並由二二諦一耶。答、十二門論云、以レ識二二諦一故、卽得二自利他利及以共利一。卽其事也。以二二諦是自行化他之本一故、申二明二諦一以爲二論宗一、卽令三一切衆生具得二自他二利一也。問、何人迷二二諦一、論主破レ迷申二二諦一耶。答、有二三種人一迷二於二諦一。一者小乘五百部、各執三諸法有二決定性一、聞二畢竟空一如二刀傷一レ心。此人失二第一義諦一。然既失二第一義諦一、亦失二世諦一。所二以然一者、空宛然而有。故有名二空有一。方是世諦。彼既失レ空、亦是迷レ有。故失二世諦一。故五百部執出二如來二諦之外一。二者方廣道人、謂下一切諸法如二龜毛兎角一、無中罪福報應上。此人失二於世諦一。然有宛然而空。故空名二有空一。既失二空有一、亦失二有空一。如レ斯之人亦失二二諦一。又諸外道亦失二二諦一。如二有見外道一迷二於眞諦一、空見外道迷二於世諦一。又凡夫著レ有故迷二眞諦一。二乘滯レ空迷二世諦一也。第三人得二二諦名一而失二二諦旨一。斯執甚多。今略出二三種一。或言二二諦一體一、或言二二諦異體一。並不レ成二二諦之義一。具如二疏初序一レ之。今破二此之失一申二明二諦一。故用二二諦一爲レ宗也。問、何以得レ知下此論用二二諦一爲上レ宗耶。答、略有二三種一。一者瓔珞經佛母品明三二諦不生不滅乃至不來不去一。今論正明二八不一。故知卽是辨二於二諦一、故以二二諦一爲レ宗。二者青目序二論意一、明下外人失二二諦一、龍樹菩薩爲二是等一故、造中此中論上。卽知破二外迷失一申二明二諦一故、以二二諦一爲レ宗也。三者關內曇影中論序云、此論雖下無二理不一レ窮、無中言不上レ盡、統二其要歸一、會二通二諦一。今還述二舊釋一。故知二諦爲レ宗也。問、既名二中論一、何故不下用二中道一爲上レ宗、乃以二二諦一爲レ宗耶。答、卽二諦是中道。既以二二諦一爲レ宗、卽是中道爲レ宗。所二以然一者、還就二二諦一以明二中道一。故有二世諦中道、眞諦中道、非眞非俗中道一。但今欲二名宗兩擧一故、中諦互說。故宗擧二其諦一、名題二其中一。若以二中道一爲レ名、復以二中道一爲レ宗者、但得二不二義一失二其二義一故也。問、經何故立二二諦一耶。答、此有二兩義一。一者欲レ示二佛法是中道一故。以レ有二世諦一、是故不斷。以二第一義一、是故不常。所以立二於二諦一。又二慧是三世佛法身父母。以レ有二第一義故生般若。以有世諦故生方便。具實慧方便慧、有十方三世佛。是故立二諦。又知第一義是自利。知世諦故能利他。具知二諦、即得共利。故立二諦。又有二諦故佛語皆實。以世諦故説有是實。第一義故説空是實。又佛法漸深、先説世諦因果敎化、後爲説第一義。又成就得道智者説第一義、無有説世諦。又若不先説世諦因果、直説第一義。則生斷見。是故具明二諦也。

〈瓔珞経佛母品〉『菩薩瓔珞本業経』に「佛言、佛子、所謂有諦無諦、中道第一義諦、是一切諸佛菩薩智母……所以者何、諸佛菩薩従法生故」（大正二四巻、一〇一八中）という。〈中論云〉『中論』観四諦品に「諸佛依二諦、為衆生説法、一以世俗諦、二第一義諦、若人不能知、分別於二諦、則於深佛法、不知真実義。若不依俗諦、不得第一義、不得第一義、則不得涅槃」（大正三〇巻、三三下）という。〈十二門論云〉『十二門論』観性門に「若人不知二諦、則不知自利利他共利」（大正三〇巻、一六五上）という。〈小乗五百部〉本篇第一章第四節を参照。〈方広道人〉方広は vaipulya の訳で、大乗を指す。『大智度論』一に「更有佛法中方広道人言、一切法不生不滅、空無所有、譬如兎角亀毛常無」（大正二五巻、六一上）という。〈亀毛兎角〉亀には毛がはえていないし、兎には角《つの》がない。存在しないもののたとえに用いられる。〈瓔珞経佛母品〉『菩薩瓔珞本業経』に「佛子、二諦義者、不一亦不二、不常亦不断、不来亦不去、不生亦不滅」（大正二四巻、一〇一八下）という。〈八不〉『中論』冒頭の偈に「不生亦不滅、不常亦不断、不一亦不異、不来亦不出」（大正三〇巻、一）という。〈青目〉原名 Pingala とされるが詳細は不明。漢訳の『中論』は青目の註釈であるから同書をさす。同書に右の八不の偈を註釈して「不知佛意、但著文字……。於畢竟空中、生種種過、竜樹菩薩、為是等故、造此中論」（大正三〇巻、一下）という。〈関内〉関中と同じくいまの陝西省。〈曇影中論序〉『出三蔵記集』十一にある（大正五五巻、七七上—中）。そこでは「則無言不窮、無法不尽、然統其要帰、則会通二諦」という。なお現存の『中論』（大正三〇巻）の序は僧叡による。〈経〉前出の瓔珞経を指す。〈此有両義〉両義は二つの義。しいてこの二—両にこだわれば以下の一者と又佛法漸深とに分けられる。しかしこの個所に立てている義を見ると、以下の訳文中に番号をつけるように(1)—(7)の七義がある。あるいは両は七の誤伝か。〈佛法漸深〉『成実論』十一立仮名品に「如是佛法、初不頓深、猶如大海、漸漸転深、故説世諦」（大正三二巻、三二七中）という。〈成就得道智〉『成実論』の前掲の文に説いて、「又若能成就得道智慧、乃可為説実法」という。

次に『中論』は世俗諦と第一義諦との二諦をもってその宗《むね》（本旨、主張）としていることを明らかにしよう。

二諦をもって宗としている理由は、二諦はこれ佛法の根本であるからである。すなわち如来のみずからの実践と他人を教化する実践とはみな二諦に由っている。まずみずからの実践が二諦に由っていることは、瓔珞経（『菩薩瓔珞本業経』）の佛母品に、二諦はよく佛を生ずるがゆえに、二諦はこれ佛の母であることを明らかにしているごとくである。思うに、ここでは二智を取って佛としている。そして二諦はよく二智を生ずるがゆえに、二諦をもって佛の母とするのである。すなわちこれは如来のみずからの徳が円満完全である（＝二智）が二諦に由ることを示している。他方、他人教化の徳が二諦に由るというのは、如来には説くところの法があり、それによって衆化を教化するのにつねに二諦に依ることをいう。ゆえに『中論』にいう、「諸佛は二諦に依って衆生のために法を説いた」と。

問、どういう理由をもって、自利と利他の二つの徳はともに二諦に由ることを知るのであるか。

答、『十二門論』にいう、「二諦を認識することをもって、それゆえにすなわち自利と利他とおよび自と他との両方の利を得る」と。（これは）すなわちそのことをいっているのである。二諦はこれ自己中心の実践および他人を教化する実践の根本であるから、それをもってのゆえに、二諦を述べ明らかにして、それによって論の宗となし、すなわち一切の衆生をして自利と利他の二利をともに得させようとするのである。

問、どのようなひとが二諦に迷い、論の著者がその迷いを破り、二諦を述べるのであるか。

答、次の三種類のひとがあって二諦に迷っている。(1)第一には小乗の五百部で、かれらは各々諸法は一定不動の本質（実体）があるという考えにとらわれ、畢竟空を聞くと、刀をもってその心を傷つけられるように思う。このひとびとは第一義諦を失う。しかもすでに第一義諦を失えば、また世俗諦をも失う。そうである理由は、空はさながら有であるがゆえに、有を空の有と名づける。まさにこれこそ世俗諦なのである。ところがかれらはすでに空を失っているから、またこれ有にも迷うのである。それゆえ上述の世俗諦を失う。ゆえに五百部のひとびとのとらわれている考えは、如来の二諦の外《そと》に出てしまっている。⑵第二は方広道人であって、かれらは一切諸法は全くこの世に存在しない亀の毛や兎の角のように、罪や福をもたらす報応が存在しないと主張する。こうしてこのひとびとは世俗諦を失っている。しかし、有はさながら空であるがゆえに、空を有の空と名づける。かれらはすでにその空の有を失っていることによって、同時に有の空をも失ってしまう。こうしてこのようなひとびとはまた二諦を失うのである。また多くの外道もまた二諦を失う。有の考えにとらわれている外道のごときは、真諦（第一義諦）に迷い、空の考えにとらわれている外道は世俗諦に迷う。また凡夫は有に執著するがゆえに真諦に迷い、真の空を理解しない小乗二乗のひとびとは空にとどこおっているから世俗諦に迷うのである。⑶第三は二諦の名を得ながらしかも二諦の本旨を失うひとびとである。このようなとらわれは非常に多い。いまここにそのなかから略して二種類だけを出そう。すなわち、あるいは二諦は一体であるというのと、あるいは二諦は異体であるというのとがそれである。これらはともに二諦の義を成立させない。くわしくは『中観論疏』の初めにそれについて述べたごとくである。いまは以上の失を破り二諦を述べ明らかにするがゆえに、二諦をもって宗となすのである。

問、どのような理由をもって、この『中論』は二諦をもってその宗としているということを知ることができるのか。

答、これには略して次の三種類の理由がある。⑴第一には瓔珞経（『菩薩瓔珞本業経』）の佛母品に、二諦とは不生・不滅ないし不来・不去であると明かしている。いまこの『中論』には正しく八つの不（不生不滅、不常不断、不一不異、不来不去）を明らかにしている。それゆえ、この『中論』は（八不を通じて）二諦を明らかにしているがゆえに、二諦をもってその宗としているということがわかる。⑵第二にはピンガラ（青目）が『中論』の意図するところを述べて、ほかのひとびとが二諦を失っているところから、ナーガールジュナ（竜樹）菩薩がこれらのひとびとのためのゆえに、この『中論』を造ったのである、と明かしている。すなわち、ほかのひとびとの迷い・過失を破り二諦を述べ明らかにするがゆえに、二諦をもってその宗としていることがわかる。⑶第三には関内の曇影の『中論』序にいう、「この論（『中論』）は、どんな理でも窮めない理はなく、どんな表現でも尽くさない表現はないけれども、しかしその重要な帰着するところを統括すれば、二諦に出会って通ずる」と。いまここに、以上は昔にかえって、古い解釈を述べた。ゆえに『中論』は二諦を宗としていることが知られるのである。

問、すでに題名を『中論』と名づけているのであれば、なぜ中道をもって宗となさずに、ここにすなわち二諦をもって宗となすのであるか。

答、すなわち二諦はこれ中道である。すでに二諦をもって宗としている。すなわちこれ中道を宗としているのにひとしい。そうである所以は、かえって二諦について、それをもって中道を明らかにしているからである。ところで中道には、世俗諦の中道、真諦の中道、非真非俗の中道がある。しかしいまは名と宗との両方を挙げようと欲するがゆえに、中（道）と（二）諦とをたがいに説いたのである。ゆえに宗としてはその（二）諦を挙げ、名にはその中（道）を題としたのである。もしも中道をもってその題名とし、また中道をもってその宗としたならば、ただ唯一不二の義だけは得られるが、その二つに分かれた義を失うからである。

問、経（瓔珞経）にはなぜ二諦を立てるのであるか。

答、これに二つ（実際は以下のとおり七つ）の義がある。(1)第一には佛法はこれ中道であると示そうと欲するがゆえである。すなわち、八不の中道は世俗諦があることをもって、それゆえに不断である。また第一義諦があることをもって、このゆえに不常である。こうして八不の不断不常が果たされて、中道が示され、それゆえ二諦を立てるのである。(2)また実慧と方便慧の二慧はこれ三世の佛の法身の父母である。第一義諦があることをもってのゆえにそこから般若（智慧）を生じ、世俗諦があることをもってのゆえにそこから方便を生ずる。そしてこの実慧と方便慧とをそなえるならば、十方にわたり三世の佛がある。こうして二諦は佛の二慧を生ずるがゆえに、このゆえに二諦を立てるのである。(3)また第一義諦を知るのはこれ自利である。また世俗諦を知るがゆえによく他人を利する。そしてともに両方の二諦を知れば、自と他との両方の利が得られる。それゆえ自利・利他・共利を得られるがゆえに、二諦を立てるのである。(4)また二諦があるがゆえに、佛のことばはみな真実である。すなわち、世俗諦をもってのゆえに有はこれ真実であると説き、第一義諦をもってのゆえに空はこれ真実であると説く。（このゆえに二諦を立てるのである）。(5)また佛法はだんだんと深くなって行くから、先に世俗諦の因―果の説を説いて、ひとびとを教化して、そのあとにそのひとびとのために第一義諦を説くのである。(6)また道を得る智を成就したものには、第一義諦を説いて、世俗諦を説くことはない。(7)またもしも先に世俗諦の因—果を説かないで、直ちに第一義諦を説くならば、すなわち断見を生ずるであろう。このゆえにともに両方の二諦を明らかにするのである。

c 百論

次に百論の宗を明かさば、百論は邪を破して二諦を申べ明かす。具さには空品の末に説くが如し。亦た応に二諦を以て宗と為すべし。但し今は中論と互いに相い開避せんと欲す。中論は二諦を以て宗と為し、百論は二智を用《も》って宗と為す。即ち諦と智と互いに相い成ずることを明かさんと欲するなり。問う、百論は何が故に二智を用って宗と為すや。答う、提婆が外道と対面擊揚して闘うは、一時の権巧の智慧なり。但し提婆の権智は巧みに能く邪を破し、巧みに能く正を顕わす。而も実には所破なく亦た所顕なし。故に実智と名づく。一論の始終に此の二智を明かす。故に二智を以て宗と為す。中論は内と一時の権巧を諍わず。但だ同じく二諦を学するの人と共に、二諦の得失を諍う。故に二諦を以て宗と為す。則ち中論は所申を用って宗と為し、百論は能申を用って宗と為す。佛と菩薩と能所共に相い成ずることを明かさんと欲するなり。

次明二百論宗一者、百論破レ邪申二明二諦一。具如二空品末説一。亦應下以二二諦一爲上宗。但今欲下與二中論一互相開避上。中論以二二諦一爲レ宗、百論用二二智一爲レ宗。卽欲レ明二諦智互相成一也。問、百論何故用二二智一爲レ宗耶。答、提婆與二外道一對面擊揚鬪、一時權巧智慧。但提婆權智巧能破レ邪、巧能顯レ正。而實無二所破一亦無二所顯一。故名二實智一。一論始終明二此二智一。故以二二智一爲レ宗。中論不三與レ内諍二一時權巧一。但共下同學二二諦一之人上諍二二諦得失一。故以二二諦一爲レ宗。則中論用二所申一爲レ宗、百論用二能申ㇾ為ㇾ宗。欲ㇾ明下佛與二菩薩一能所共相成上也。

〈空品末説〉『百論』破空品に「外曰、若空不応有説、若都空以無説法為是、今者何以説善悪法教化耶。内曰、随俗語故無過、諸佛説法、常依俗諦第一義諦、是二皆実、非妄語也」（大正三〇巻、一八一下）というのを指す。〈二智〉権智（仮の智）と実智（真実の智）。

つぎに『百論』の宗《むね》（本旨、主張）を明らかにしよう。『百論』は邪を破り、二諦を述べ明らかにする。くわしく同書の（破）空品の末尾に説いているごとくである。そうすると、これもまたまさに二諦をもって宗とすべきことになる。しかしながら、いまは二諦をもって宗としている『中論』とたがいにその宗を避けあおうと欲する。そこで、『中論』は二諦をもって宗となし、『百論』は二智をもって宗とするのである。すなわちここで、それぞれが諦と智とをたがいに成立させあおうとしていることを明らかにしようと欲するのである。

問、『百論』はなぜ二智をもってその宗とするのであるか。

答、『百論』の著者のアーリヤデーヴァ（提婆）が外道と面と向かいあって激しく興奮して論争したのは、これはその場だけの一時の仮の巧みな智慧である。ただしアーリヤデーヴァの権智（仮の智慧）は巧みによく邪を破り、巧みによく正を明らかにした。しかしそれはあくまでその場での仮のものにすぎず、真実をいえば、破られるところもなく、明らかにされるところもない、（一切は空にほかならない）。それゆえこれを同時に実智（真実の智慧）と名づける。一つの論すなわち『百論』は始めから終りまでこの二智を明らかにしているがゆえに、『百論』は二智をもって宗となすというのである。これを『中論』と比較してみると、『中論』は（外道とも）内部とも一時の仮の巧みさを論争することはなくて、ただ同じく二諦を学ぶひとともに、二諦の得と失とを論争しあっている。それゆえそれは二諦をもって宗となすというのである。そうしてみると、すなわち『中論』は述べられたところをもって宗となし、『百論』は述べて行くところをもって宗としているといえよう。こうして、佛の二諦と菩薩の二智と、述べるところと述べられるところとともに成立しあうことを明らかにしようと欲するのである。

d 十二門論

次に十二門論の宗を明かさば、此の論も亦た内の迷を破して二諦を申べ明かさば、亦た二諦を以て宗と為す。但し今は三論の不同を示さんと欲す。宜しく境智を以て宗と為すべし。言う所の境智とは、論に云く、「大分の深義は所謂空なり。若し是の義に通達すれば、即ち大乗に通達し、六波羅蜜を具足し、障礙する所なし」と。大分の深義とは謂わく実相の境なり。実相の境に由りて般若を発生す。般若に由るが故に、万行成ずることを得。即ち是れ境智の義なり。故に境智を用って宗と為すなり。

次明十二門論宗者、此論亦破内迷申明二諦、亦以二諦為宗。但今欲示三論不同。宜以境智為宗。所言境智者、論云、大分深義所謂空也。若通達是義、即通達大乘、具足六波羅蜜、無所障礙。大分深義謂實相之境。由實相境發生般若。由般若故、萬行得成。即是境智之義。故用境智為宗也。

〈申明二諦〉『十二門論』観性門に「答曰、有二諦、一世諦、二第一義諦。因世諦、得説第一義諦。若不因世諦、則不得説第一義諦。若不得第一義諦、則不得涅槃。若人不知二諦、則不知自利利他共利」（大正三〇巻、一六五上）とある。〈論云〉『十二門論』観因縁門にある（大正三〇巻、一五九下）。〈大分深義〉吉蔵の『十二門論疏』によれば、大は大乗の意味、大乗は空―有をともに含んでいるが、いまはそのうちの空を述べるので、これを分といい、深義には無量の門があるが、いまはそのうちの空について述べることをいう（大正四二巻、一八一下）。〈六波羅蜜〉布施・持戒・忍辱・精進・禅定・般若（智慧）の六ハラミツ。菩薩のそなえるべき徳目の総称。なお波羅蜜は pāramitā の音写。その語の意味は、①parama→pāramī+tā で最上、完成、成就など、②pāra(m)+i+tā で、彼岸に到る、彼岸に度《わた》る。漢訳は（チベット訳も同じ）後者をとり、たんに略して度ということもある。

次に『十二門論』の宗《むね》（本旨、主張）を明らかにしよう。そうすると、この論もまた（前の二論と同じように）内部の迷いを破り、二諦を述べ明らかにしている。それゆえ『十二門論』もまた二諦をもって宗としている。ただしいまは、『中論』『百論』『十二門論』の三論の不同を示そうと欲する。そこで『十二門論』はようしく境智をもってその宗としている（というべきである）。

そこでここにいう境智とは、『十二門論』のなかにいう、「大乗のなかの一部分の深い義はいわゆる空である。もしもこの義を通達すれば、すなわち大乗に通達し、六波羅蜜をのこらずそなえて、なんの妨げとなるところもない、（すべて自由自在である）」と。大乗のなかの一部分の深い義とは実相の境をいう。この実相の境に由って、般若（智慧）を生ずる。その般若に由るがゆえに、あらゆる実践が成立することができる。すなわちこれ境智の義である。それゆえに『十二門論』は境智をもって宗とするのである。

第五章　四論の破申不同（否定と肯定）

次に四論の破申の不同を明かす門。

言う所の破申とは、凡そ三義あり。一には外人の迷教の病を破するが故に名づけて破と為す。佛の二諦の教門を申ぶるが故に名づけて申と為す。二には佛の正教を申ぶれば、而も邪迷は自ら破す。故に名づけて申破と為すのみ。三には論主は佛の破を申べ明かすが故に申破と名づく。諸の大乗経には衆生の虚妄を破して以て一道を顕わす。但し末代鈍根にして如来の破病と顕道の意を了せず、四依の菩薩は還って佛の破を申べ明かすが故に申破と名づく。是れ経の中に自ら義を立て、論の中に自ら破を明かすにはあらざるなり。

問う、何を以てか竜樹は佛の破を申ぶを知らんや。答う、最後の邪見品に云く、「瞿曇の大聖主は憐愍して是の法を説きて、悉く一切の見を断ず。我れ今稽首して礼す」と。故に知る、論主は佛の破を申べ明かして、自ら破あるにはあらざるなり、と。

問う、経中には立つるあり破するあり。論主は何が故に一向に破するや。答う、末世は鈍根にして佛の立と破とに迷い、並びに皆病を成ぜり。是《ここ》を以て論主は須《すべから》く並びに之を破すべく、然して後に具さに如来の立と破とを申ぶることを得。

問う、論主は佛の破を申べて論主の破と称することを得れば、論主は佛の立を申べて応に論主の立と名づくべきや。答う、亦た爾《しか》ることを得。

問う、四論の破申は云何んが同異なる。答う、三論は通じて衆迷を破し、通じて衆教を申ぶ。智度論は別して般若の迷を破し、別して般若の教を申ぶ。三論の中に就きて自ら二類を開く。百論は正しく外を破し傍らに内を破す。余の二論は正しく内を破し傍らに外を破す。三論が内と外とを破する所以は、一切の衆病は二種を出でず、一には外道が邪画して迷を起こす。二には内人が教を稟《う》けて旨を失す。若し斯の二を破すれば則ち衆病皆除く。

問う、百論は外を破することは明文ある可し。何の処にか内を破するの文あらんや。答う、破塵品の中に、外人は内義を以て証と為すに、論主は即ち其の所引を破せり。具さには彼れの明かすが如し。

問う、何が故に内を破することを得るや。答う、三種の義あり。一には向《さき》に之を釈するが如く、外人は義を立つること成せざるをもって、内を引きて証と為す。故に須く内を破すべし。二には内人の義を立つること外道と同じく、虚空《こくう》は常なり遍なりと立て、乃至涅槃《ねはん》は身智倶《とも》に無なりと立つるが如き、並びに外道と同じ。故に須く内を破すべし。三には外道の義を立つること内人と同じ、故に須く之を破すべし。破因中無果品に説くが如し。外道は三相に於いて前後の相生を立つること、譬喩部と同じ。三相の展転して一時に生ずると立つること、薩婆多部と同じ。故に須く内を破すべし。故に肇法師の云く、「邪弁は真に逼《せま》りて殆んど正道を乱す」と。

問う、中論は何が故に傍らに外を破するや。答う、凡そ四義あり。一には中観は法として窮めざるなく、言として説かざるなし、若し一法なりとも窮めず、一言なりとも尽くさざれば、則ち戯論滅せず、中観生ぜずと顕わさんと欲す。是の故に内外並びに皆之を破す。二には内人の義を立つること外道と同じ。故に須く外を破すべし。三には外道の義を立つること内人と同じ。故に須く外を破すべし。四には中実は内にあらず外にあらず正ならず邪ならずと顕《あ》かさんと欲するが故に、須く外を破すべし。

問う、百論は外を破す、亦た収取の義ありや不《いな》や。答う、亦た四句あり。一には破して取らず、即ち是れ外道の邪言なり。中を障《ささ》え観に迷い、縁に於いて益なく損あり。二には取りて破せず。外道は如来遺余の善法を偸竊《ちゅうせつ》して今並びに之を収む。賊の牛を盗むが如し。即ち其の証なり。又外道は各々邪心もて推尽して、冥智は内と同じ。虫の木を食《は》むに偶《たま》々字を成すことを得るが如し。亦た取りて破せず。三には亦たは破し亦たは取る。外道は佛教を偸竊して旨帰を識らず。今其の迷教の情を破して、所迷の教を収取す。四には破せず取らず。即ち道門の未だ曾って内外ならざるを顕わすなり。

次明二四論破申不同一門。所レ言破申者、凡有二三義一。一者破二外人迷敎之病一故名爲レ破。申二佛二諦敎門一故名爲レ申。二者申二佛正敎一而邪迷自破。故名爲二申破一耳。三者論主申二明佛破一故名二申破一。諸大乘經破二衆生虛妄一以顯二一道一。但末代鈍根不レ了二如來破病顯道之意一。四依菩薩還申二明佛破一故名二申破一。非二是經中自立レ義、論中自明一レ破也。問、何以知三龍樹申二佛破一耶。答、最後邪見品云、瞿曇大聖主、憐愍說二是法一、悉斷二一切見一。我今稽首禮。故知論主申二明佛破一、非二自有一レ破也。問、經中有レ立有レ破。論主何故一向破耶。答、末世鈍根迷二佛立破一、並皆成レ病。是以論主須二並破一レ之、然後具得レ申二如來立破一。問、論主申二佛破一得レ稱二論主破一、論主申二佛立一應レ名二論主立一耶。答、亦得レ爾也。問、四論破申云何同異。答、三論通破二衆迷一、通申二衆敎一。智度論別破二般若之迷一、別申二般若之敎一。就二三論中一自開二二類一。百論正破レ外傍破レ內。餘二論正破レ內傍破レ外。所三以三論破二內外一者、一切衆病不レ出二二種一。一外道邪畫起レ迷。二內人稟レ敎失レ旨。若破二斯二一則衆病皆除。問、百論破レ外可レ有二明文一。何處有二破レ內文一耶。答、破塵品中、外人以二內義一爲レ證、論主卽破二其所引一。具如二彼明一。問、何故得レ破レ內耶。答有二三種義一。一者如二向釋一レ之、外人立レ義不レ成、引レ內爲レ證。故須レ破レ內。二者內人立レ義與二外道一同、如下立二虛空常遍一、乃至立中涅槃身智倶無。並與外道同。故須破內。三者外道立義與內人同。故須破之。如破因中無果品說。外道立於三相前後相生、與譬喩部同。立三相展轉一時生、與薩婆多部同。故須破內。故肇法師云、邪辨逼眞殆亂正道。問、中論何故傍破外耶。答、凡有四義。一者欲顯中觀無法不窮。無言不說。若一法不窮。一言不盡。則戲論不滅、中觀不生。是故內外並皆破之。二者內人立義與外道同。故須破外。三者外道立義與內人同。故須破外。四者欲顯中實非內非外不正不邪、故須破外。問、百論破外、亦有收取義不。答、亦有四句。一者破而不取。卽是外道邪言。障中迷觀、於緣無益有損。二者取而不破。外道偸竊如來遺餘善法、今並收之。如賊盜牛。卽其證也。又外道各邪心推盡、冥智與內同。如蟲食木偶得成字。亦取而不破。三者亦破亦取。外道偸竊佛敎不識旨歸。今破其迷敎之情、收取所迷之敎。四者不破不取。卽顯道門未曾內外也。

〈四論破申不同〉吉蔵の『大乘玄論』五、明破申大意門を參照（大正四五巻、六八）。〈四依〉本書三九ページ參照。〈最後邪見品云〉『中論』最後の偈。〈破塵品中〉『百論』に「外曰、色応現見、信経故。汝経言、名色四大、及四大造、造色分中、色入所攝、是現見。汝云何言無現見色。內曰、四大非眼見、云何生現見。地堅相、水湿相、火熱相、風動相、是四大非眼見者、此所造色、応非現見」（大正三〇巻、一七六下）という。なおこの答は、外道が佛教経典から引用してその説を主張するのに対して、『百論』が之を否定するのは、佛教における迷教をしりぞけるのであると知られるとの意味である。〈破因中無果品説〉『百論』に「外曰、如生住壊、如有為相、生住壊次第有、初中後亦如是」（大正三〇巻、一七八中）という。〈肇法師云〉僧肇作『百論』序を指す。原本では辨を辯とする。（大正三〇巻、一六七下）。〈賊盜牛〉涅槃経に説く。本書五八ページ參照。〈如虫食木偶得成字〉『大般涅槃経』二に「如虫食木有成字者、此虫不知是字非字、智人見之、終不唱言、是虫解字、亦不驚怪」（大正一二巻、三七八中）という。

次に『大智度論』『中論』『百論』『十二門論』の四論のそれぞれの破（否定）と申（肯定—主張）

との不同を明らかにする部門について述べよう。

ここにいうところの破と申とは、およそ次の三つの義がある。すなわち、(1)第一には、外道のひとびとの迷いの教えの病いを破るがゆえに、名づけて破とする。また佛の二諦の教えの門を申べるがゆえに、名づけて申とする。(2)第二には、佛が正しい教えを申べれば、それによって邪の迷いはおのずから破られるがゆえに、名づけて申破とするにほかならない。(3)第三には、論主（ナーガールジュナ＝竜樹）が佛のなした破を申べ明らかにするがゆえに、申破と名づける。すなわち、多くの大乗経典には衆生の虚妄を破って、それによって一つの道を明らかにする。しかしながら末《すえ》の時代になると、ひとびとは素質が劣っており、如来が衆生の病いを破ること・道を明らかにすることの意を了解しない。そこで最高の第四の位にのぼった菩薩であるナーガールジュナとアーリヤデーヴァがもとにかえって佛のなした破を申べ明らかにする。それゆえ申破と名づける。これは経のなかにみずから義を立てたり、また論のなかにみずから破を明らかにするというのではない。

問、何をもってナーガールジュナは佛のなした破を申べていると知るのであるか。

答、『中論』の最後の邪見品にいう、「ゴータマ・ブッタは偉大な聖主であって、衆生を憐愍してこの法を説いて、一切の見をことごとく断絶させた。私はいまこのゴータマ・ブッダに首を垂れて敬礼する」と。ゆえに論主は佛のなした破を申べ明らかにするのであって、みずから勝手に破があるのではないということが知られるのである。

問、経のなかにはある主張を立てることもあり、ある主張を破ることもある。論主はそのなかでなぜひたすら破るだけであるか。

答、末《すえ》の世のなかのひとびとは素質が劣っていて、佛がある主張を立てたりまた破ったりするのに迷い、みなならんで病いをなしている。そこで論主はどうしてもすべてにこの迷いを破らなければならず、それをなしてのちに、くわしく如来の立てる主張と破る主張とを申べることができるのである。

問、論主が佛のなした破を申べて、それをもって論主自身の破と称すことができるならば、論主が佛の立てる主張をそのまま申べて、それをもって論主自身の立てる主張と名づけるべきであるか。

答、またそのようなことは可能である。

問、四論の破と申にはどのような同と異とがあるか。

答、『中論』『百論』『十二門論』の三論は、三つとも通して、多くの迷いを破り、通して多くの教えを申べる。『大智度論』だけは別に般若に関する迷いを破り、別に般若に関する教えを申べる。また右の三論のなかについても、おのずから二種類に分けられる。すなわち『百論』は正面から外道を破り、側面から内部の教えを破る。それに対して他の二論は、正面から佛教の内部の教えを破り、側面から外道を破る。このように三論が佛教の内部と外部とを破る所以は、一切のすべての病いは次の二種を出ないからである。すなわち、第一には外道は邪を計画して迷いをおこし、第二には佛教内部のひとびとは教えを受けながらそれが帰着する本旨を失っている。ここでもしもこの二（種の病いの根源）を破るならば、すなわち多くの病いはみな除かれるであろう。

問、『百論』が外道を破ることについては、そのなかに明らかな文章があるであろう。しかしどこに佛教の内部を破る文章があるか。

答、『百論』破塵品のなかに、外道のひとが佛教の内部の義を引用して、それをもってかれ自身の証としているところがある。そして『百論』の著者はその引用されているところを破っている。くわしくは『百論』のその個所に明らかにしているごとくである。

問、（『百論』は）なぜ佛教内部を破ることができるのか。

答、それには次の三種類の義がある。(1)第一には、先にこれについて註釈したように、外道のひとが義を立てるのが成立しないときに、かれは佛教の内部の教えを引用して証とする。それゆえどうしても佛教内部を破らなければならない。(2)第二には、佛教の内部のひとが義を立てて外道と同じ場合のことがある。たとえば虚空（空間）は常住不変であるとか遍在無限であるとかという説を立てたり、ないし涅槃（ニルヴァーナ）は身体も智慧もともに滅して無であるという説を立てたりする。これらはすべて外道と同じである。それゆえにどうしても佛教の内部を破らなければならない。(3)第三には、外道が義を立てて、それが佛教の内部の教えと同じことがある。それゆえどうしてもこれを破らなければならない場合が生じてくる。たとえば『百論』の破因中無果品に説くように、外道が生・住・滅の三つのありかたにおいて、それぞれ前後がたがいに生じあうという説を立てているのは、佛教内部の譬喩部の説と同じである。またこの三つのありかたがめぐりめぐって一時に生ずるという説を立てるのは、薩婆多部（説一切有部）の説と同じである。それゆえこのような場合にはどうしても佛教内部の教えを破らなければならない。ゆえに法師の僧肇はいう、「邪の説明が真実にせまっていて、それによってほとんど正しい道が乱される」と。

問、『中論』はなぜ側面から外道を破るのであるか。

答、これにはおよそ次の四つの義がある。(1)第一には、『中観論』(＝『中論』)はどんな法でも窮め尽くさない法はないし、どんな表現でも説き尽くさない表現はない、もしもただ一つの法でも窮めない法があったり、ただ一つの表現でも尽くさない表現があったりするならば、すなわち虚構の議論はなくならず、中観思想は生じない、そのことを明らかにしようと欲する。それゆえ、佛教の内部も外部もすべてみなこれを破るのである。(2)第二には、佛教内部のひとが義を立てて、それが外道の説と同じ場合がある。それゆえどうしても外道を破らなければならない。(3)第三には、外道のひとが義を立てて、それが佛教の内部のひとの説と同じ場合がある。それゆえどうしても外道を破らなければならない。(4)第四には、中道の実相は、内でもない、外でもない、正でもない、邪でもない、(内とか外とか正とか邪とかの表現を超えたものである)、そのことを明らかにしようと欲するがゆえに、どうしても外道を破らなければならない。

問、『百論』は外道を破る、そしてまたその外道の主張のなかから収めて取りいれる義があるか、どうか。

答、これについては次の四句がある。すなわち、(1)第一には破って取らない。それはすなわち外道の邪言(あやまりのことば)である。それは中道の妨げとなり、観察に迷っており、縁を知っても益がなく損がある。(2)第二には取りいれて破らない。外道が如来ののこされたさまざまの善法をぬすみ・かすめとっている場合には、いますべてこれを収め取る。たとえば経に賊が牛を盗むがごとしと説いているのが、その証である。また外道がそれぞれ邪心をもって推量し画策した場合に、そのすぐれた智が佛教内部の教えと同じことがある。ちょうどなんの字も知らない虫が木をむしばんでいって、そのあとがたまたま字となることがありうるようなものである。その際にはまた取りいれて破らない。(3)第三には一部分は取り一部分は破る。外道が佛教をぬすみ・かすめとっていても、その帰着する本旨を認識していない。そこでいまその迷って教えている状況は破るけれども、そこに迷いながらも説かれている教えそのものは、これを収め取るのである。(4)第四には破らず取らない。すなわち正しい道の教えはいまだかつて内でもなく外でもない、内外を超越しているということを、明らかにするのである。

第六章　別して三論を釈す

次に別して三論を釈することを明かす。

問う、既に四論あり、何が故に常に三論と称するや。答う、略して八義あり。一には一一の論に各々三義を具す。一には破邪、二には顕正、三には言教なり。同じく此の三義を具するを以ての故に、合して三論と名づく。二には三論は具《つぶ》さに合して方《まさ》に三義を備う。中論は所顕の理を明かし、百論は邪執を破し、十二門は名づけて言教と為す。三義相い成ずるを以ての故に名づけて三論と為す。三には中論を広論と為し、百論を次論と為し、十二門を略論と為す。三部に上・中・下の三品を具するが故に三論と名づく。四には一切の経論に凡そ三種あり。一には但だ偈の論、即ち是れ中論なり。二には但だ長行の論、所謂百論なり。三には亦《やく》長行亦偈の論、即ち十二門論なり。三部は互いに相い開避して而も共に相い成ずるを以てなり。五には此の三部は同じく是れ大乗の通論なり。故に三論と名づく。六には此の三部は同じく不二の実相を顕わす。故に三論と名づく。七には同じく是れ四依の菩薩の所造なり。八には同じく是れ像末の所作なり。但だ大法を綱維せんと欲するなり。

次明㆓別釋㆓三論㆒。問、既有㆓四論㆒。何故常稱㆓三論㆒耶。答、略有㆓八義㆒。一者一一論各具㆓三義㆒。一破邪、二顯正、三言敎。以㆓同具㆓此三義㆒故、合名㆓三論㆒。二者三論具合方備㆓三義㆒。中論明㆓所顯之理㆒、百論破㆓於邪執㆒、十二門名爲㆓言敎㆒。以㆓三義相成㆒故、名爲㆓三論㆒。三者中論爲㆓廣論㆒、百論爲㆓次論㆒、十二門爲㆓略論㆒。三部具㆓上中下三品㆒故名㆓三論㆒。四者一切經論凡有㆓三種㆒。一但偈論、卽是中論。二但長行論、所謂百論。三亦長行亦偈論、卽十二門論。以㆓三部互相開避而共相成㆒。五者此之三部同是大乘通論。故名㆓三論㆒。六者此三部同顯㆓不二實相㆒、故名㆓三論㆒。七者同是四依菩薩所造。八者同是像末所作。但欲㆑綱㆓維大法㆒也。

〈像末〉佛教では正法と像法と末法の三時に分ける。正法は正しい佛法が行なわれている時代、像法は正法に似た法が行なわれてはいるが、すでにさとるもののない時代、末法は一切の法が滅びた時代。正法五百年・像法五百年(又は千年)以後末法といい、これは佛滅後、後代になるにつれて佛法が次第に滅びて行くとする考えによる。像末は①像と末、②像の末の二種の解釈ができる。吉蔵は『大乘玄論』に「竜樹出世之時、是正化之末、像法之初……提婆出世、是八百余年、去聖既遠」(大正四五巻、七二中)といい、またその著『中観論疏』には正法五百年・像法五百年・以後末法の説をとる(大正四二巻、一八中)。したがってここにいう像末は像法(の初め)とその像法の末《すえ》の意味であろう。〈綱維〉綱も維もツナの意、根本のすじみちをいう。

次に特別に三論(についてだけ、それ)を註釈することを明らかにしよう。

問、すでに上述のように四論があるのに、なぜつねに三論と称するのであるか。

答、それには略して次の八つの義がある。(1)第一には三つの論の一つ一つが各々三つの義をそなえているからである。その三つとは、①破邪、②顕正、③言教である。三論が同じくこの三つの義をそなえていることをもって、それゆえ合わせて三論と名づけるのである。(2)第二には三つの論はともに合わせてまさに三つの義をそなえている。すなわち、『中論』は明らかにされる理を明かし、『百論』は邪のとらわれを破り、『十二門論』は名づけて教えの表現(言教)とする。この三つの義をたがいに成立させあっていることをもって、それゆえに名づけて三論とするのである。(3)第三には『中論』

を広論となし、『百論』を次論となし、『十二門論』を略論とする。このように三部がそれぞれ上・中・下の三品（三章）をそなえているがゆえに三論と名づける。(4)第四には一切の経や論におよそ三種類ある。①ただ韻文(偈)だけの論、すなわちこれ『中論』である。②ただ散文(長行)だけの論、ここにいう『百論』である。③韻文と散文とがまじりあっている論、これがすなわち『十二門論』である。この三部はたがいに区別して避けあっていて、しかもともに成立させあっているのである。(以上は三論のそれぞれの特徴をあげ、以下には共通の特徴をあげる)。(5)第五にはこの三部は同じくこれ大乗の通論である。それゆえ三論と名づける。(6)第六にはこの三部は同じく唯一不二の実相を明らかにする。それゆえ三論と名づける。(7)第七にはこの三部は同じく最高の第四位に達した菩薩(ナーガールジュナとアーリヤデーヴァ)によってつくられたものである。(8)第八にはこの三部は同じくこれ像法の初めとその末とに作成されたものである。同時代にただ偉大な佛法を根本のすじみちとして立てようと欲するのである。

第七章　三論の通別

次に三論の通別を論ずる門。

智度論を以て三論に対すれば、則ち智度論を別論と為し、三論を通論と為す。三論の中に就きて自ら三の別あり。即ち三の例と為す。百論を通論の広と為し、中論を通論の次と為し、十二門を通論の略と為す。然る所以は、百論は通じて世・出世を障《ささ》うる一切の邪を破して、通じて世・出世の一切の正を申ぶ、故に通論の広と名づく。中論は但だ大小の二迷を破し、通じて大小両教を申べ、世間の迷を破し世間の教を申べず。故に通論の次と為す。十二門は但だ執大の迷を破し、大乗の教を申ぶ。通論の略と為す。

問う、何が故に爾るや。答う、外道の邪興りて、遍ねく世・出世・大小の一切の教を障《ささ》う。故に提婆は遍ねく衆邪を破して、備《つぶ》さに衆教を申ぶ。是《ここ》を以て論に明かす、始め三帰より終り二諦に竟《おわ》るまで、教として申べざるなく、邪として破せざるなし。中論は大小の学人の二教を封執するに対する為の故に、但だ二迷を破して但だ二教を申ぶ。是を以て論文に大小二章の説あり。十二門論は観行の精要を弁じて、方等の宗本を明かす。故に正しく大迷を破し、独り大教を申ぶ。是を以て論文に宗に命じて但だ略して摩訶衍の義を解すと説く。

問う、十二門も亦た備さに小乗・外道を破す。云何が但だ大迷を破し但だ大教を申ぶと言うや。答う、備さに衆病を破すと雖も、而も正意は大乗を申べんが為なり。故に論文に、前には略して大乗を解すと明かし、

次論二三論通別一門。以二智度論一對二三論一、則智度論爲二別論一、三論爲二通論一。就二三論中一自有二三別一。卽爲二三例一。百論爲二通論之廣一、中論爲二通論之次一、十二門爲二通論之略一。所二以然一者、百論通破下障二世出世一一切邪上、通申二世出世一切正一。故名二通論之廣一。中論但破二大小二迷一、通申二大小兩敎一、不下破二世間迷一申中世間敎上。故爲二通論之次一。十二門但破二執大之迷一、申二大乘之敎一。爲二通論之略一。問、何故爾耶。答、外道邪興、遍障二世出世大小一切敎一。故提婆遍破二衆邪一備申二衆敎一。是以論明、始自二三歸一終竟二二諦一。無二敎不一レ申、無二邪不一レ破。中論爲レ對二大小學人封二執二敎一故、但破二二迷一但申二二敎一。是以論文有二大小二章之說一。十二門論辨二觀行之精要一、明二方等之宗本一。故正破二大迷一獨申二大敎一。是以論文命レ宗、但說三略解二摩訶衍義一。問、十二門亦備破二小乘外道一。云何言下但破二大迷一但申中大敎上也。答、雖三備破二衆病一、而正意爲レ申二大乘一。故論文前明三略解二大乘一、而後則言下末世衆生薄福鈍根、雖レ尋二經文一不上レ能二通了一。卽知尋二大乘失一レ旨、但小乘外道障二彼大乘一、故須レ破レ之耳。又欲レ令三小乘外道同入二大乘一故須レ破レ之。問、百論申二大小兩敎一。與二中論一何

而して後には則ち末世の衆生は薄福鈍根にして、経文を尋ぬと雖も通了すること能わずと言う。即ち知る、大乗の旨を失するを尋ぬるに、但だ小乗・外道が彼の大乗を障うるが故に、須く之を破すべきのみ。又小乗・外道をして同じく大乗に入らしめんと欲するが故に、須く之を破すべし。

問う、百論は大小両教を申ぶ。中論と何《いか》んが異なる。答う、百論は総じて大小を申ぶ。然して中論は別して二教を申ぶ。又百論は浅より深に至り、中論は深より浅に至る。

問う、何が故に爾るや。答う、百論は邪を廻《めぐ》らして正に入る始行の人の為の故に、始め三帰より終り方等に入る。故に浅より深に至る。中論は諸佛の本末の義を示して、大乗を本と為し小乗を末と為す。故に深より浅に至るなり。

異。答、百論總申二大小一。然中論別申二二敎一。又百論從レ淺至レ深、中論從レ深至レ淺。問、何故爾耶。答、百論爲二迴レ邪入レ正始行之人一故、始自二三歸一終入二方等一。故從レ淺至レ深。中論示二諸佛本末之義一、大乘爲レ本小乘爲レ末。故從レ深至レ淺也。

〈始自三帰終竟二諦〉『百論』冒頭の三宝への帰依から終りの破空品中の二諦説にいたるまでということは、『百論』全体をさすことになる。〈有大小二章之説〉『中論』二十七品のうち、初めの二十五品に大乗を説き、のちの二十六と二十七の二品に小乗を説くと、青目釈羅什訳の漢訳『中論』がとなえていることを指す。〈略解摩訶衍義〉『十二門論』冒頭に「今当略解、摩訶衍義」（大正三〇巻、一五九下）というのを指す。摩訶衍は mahāyāna（大乗）の音写。〈末世衆生……不能通了〉前述の『十二門論』の句に続いていう。

次に三論の通と別とを論ずる部門について述べよう。

まず『大智度論』をもって三論に対すれば、すなわち『大智度論』を別論となし、三論を通論とする。ところで三論についてみると、そのなかにはおのずから三つの区別があって、それがすなわち三つの例をなしている。それは『百論』を通論の広となし、『中論』を通論の次となし、『十二門論』を通論の略とするのである。そのように分ける所以は、『百論』はずっと通して、世間と世間の超越との妨げになる一切の邪を破り、ずっと通して世間と世間の超越との一切の正を申べ明らかにしている。ゆえにそれを通論の広と名づける。『中論』はただ大乗と小乗との二つの迷いを破り、ずっと通して大乗と小乗との二つの教えを申べ明かす。そして世間一般の迷いを破ったり世間一般の教えを申べたりすることはしない。ゆえにそれを通論の次とする。『十二門論』はただ大乗にとらわれているものの迷いを破って、大乗の教えを申べ明らかにする。そこでそれを通論の略とするのである。

問、なぜそうであるか。

答、外道の邪が興ってきて、ひろく一般に、世間・世間の超越・大乗・小乗の一切の教えを妨げた。そこでアーリヤデーヴァ（提婆）はひろく一般に多くの邪を破り、くわしく多くの教えを申べ明らかにした。この理由をもって、『百論』に明かすところは、その最初の三宝への帰依から最後の二諦を説いて論を終るまでの全部によって、どのような教えでも申べられない教えはなく、どのような邪でも破らない邪はない。（一切の教えを説き、一切の邪を破っている）。次に『中論』は、大乗と小乗とを学んでいるひとが、その二つの教えにとらわれてとじこめられてしまうのに対するための論であるから、ただこの二つの迷いを破り、ただこの二つの教えを申べ明かしている。この理由をもってその論の文章には、大乗と小乗との二章の説がある。次に『十二門論』は、観と行との精要を区別して明らかにし、方等（＝大乗）の主張の根本を明かしている。ゆえに正しく大乗の迷いを破り、ただ大乗の教えを申べている。この理由をもって、その論の文章に、その主張を説明して、ただ「略して大乗の義を註釈する」と説いている。

問、『十二門論』もまたくわしく小乗や外道を破っている。どうしてただ大乗の迷いを破り、ただ大乗の教えを申べ明かすというのであるか。

答、それにはたしかにくわしく小乗や外道の多くの病いを破ってはいるけれども、しかしながらその本当の意図するところは大乗を申べ明かさんがためである。それゆえ、その論の文章に、前の部分に「略して大乗を解釈する」と明かし、そうしてのちにすなわち、「末《すえ》の時代の衆生は福が薄く素質が劣っているので、経の文章を尋ねてみたところで、全体を了解することができない」といっている。すなわち、大乗がその本旨を失うのを尋ねてみると、ただ小乗と外道とがかの大乗の妨げとなっているということが知られる。それゆえどうしてもこの小乗と外道とを破らなければならないというだけのことなのである。さらにはまた、小乗と外道とを同じように大乗に入らせようと欲する。それゆえこの小乗と外道とを破らなければならない。

問、『百論』も大乗と小乗との二つの教えを申べ明らかにしている。『中論』とどのように異なっているのか。

答、『百論』は総括的に大乗と小乗とを申べ明らかにする。しかるに『中論』は別々に大乗と小乗との教えを申べ明らかにする。さらにまた『百論』は内容の浅いところから深いところにいたり、『中論』は内容の深いところから浅いところにいたっている。

問、どうしてそうであるか。

答、『百論』は邪を転換させて正に入る・実践を始めたばかりのひとのためである。それゆえに、それは三宝への帰依から始めて、終りの方が方等（＝大乗）に入っている。それゆえ内容の浅いところから深いところにいたるのである。『中論』は諸佛の根本と枝葉末節との両方の義を示しているうち、大乗を根本とし、小乗を枝葉末節としている。それゆえ内容の深いところから浅いところにいたるのである。

第八章　四論の用仮（教化の手段）不同

次に四論の用仮の不同を明かす門。

一切諸法は並びに是れ仮なりと雖も、其の要用を領《すべ》るに凡そ四門あり。一には因縁仮、二には随縁仮、三には対縁仮、四には就縁仮なり。一に因縁仮とは、空有二諦の如く、有は自ら有にあらず、空に因るが故に有なり。空は自ら空にあらず、有に因るが故に空なり。故に空有は是れ因縁仮の義なり。二に随縁仮とは、三乗の根性に随いて三乗の教門を説くが如し。三に対縁仮とは、常を対治するに無常を説き、無常を対治するに是の故に常を説くが如し。四に就縁仮とは、外人は諸法ありと執す、諸佛菩薩は彼れに就きて推求し検するに竟《つい》に得ず、就縁仮と名づく。此の四仮は総じて十二部経八万の法蔵を収む。然して四論は具《つぶ》さに四仮を用いたり。但だ智度論は多く因縁仮を用う、経を釈して義門を立つるを以ての故に。中論・十二門は多く就縁仮を用い、百論は多く対縁仮を用う。

次明㆓四論用假不同㆒門。一切諸法雖㆓並是假㆒、領㆓其要用㆒凡有㆓四門㆒。一因縁假、二隨縁假、三對縁假、四就縁假也。一因縁假者、如㆓空有二諦㆒、有不㆓自有㆒、因㆑空故有。空不㆓自空㆒、因㆑有故空。故空有是因縁假義也。二隨縁假者、如㆘隨㆓三乘根性㆒說㆗三乘敎門㆖也。三對縁假者、如㆘對㆓治常㆒說㆓於無常㆒、對㆓治無常㆒是故說㆖㆑常。四就縁假者、外人執㆑有㆓諸法㆒、諸佛菩薩就㆑彼推求檢竟不㆑得、名㆓就縁假㆒。此四假總收㆓十二部經八萬法藏㆒。然四論具用㆓四假㆒。但智度論多用㆓因縁假㆒。以㆓釋㆑經立㆓義門㆒故。中論十二門多用㆓就縁假㆒、百論多用㆓對縁假㆒。
〈明四論用仮不同〉吉蔵の『大乘玄論』五の明四論宗旨のなかの「明用仮不同」（大正四五巻、七二下）を参照。〈四仮〉吉蔵の『二諦義』下に「大師約四悉壇、明四仮義。四仮者、因縁仮、対縁仮、就縁仮、随縁仮」（大正四五巻、一〇六上）とあり、四仮の説が師の法朗に由来していることがわかる。〈十二部経八万法蔵〉『大智度論』巻一に「四悉壇中一切十二部経八万四千法蔵」（大正二五巻、五九中）という。十二部経は原始佛教以来の佛教経典の古い分類で次の十二に分けて、経典を総称する。①スートラ（契経）、②ゲーヤ（応頌）、③ガーター（諷頌）、④ニダーナ（因縁）、⑤イティヴリッタカ（本事）、⑥ジャータカ（本生）、⑦アドブッタダルマ（未曾有）、⑧アヴァダーナ（譬喩）、⑨ウパデーシャ（論議）、⑩ウダーナ（自説）、⑪ヴァイプルヤ（方広）、⑫ヴヤーカラナ（授記）。

次に四つの論が、教化のための仮の手段を用いるのに同じでないことを明らかにする部門を説く。

一切の諸法はすべてこれを教化のための仮の手段であるとはいえ、その重要な用例をまとめてみると、およそ次の四つの門がある。すなわち(1)因縁仮、(2)随縁仮、(3)対縁仮、(4)就縁仮である。

(1)第一に因縁仮というのは、空有二諦の説のごときである。すなわちここでは、有はそれ自身で有なのではなくて、空に因るがゆえに有であり、また空はそれ自身で空なのではなくて、有に因るがゆえに空である、と説かれる。それゆえここで空―有は因縁仮の義である。

(2)第二に随縁仮というのは、小乗の声聞と縁覚と大乗の菩薩という三乗についてみると、それぞれの素質や性格にしたがって、それぞれ三乗の各々の教えの門を説くがごときである。

(3)第三に対縁仮というのは、常（永遠不変の偏見）を対治するのに無常を説き、無常を対治するがゆえに常を説くがごときである。

(4)第四に就縁仮というのは、外道のひとが諸法は有であるととらわれているのに対して、多くの佛や菩薩がそのひとに就いてその説を推量したりしらべたりするけれども、しかし結局は諸法は有であることは得られない、ということを示している。これを就縁仮と名づける。

この四仮は総括して佛教経典全部の十二部経ないし八万といわれる法蔵全体を収めている。したがって四つの論はくわしく以上の四仮を用いている。ただしそれぞれ特色があって、『大智度論』は多く因縁仮を用いている。それは経を註釈してその意義内容を立てるからである。『中論』と『十二門論』とは多く就縁仮を用い、『百論』は多く対縁仮を用いている。

第九章　四論の対縁不同

次に四論の対縁の不同を明かす門。

四論を著《あら》わすに略して二種ありと明かす。提婆菩薩は論鼓を王庭に震いしとき、九十六師は一時に雲集して、各々名理を建て無方の論を立つ。提婆は面《まのあた》りに邪師を拆《くじ》き、後に閑林に還って、当時の言を撰集して、以て百論と為す。竜樹菩薩は帷《とばり》を潜《ひそ》かにして筆に著わし、外情を探り取りて、病を破して経を申ぶ。故に中論を造れり。

問う、何が故に爾るや。答う、竜樹の声は天下に聞こゆ。外道・小乗は敢えて与《とも》に言を交《まじ》えず。故に帷を潜かにして筆に著わして以て論を造るなり。提婆は既に弟子と為《な》り、物情の畏憚せざる所なり。故に之と言を交う。故に後に集めて以て論と為せり。

次明二四論對縁不同一門。著二於四論一略明二二種一。提婆菩薩震二論鼓於王庭一、九十六師一時雲集、各建二名理一立二無方論一。提婆面拆二邪師一、後還二閑林一、撰二集當時之言一、以爲二百論一。龍樹菩薩潜レ帷著レ筆、探二取外情一、破レ病申レ經。故造二中論一。問、何故爾耶。答、龍樹聲聞二天下一。外道小乘不二敢與交一レ言。故潜レ帷著レ筆以造レ論也。提婆既爲二弟子一、物情所レ不二畏憚一。故與レ之交レ言。故後集以爲レ論。

〈明四論対縁不同〉『大乗玄論』五の明所破之縁有対不対の項（大正四五巻、七二中）を参照。〈提婆菩薩……〉『提婆菩薩

伝』の記事（大正五〇巻、一八六以下）による。〈潜帷〉佛教大系本は「帷」を「惟」として、「おもう」と読む。

次に、四つの論が相手とするゆかりのあるものが同じではないことを明らかにする部門について説こう。

四つの論をあらわすのに、その相手とするゆかりのあるものは、略して二つの種類があることを明らかにできる。まずアーリヤデーヴァ（提婆）菩薩は論争のひびき声を王の宮庭でふるった。そのときに九十六人の外道の師が一時に雲のごとく集まって、それぞれが各々ことばだけの理論をたて、種種気儘な論議を立てた。それに対して、アーリヤデーヴァは面前でそれらの邪を説く師をくじいた。そののち静かな林のなかにもどり、当時のことばをえらび集めて、それをもって『百論』となした。他方、ナーガールジュナ（竜樹）菩薩は建物の戸をひっそりと閉じて、考えるところを筆によって著述し、そのなかで外道のひとびとの様子を探《さぐ》りとって、その外道のひとたちの病いを破り、経典を申べ明らかにした。ゆえに『中論』をつくったのである。

問、なぜそうであるか。

答、ナーガールジュナはその名声が天下に聞こえていた。そのために外道や小乗のひとびとは敢えてかれとことばを交えなかった。そのためにナーガールジュナは、建物の戸をひっそりと閉じて、考えるところを筆によって著述して、それによって論をつくったのである。他方、アーリヤデーヴァはもともとナーガールジュナの弟子であったから、世のなかのひとびとから畏れられはばかられるということはなかった。それゆえ外道はかれとことばを交えた。ゆえにアーリヤデーヴァがそのことばをあとになって集めて、それをもって論としたのである。

第十章　三論の所破の縁

次に三論の所破の縁に利・鈍の不同あるを明かす門。

今は略して、中・百の二論を挙げて、衆生の悟を得る不同を明かさん。凡そ四種あり。一には自ら一種の根と縁とあり、百論の始めに罪福を捨て、終りに空有を破するを聞きて、此の言の下に当たりて、無生を悟ることを得るなり。二には諸《もろもろ》の外道あり、提婆の当時の所破を聞きて言理倶《とも》に屈すと雖も、猶お未だ悟を得ず。後に出家して竟《つい》に佛経を禀受《ひんじゅ》して方に乃ち悟を得るなり。此れ中根の人なり。三には諸の外道あり、提婆の言を聞きて、了せずして経を尋ね、翻《ひるがえ》って更に迷を起こす。中論の為に破せられて方に悟を得るなり。此れ下根の人なり。四には諸の外道あり、初めに提婆の言を禀《う》け、乃至中論を尋ねて、亦た未だ解を得ず、後に十二門観の玄略に因りて方に乃ち悟を得るなり。

次明㆔三論所破之縁有㆓利鈍不同㆒門。今略擧㆓中百二論㆒、明㆓衆生得㆑悟不同㆒。凡有㆓四種㆒。一自有㆓一種根縁㆒、聞㆘百論始捨㆓罪福㆒終破㆗空有㆖、當㆓此言下㆒、得㆑悟㆓無生㆒。二有㆓諸外道㆒、雖㆘聞㆓提婆當時所破㆒言理倶屈㆖、猶未㆑得㆑悟。後出家竟禀㆓受佛經㆒方乃得㆑悟。此中根人也。三有㆓諸外道㆒、聞㆓提婆之言㆒、不㆑了尋㆑經、翻更起㆑迷。爲㆓中論㆒所㆑破方得㆑悟。此下根人也。四有㆓諸外道㆒、初禀㆓提婆之言㆒、乃至尋㆓中論㆒亦未㆑得㆑解。後因㆓十二門觀玄略㆒方乃得㆑悟也。

〈百論始……〉『百論』は捨罪福品第一から始まり、破空品第十に終るのをいう。〈無生〉二度と再び生まれない、すなわち輪廻を離れて涅槃（ニルヴァーナ）に達したのをいう。

次に三論によって破られるゆかりのあるものに、その素質がすぐれていると劣っているとの不同があることを明らかにする部門を説こう。

いまそれを略して『中論』と『百論』との二論をあげて、衆生がさとりを得るのに同じでない（種種である）ことを明らかにしよう。それはおよそ次の四種類がある。

(1)第一には、みずから一種の（すぐれた）素質と縁とがあって、『百論』がその始めに罪福を捨てるところから説きおこして、その最後に空有を破っている説を聞いて、このことばを聞いた直後に、無生（涅槃ないし絶対）のさとりを得ることができるものがある。

(2)第二には、多くの外道がある。そのなかで、アーリヤデーヴァ（提婆）がその当時破るところを聞いて、そのことばにも、その理論にも、ともに屈しはするものの、なおまださとることができない、そののち出家して佛道に入り、最後に佛教経典をしっかりと身に受けて、はじめてすなわちさとりを得ることのできるものがある。これは素質の中ぐらいのひとである。

(3)第三には、多くの外道がある。そのなかで、アーリヤデーヴァのことばを聞いても理解できない、そこで経典をあれこれ尋ね求めて、かえってさらに迷いを起こし、そこで『中論』にぶつかり、それに破られて、はじめてさとりを得ることができるものがある。これは素質の劣ったひとである。

(4)第四には、多くの外道がある。そのなかで、最初にアーリヤデーヴァのことばを受けとり、さらに『中論』にあれこれ尋ね求めても、まだ理解が得られない。のちに『十二門論』の思想の幽玄で簡略であるのに触れて、それに因ってはじめてすなわちさとりを得ることができるものがある。

第十一章　中論の名題を釈す

第一節　題名の広略

次に別して中論の名題を釈する門。

此の論の名を立つるに広あり略あり。

言う所の略とは、但だ中論と称す。故に叡法師の序に云く、「中論に五百の偈あり。竜樹菩薩の造る所なり」と。而して後に但だ中論の両字を釈す。故に名づけて略と為す。

問う、何が故に但だ中論と称して、観を題せざるや。答う、中は是れ所論の理実、論は是れ能論 の 教門なり。若し理と教とを明かさば、故に義として周《あまね》からざるなきなり。

言う所の広とは、之に加うるに観を以てす。故に影法師は中論の序に云く、「此の諸辺を寂《しず》むる、之を名づけて中と為す。問答し、拆徴す、之を称して論と為す」と。又云く、「観とは直に、観は心に弁じ、論は口に宣《の》ぶるを以てのみ」と。

問う、何が故に具さには三字を題するや。答う、中に因りて観を発し、観に由りて論を宣ぶ。要《かな》らず三法を備うるときは義は乃ち円足するなり。

次別釋中論名題門。此論立名有廣有略。所言略者、但稱中論。故叡法師序云、中論有五百偈。龍樹菩薩之所造。而後但釋中論兩字。故名爲略。問、何故但稱中論、不題觀耶。答、中是所論之理實、論是能論之敎門。若明理敎、故義無不周也。所言廣者、加之以觀。故影法師中論序云、寂此諸邊、名之爲中。問答拆徵、稱之爲論。又云、觀者直、以觀辨於心、論宣於口耳。問、何故具題三字耶。答、因中發觀、由觀宣論。要備三法義乃圓足也。

〈別釈中論名題門〉吉蔵の『大乗玄論』五の明解中観論名章（大正四五巻、七三下）を参照。〈叡法師序〉現存の漢訳『中論』の序（大正三〇巻、一上）。〈中論有五百偈〉『中論』の偈の数は本により多少異なる。この五百偈は概数。ここにいうクマーラジーヴァ（鳩摩羅什）訳の『中論』はくわしくは四百四十五偈より成る。またチベット訳『無畏論』も同数（総数は同じであるが、なかの品において異同がある）。サンスクリット本は計四百四十八偈。また異本ともいえる『般若灯論』や『大乗中観釈論』となると、偈がこまかく分断されており、偈数は一概に決定しがたい。〈中是所論之理実、論是能論之教門〉前述の僧叡の序に「以中為名者、照其実也、以論為称者、尽其言也」（大正三〇巻、一上）という。〈影法師〉曇影をいう。その『中論』序は『出三蔵記集』十一（大正五五巻、七七）にのこっている。そこに「寂此諸辺、故名曰中、問答析徵、所以為論……亦云中観、直以観辯於心、論宣於口耳」という。〈拆徵〉柝はヒラク、しかし岩波文庫本は「折徵」とある、折はクジク。

次に特別に『中論』の題名について註釈する部門を説こう。

この論がこの題名を立てるのに、広（『中観論』）があり、また略（『中論』）がある。

ここにいうところの略というのは、ただ『中論』と称する。ゆえに僧叡法師の『中論』序にいう、「『中論』には五百の偈がある、ナーガールジュナ（竜樹）菩薩によって造られたものである」と。

そしてそのあとにただ中と論との二つの字を註釈している。それゆえ名づけて略とするのである。

問、なぜただ『中論』と称して、『中観論』と観の字を題としないのか。

答、中はこれ論じられる理の真実であり、論はこれを論じて行く教えの門である。この中と論との二字によって、もしも理と教えとを明らかにするならば、それゆえにどんな義でも充分でないところはない。

ここにいうところの広とは、この『中論』に加えるに観をもってして、『中観論』とする。それゆえ曇影法師の『中論』の序にいう、「この多くの極端なものを寂静ならしめる、これを名づけて中とする。問い答え、ひらきあかす、これを称して論とする」と。またいう、「観とは直接的であり、観は心において区別して明らかにし、論はそれを口に宣べることをもっていうにほかならない」と。

問、なぜくわしく三字を題するのであるか。

答、中に因って観を発し、観に由って論を宣べる。かならず中と観と論との三つの法をそなえる場合には、義が完全に満足するのである。

第二節　次第門

次第門。

問う、此の三字は何の次第あるや。答う、二種の次第あり。一には能化の次第、二には所化の次第なり。

能化の次第とは、中は謂わく、三世十方の諸佛菩薩の所行の道なり。故に前に中を明かす。此の道に由るが故に、諸佛菩薩の正観を発生す。故に次に観を明かす。内に正観あるに由るが故に、佛は之を口に宣べて、之を名づけて経と為す。四依の菩薩は之を口に宣べて、之を目《な》づけて論と為す。所化の悟入の次第に約すれば、禀教《ひんきょう》の徒は論に因りて中を識り、中に因りて観を発す。若し佛に望めば、教に因りて理を識り、理に因りて観を発するなり。

次第門。問、此三字有㆓何次第㆒耶。答、有㆓二種次第㆒。一者能化次第、二者所化次第。能化次第者、中謂三世十方諸佛菩薩所行之道。故前明㆑中。由㆓此道㆒故、發㆓生諸佛菩薩正觀㆒。故次明㆑觀。由㆔內有㆓正觀㆒故、佛宣㆓之於口㆒、名㆑之爲㆑經。四依菩薩宣㆓之於口㆒、目㆑之爲㆑論也。約㆓所化悟入次第㆒者、禀敎之徒因㆑論識㆑中、因㆑中發㆑觀。若望㆓於佛㆒、因㆑敎識㆑理、因㆑理發㆑觀也。

次に中・観・論の三字の次第（順序）の門を説く。

問、この三字にどのような次第があるのであるか。

答、それには次の二種の次第がある。(1)能化（能動態の教化）の次第、(2)所化（受動態の教化）の次第である。

(1)能化の次第というのは、三字のなかで、中とは三世十方の多くの佛・菩薩によって実践される道をいうのである。それゆえまず前に中を明かす。そこでこの道に由るがゆえに、多くの佛・菩薩の正観を発生する。それゆえ次に観を明かす。そして内に正観があることに由って、ゆえに佛はこれを口に宣べる、これを名づけて経とする。最高の第四の位にのぼった菩薩（＝ナーガールジュナ）はこれを口に宣べる、これを名づけて論（＝『中観論』）とする。（そこで中・観・論の順序となる）。

(2)所化すなわち教化されて悟りに入って行く次第について述べれば、教えを受けるひとびとは、論に因って中を認識し、中に因って観を発する。（したがって論・中・観の順序となる）。これをもしも佛の方から望むならば、教えに因って理を認識し、理に因って観を発するのである。（教＝論、中＝理であるから、これも論・中・観の順序となる）。

第三節　制立門

次に制立《りゅう》門。

但だ三字を明かして多からず少なからざる所以は、略して三義あり。一には諸佛菩薩は凡そ二徳あり、一には自行、二には化他なり。中と観とは謂わく自行なり。論の一字は即ち是れ化他なり。自行と化他とは義として摂せざることなし。故に但だ三字を標す。二には衆生を化するに要《かな》らず必ず三を具す。一には所悟の理あり。二には理に因りて観を発す。三には観に由りて論を宣ぶ。故に但だ三を明かすなり。三には中を以て観に対すれば、是れ境智の名なり。観を以て論に対すれば、行説の称と為す。中に因りて観を発するが故に、中を以て境と為し、観を以て智と為す。説の如く行ずるを観と為し、行の如く説くを論と為す。義は唯だ此の四なるを以ての故に、名字は但だ三の名あるなり。

次制立門。所下以但明二三字一不レ多不上レ少者、略有二三義一。一者諸佛菩薩凡有二二徳一、一者自行、二者化他。中之與レ觀謂自行也。論之一字即是化他。自行化他義無レ不レ攝。故但標二三字一。二者化二於衆生一要必具レ三。一者有二所悟之理一。二者因レ理發レ觀。三者由レ觀宣レ論。故但明レ三也。三者以レ中對レ觀、是境智之名。以レ觀對レ論、爲二行説之稱一。因レ中發レ觀故、以レ中爲レ境、以レ觀爲レ智。

如レ説而行爲レ觀、如レ行而説爲レ論。以二義唯此四一故、名字但有二三名一也。

〈制立門〉立つるを制するというのは、ただ中・観・論の三字だけを立てるのに制限するの意。

次に三字に制限する部門を説く。

ただ中・観・論の三字だけを明かして、それで多くもなく少なくもない理由は、略して次の三種類がある。

(1)多くの佛・菩薩はおよそ二つの徳がある。すなわち①みずからの実践、②他の教化である。三字のうちで、中と観とはみずからの実践をいう。論の一字はすなわちこれ他の教化である。みずからの実践と他の教化という二つのことで、義としておさめていないものはない。それゆえ、ただこの三字を標題としてかかげる。

(2)衆生を教化するには、どんな場合にもかならず次の三つがそなわっていなければならない。①さとられた理がある。②理に因って観を発する。③観に由って論を宣べることである。それゆえ、ただ右の三字を明かすのである。

(3)中をもって観に対すれば、これは中は境（対象）、観は智の名称である。観をもって論に対すれば、これは観は行、論は説の名称とする。なぜならば、中に因って観を発する、それゆえ中をもって境となし、観をもって智とするのである。また説くごとく行ずる（実践する）のを観となし、行ずるごとく説くのを論となす。そして『中論』の義は、この境・智・行・説の四つであることをもって、それゆえただ『中観論』の三字だけの名があるのである。

第四節　通別を論ずる門

次に通別を論ずる門。

通じて言を為さば、三字は皆中なり、皆観なり、皆論なり。言う所の皆中とは、理は実にして偏ならざるが故に、理を名づけて中と為す。中の理に因りて観を発せば、観は偏観にあらず。観も亦た中と名づく。中の観に因りて論を宣ぶるに、論は偏論にあらず。論も亦た中と名づく。三字皆観とは、中は是れ義相の観なり、観は是れ心行の観なり、論は是れ名字の観なり。亦た三種の般若の如し。中は是れ実相般若なり、観は是れ観照般若なり、論は是れ文字般若なり。三種皆論とは、論は是れ能論なるが故に名づけて論と為す。余の二は所論なれば、亦た名づけて論と為すなり。

別に就いて言わば、理は実にして偏せず、其の中の名を与う。智は是れ達照なれば、其の観称に当たる。論は是れ言教なり、故に之を目《な》づけて論と為す。

次論二通別一門。通而為レ言、三字皆中、皆觀、皆論。所レ言皆中者、理實不レ偏故、理名為レ中。因二中理一發レ觀、觀非二偏觀一。觀亦名レ中。因二中觀一宣レ論、論非二偏論一。論亦名レ中。三字皆觀者、中是義相觀、觀是心行觀、論是名字觀。亦如二三種般若一。中是實相般若、觀是觀照般若、論是文字般若。三種皆論者、論是能論故、名為レ論。餘二所論、亦名為レ論也。就レ別而言、理實不レ偏、與二其中名一。智是達照、當二其觀稱一。論是言敎、故目レ之為レ論。

〈三種般若〉慧遠の『大乗義章』十に「三種般若出大智論」（大正四四巻、六六九上）といい、文字般若、観照般若、実相般若をあげる。

次に中・観・論の三字の通と別とを論ずる部門を説く。

全体を通してことばをあてはめれば、右の三字は、(1)みな中である、(2)みな観である、(3)みな論である。そこでそのそれぞれを説明しよう。

(1)ここにいうところの三字はみな中であるというのは、『中観論』に説く理は実相であってかたよっていない。ゆえに理を名づけて中とする。またこの中の理に因って観を発するから、観はかたよった観にはならない。そこで観もまた中と名づける。この中の観によって論を宣べるから、論はかたよった論にはならない。そこで論もまた中と名づける。

(2)三字はみな観であるというのは、中はこれ真実のありかたの観(あらわれ)であり、観はこれ心のはたらきの観であり、論はこれ名称や文字による観である。そしてそれはまた次の三種の般若(智慧)のごとくである。すなわち中はこれ実相の般若であり、観はこれ観照の般若であり、論はこれ文字の般若である。(ここは般若で観をいいかえている)。

(3)三つの字の種類はみな論であるというのは、論は能動態の論であるから、名づけて論とする。その他の二すなわち中と観とは受動態の所論であるから、また名づけて論とするのである。

また中・観・論の三字を別々に、それぞれについていうならば、『中観論』の説く理は実相であってかたよらない、そこでそれに中の名をあたえた。また智はこれ理を観照するがゆえに、それの観の名称に相当する。論はこれそのことばによる教えであるから、これを名づけて論としたのである。

第五節　互の発と尽とを明かす門

次に互の発と尽とを明かす門。

中に就いて、中は観を発し、観は中を発し、縁は観に尽き、観は縁に尽くることあり。

言う所の中は観に発すとは、涅槃経に云うが如し、「十二因縁の不生不滅なる、能く観智を生ず、譬えば胡瓜の能く熱病を発するが如きなり」と。観は中を発すとは、衆生は本と因縁は是れ生なり是れ滅なりと謂いて、これ中なるを知らず。正観を以て生滅を検するに得ず、方《まさ》に因縁は是れ中なりと悟る。此れ則ち観に因りて中を発するなり。

縁は観に尽き、観は縁に尽くとは、凡夫と二乗と及び有所得の偏邪の縁は、菩薩の正観の内に尽く。故に縁は観に尽くと名づく。観は縁に尽くとは、邪縁の既に尽くれば、正観も亦た息む。故に観は縁に尽くと名づく。縁は観に尽くるが故に縁にあらず。観は縁に尽くるが故に観にあらず。縁にあらず観にあらず、知らず、何を以てか之を美《ほ》めん、強いて正観と名づくるなり。

問う、既に縁は観に尽き観は縁に尽くることを得れば、亦た中は観に尽き観*は中に尽くることを得るや不《いな》や。答う、亦た爾《しか》ることを得るなり。中は是れ智の境なり。観は是れ境の智なり。境は自ら境にあらず、智に因《よ》るが故に境なり。智は自ら智にあらず、境に由るが故に智なり。智に由るが故に境なれば、境は自ら境にあらず。境に由るが故に智なれば、智は自ら智にあらず。自ら智にあらざれば則ち智にあらず。自ら境にあらざれば則ち境にあらず。故に是れ境は智に尽き、智は境に尽く。

問う、亦た縁は観を発し、観は縁を発するや不や。答う、邪縁に由るが故に正観を顕わすことを得。即ち是れ縁は観を発するなり。正観に由るが故に縁は是れ邪なりと顕わす。謂わく観は縁を発するのみ。

次明二互發盡一門。就レ中有二中發レ觀、觀發レ中、縁盡レ觀、觀盡レ縁。所レ言中發レ觀者、如二涅槃經云一、十二因縁不生不滅能生二觀智一。譬如三胡瓜能發二熱病一也。觀發レ中者、衆生本謂二因縁是生是滅一、不レ知二是中一。以二正觀一檢二生滅一不レ得、方悟二因縁是中一。此則因レ觀發レ中。縁盡二於觀一、觀盡二於縁一者、凡夫二乘及有所得偏邪之縁、盡二菩薩正觀之內一。故名三縁盡二於觀一。觀盡二於縁一者、邪縁既盡、正觀亦息。故名三觀盡二於縁一。縁盡二於觀一故非レ縁。觀盡二於縁一故非レ觀。非レ縁非レ觀。不レ知何以美レ之、强名二正觀一也。問、既得二縁盡レ觀觀盡レ縁、亦得二中盡レ觀觀*盡レ中不。答、亦得レ爾也。中是智境。觀是境智。境不二自境一、因レ智故境。智不二自智一、由レ境故智。由レ智故境、境不二自境一。由レ境故智、智不二自智一。不二自智一則非レ智。不二自境一則非レ境。故是境盡二於智一、智盡二於境一。問、亦得下縁發二於觀一、觀發中於縁上不。答、由二邪縁一故得レ顯二正觀一。即是縁發二於觀一。由二正觀一故顯二縁是邪一。謂觀發二於縁一耳。

〈観〉* 大正に「親」とあるのは明らかに誤植であるから、「観」に改める。

〈瓜〉は佛教大系本や岩波文庫本は〈苽〉とする。瓜はウリ、苽はマコモ。〈涅槃経云〉『大般涅槃経』に「善男子、是観十二因縁智慧、即是阿耨多羅三藐三菩提種子、以是義故、十二因縁名為佛性、善男子、譬如胡瓜名為熱病。何以故、能為熱病作因縁故、十二因縁亦後如是」(大正一二巻、五二四上)という。

次に中・観・論の三字が互いに発し互いに尽きることを明らかにする部門について述べよう。

その三字のなかで、中は観を発し、観は中を発し、また縁は観に尽き、観は縁に尽きるという関係がある。それを次に説明しよう。

ここにいうところの中は観を発するとは、涅槃経に次のようにいうがごとくである、「十二因縁の不生不滅であることを知れば、よく観の智を生ずる。たとえば胡瓜がよく熱病を発するがごとくである」と。次に観は中を発するというのは、衆生はもともと「因縁はこれ生である、これ滅である」といって、これが実は不生不滅の中であることを知らない。しかし正しい観をもって生滅をしらべてみれば、因縁の生滅は得られないで、そこではじめて因縁はこれ中であることをさとるのである。これすなわち観に因って中を発するのである。

縁は観に尽き、観は縁に尽きるというのを説明しよう。縁は観に尽きるとは、凡夫と小乗の二乗（声聞乗と縁覚乗）とおよび得たものにとらわれているものとのかたよった邪の縁は、菩薩の正しい観の内部に尽きてなくなってしまう。ゆえに縁は観に尽きると名づける。また観は縁に尽きるとは、邪の縁がすでに尽きれば、正しい観もまたなくなってしまう。ゆえに観は縁に尽きると名づける。このように、縁は観に尽きるがゆえに縁ではなく、観は縁に尽きるがゆえに観ではない。こうして縁でもなく観でもないとすれば、何ということばをもってこれを飾るべきかがわからない、そこでしいて正しい観と名づけるのである。

問、すでに縁は観に尽き、また観は縁に尽きることがありうるならば、また中は観に尽き、観は中に尽きることがありうるか、どうか。

答、またそのようなことがありうる。すなわち、中はこれ智の境（対象）であり、観はこれ境の智である。ところで境はみずから境ではなく、智に因るがゆえに境である。他方、智はみずから智ではなく、境に由るがゆえに智である。このように、智に由るがゆえにはじめて境なのであるから、境はみずから境ではない。また境に由るがゆえに智なのであるから、智はみずから智ではない。みずから智でないならば、すなわち智ではない。みずから境でないならば、すなわち境ではない。それゆえこれ境は智に尽き、智は境に尽きる。

問、また縁は観を発し、観は縁を発することがありうるか、どうか。

答、そのとおりである。邪の縁に由るがゆえに、正しい観をあらわすことができる。すなわちこれは縁は観を発するのである。他方、正しい観に由るがゆえに、縁はこれ邪であったことをあらわす。それは観は縁を発するというのにほかならない。

第六節　別して三字を釈す

次に別して三字を釈することを明かす門。

総じて釈義を論ずるに凡そ四種あり。一には名に依りて義を釈す。二には理教に就きて義を釈す。三には互相に就きて義を釈す。四には無方にして義を釈するなり。

名に依りて義を釈すとは、中は実を以て義と為し、中は正を以て義と為す。中は実を以て義を為すとは、涅槃に本有今無の偈を釈して云うが如し、「我れ昔本と中道の実義なし。是の故に現在に無量の煩悩あり」と。叡師は中論の序に云く、「中を以て名と為すは、其の実を照らすなり」と。照は謂わく顕なり。中の名を立て、諸法の実を顕わさんと欲するが為の故に、其の実を照らすと云うなり。言う所の正とは、華厳に云く、「正法の性は一切の言論の道を遠離せり。一切の趣と非趣とは悉く皆寂滅相なり」と。此の正法は即ち是れ中道なり。偏を離るるを中と曰う、邪に対して正と名づく。肇公の物不遷論に云く、「正観論に曰く、

『方《ほう》を観て彼の去を知る、去る者は方《ほう》に至らず』」と。故に知る、中は正を以て義と為すなり。

理教の釈義とは、中は不中を以て義と為す。然る所以は、諸法実相は中にあらず不中にあらず。無名相の法を衆生の為の故に強いて名相をもって説く。此の名に因りて以て無名を悟らしめんと欲す。是の故に中を説くことは不中を顕わさんが為なり。問う、中は不中を以て義と為すとは何の文に出ずるや。答う、華厳に云く、「一切の有無の法は有無にあらざるを了達す」と。若し爾《しか》らば、一切の中偏の法は中偏にあらざるを了達すとは、即ち其の事なり。

言う所の互相の釈義とは、中は偏を以て義と為す。偏は中を以て義と為す。然る所以は、中と偏とは是れ因縁の義なり。故に偏を説きて中を悟らしめ、中を説きて偏を識らしむ。経に云うが如し、「世諦を説きて第一義諦を識らしめ、第一義諦を説きて世諦を識らしむるなり」と。

四に無方の釈義とは、中は色を以て義と為し、中は心を以て義と為す。是の故に華厳経に云く、「一の中に無量を解し、無量の中に一を解す」と。故に一法は一切法を以て義と為すことを得。一切法は一法を以て義と為すことを得。

問う、中に幾種ありや。答う、既に称して中と為せば、則ち多にあらず一にあらず。義に随いて縁に対して多とも一とも説くことを得。言う所の一の中とは、一道清浄にして更に二道なし。一道とは即ち一の中道なり。言う所の二の中とは、則ち二諦に約して中を弁ず、謂わく世諦中と真諦中なり。世諦は偏せざるを以ての故に名づけて中と為す。真諦は偏せざるを名づけて真諦の中と為す。言う所の三の中とは、二諦中と及び非真非俗の中なり。言う所の四の中とは、謂わく対偏中、尽偏中、絶待中、成仮中なり。対偏中とは、大小の学人の断常の偏病に対す、是の故に対偏中と説くなり。尽偏中とは、大小の学人は断常の偏病あれば則ち中を成ぜず。偏病若し尽くれば則ち名づけて中と為す。是の故に経に云く、「衆生の見を起こすに凡そ二種あり。一には断、一には常なり。是《かく》の如き二見は中道と名づけず。常なく断なければ、乃ち中道と名づく」と。故に尽偏中と名づくるなり。絶待中とは、本《も》と偏病に対す、是の故に中あり。偏病は既に除かば、中も亦た立たず。中にあらず偏にあらざるも、衆生を出処せんが為に強いて名づけて中と為すを、絶待中と謂う。故に此の論に云わく、「若し始終あることなければ、中は当に云何があらんや」と。経にも亦た云く、「二辺を遠離して中道に著せず」と。即ち其の事なり。成仮中とは、有無を仮と為し、非有非無を中と為す。非有非無に由るが故に、有無と説く。此《かく》の如きの中は仮を成ぜんが為に、成仮中と謂うなり。然る所以は、良《まさ》に正道は未だ曾つて有無ならず、衆生を化せんが為に、仮に有無と説くに由るが故に、有無にあらざるを以て中と為し、有無を仮と為すなり。成就中に就きて単複踈密横竪等の義あり。具さには中仮の義に説くが如し。有を説きて単仮と為し、非有を単中と為すが如く、無の義も亦た爾り。有無を複仮と為し、非有非無を複中と為す。有無を踈仮と為し、非有非無を踈中と為す。不有の有を密仮と為し、有の不有を密中と為す。踈は即ち是れ横、密は即ち是れ竪なり。

次明三別釋二三字一門。總論二釋義一凡有二四種一。一依レ名釋レ義。二就二理教一釋レ義。三就二互相一釋レ義。四無方釋レ義也。依レ名釋レ義者、中以レ實爲レ義、中以レ正爲レ義。中以レ實爲レ義者、如下涅槃釋二本有今無偈一云上、我昔本無二中道實義一。是故現在有二無量煩惱一。叡師中論序云、以レ中爲レ名者、照二其實一也。照謂顯也。立二於中名一、爲レ欲レ顯二諸法實一故、云レ照二其實一也。所レ言正者、華嚴云、正法性遠二離一切言語道一。一切趣非趣悉皆寂滅相。此之正法卽是中道。離レ偏曰レ中。對レ邪名レ正。肇公物不遷論云、正觀論曰、觀レ方知二彼去一、去者不レ至レ方。故知、中以レ正爲レ義也。理教釋義者、中以二不中一爲レ義。所二以然一者、諸法實相非レ中非二不中一。無名相法爲二衆生一故強名相說。欲レ令下因二此名一以悟中無名上。是故說レ中爲レ顯二不中一。問、中以二不中一爲レ義出二何文一耶。答、華嚴云、一切有無法了達非有無。若爾、一切中偏法了達非中偏、卽其事也。所言互相釋義者、中以偏爲義。偏以中爲義。所以然者、中偏是因緣之義。故說偏令悟中、說中令識偏。如經云、說世諦令識第一義諦。說第一義諦令識世諦也。四無方釋義者、中以色爲義。中以心爲義。是故華嚴經云、一中解無量、無量中解一。故一法得以一切法爲義。一切法得以一法爲義。問、中有幾種。答、旣稱爲中、則非多非一。隨義對緣得說多一。所言一中者、一道清淨更無二道。一道者卽一中道也。所言二中者、則約二諦辨中、謂世諦中眞諦中。以世諦不偏故名爲中。眞諦不偏名爲眞諦中。所言三中者、二諦中及非眞非俗中。所言四中者、謂對偏中、盡偏中、絕待中、成假中也。對偏中者、對大小學人斷常偏病。是故說對偏中也。盡偏中者、大小學人有於斷常偏病則不成中。偏病若盡則名爲中。是故經云、衆生起見凡有二種、一斷二常。如是二見不名中道。無常無斷乃名中道。故名盡偏中也。絕待中者。本對偏病、是故有中。偏病旣除中亦不立。非中非偏、爲出處衆生强名爲中、謂絕待中。故此論云、若無有始終、中當云何有。經亦云、遠離二邊不著中道。卽其事也。成假中者、有無爲假、非有非無爲中。由非有非無故、說有無。如此之中爲成於假、謂成假中也。所以然者、良由正道未曾有無、爲化衆生假說有無故、以非有無爲中。有無爲假也。就成假中有單複疎密橫竪等義。具如中假義說。如說有爲單假、非有爲單中、有無義亦爾。有無爲複假、非有非無爲複中。有無爲疎假、非有非無爲疎中。不有有爲密假、有不有爲密中。疎卽是橫、密卽是竪也。

《別釈三字》実際は中・観・論の三字のうち中の一字を釈する。《涅槃本有今無偈云》『大般涅槃経』のこの偈全文は「本有今無、本無今有、三世有法、無有是処」といい、ここでカーシャパ（迦葉）が如来にその偈の意味を問い、偈の第二句「本無今有」の解釈に、「言本無者、本無般若波羅蜜、以無般若波羅蜜故、現在具有諸煩悩結……言本無者、我本無有中道実義、以無中道真実義故、於一切法則有著心」（大正一二巻、四六四下—四六五上）という。〈叡師中論序云〉現存の青目釈鳩摩羅什訳の『中論』の序を僧叡が記している（大正三〇巻、一上）。〈華厳云〉『大方広佛華厳経』（晋訳）三十四の偈の文、原本は「寂滅相」を「寂滅性」とする（大正九巻、六一五上）。なお華厳経漢訳については本書一三三ページを参照。〈物不遷論云〉『肇論』の一部である『物不遷論』に「中観云、観方知彼去、去者不至方、斯皆即動而求静、以知物不遷」（大正四五巻、一五一上）という。〈観方知去去者不至方〉『中論』観去来品の始めの偈の「已去無有去、未去亦無去、離已去未去、去時亦無去」によって、去は否定されるが、世俗諦の立場から方すなわち去処との相待によって去法を知るとの意であろう。〈華厳云〉『大方広佛華厳経』（晋訳）五、如来光明覚品の偈の文に「一切有無法、了達非有無、如是正観察、能見真実佛」（大正九巻、四二六下）という。〈経云〉『大般涅槃経』梵行品に「諸佛世尊、為第一義故、説於世諦、亦令衆生得第一義諦、若使衆生不得如是第一義者、諸佛終不宣説世諦」（大正一二巻、四六五中）というのによる。〈華厳経云〉前と同じく如来光明覚品の偈の文（大正九巻、四二三上）。〈経云〉『大般涅槃経』師子吼菩薩品に「衆生起見凡有二種、一者常見、二者断見、如是二見不名中道」（大正一二巻、五二三下）という。〈此論云〉『中論』本際品の第二偈（大正三〇巻、一六上）。〈経亦云〉『大集経』虚空蔵品の偈に「世尊善知如是法、得至清涼泥洹道、去離二辺不著中、知虚非真無自性」（大正一三巻、九五上）というのによる。〈単複疎密横竪〉一つの仮有または仮無のみを説くのを単仮、一つの非有または一つの非無のみを説くのを単中という。ならべて仮有仮無を説くのを複仮、ならべて非有非無を説くのを複中という。有無の両法について論ずるのが疎、そのうちの一法についてのみ論ずるのが密である。相対的に表わすのが横、絶対的に表わすのが竪と名づける。〈中仮義〉吉蔵の『大乗玄論』は現存のものは五巻で、八義より成り、そのなかに中仮義はない。しかしこの本はもと二十巻あり、そのなかに中仮義があったといわれる。〈有無為疎仮……有不有為密中〉『大乗玄論』一の二諦義に「問曰、非有非無而有而無、為疎仮、為是密仮。答曰、此是疎仮。何故爾。以其両来就有無二法弁故、是疎仮。若弁密仮、非有非不有而有而不有、以其就一法明義。是即両法為疎。一法故密」（大正四五巻、一八下）という。〈疎即是横密即是竪也〉『大乗立論』二、八不義に「如言有即為横、不有為竪。亦如絶為横、不絶為竪。若不絶為横、則非絶非不絶為竪」（大正四五巻、二五中）という。

次に特別に三字について註釈することを明かす部門について述べよう。一般に釈義（意味・内容を註釈する）にはおよそ四種類ある。(1)名称に依る釈義、(2)その理と教えについての釈義、(3)たがいに相待しあっておこなう釈義、(4)不定の釈義である。

(1)名称による釈義とは、①「中は実をもって義とする」②「中は正をもって義とする」というのがそれである。このうち①「中は実をもって義とする」というのは、涅槃経に「本有今無」の偈を註釈して、次のようにいうがごとくである、「自分(=佛)は昔はもともと中道の真実の義がなかった。それゆえ現在において数えきれないほどの煩悩がある」と。(そこにいう中道の真実がそれに相当する)。また僧叡師が『中論』の序にいう、「中をもってこの書物の題名とするのは、その真実を照らしているのである」と。この照らすというのは顕《あら》わすことをいう。すなわち『中論』と中の名を立てるのは、諸法の真実をあらわそうと欲するがためである、ということになり、それゆえここでその真実を照らすというのである。②「中は正をもって義とする」とここにいうところの正とは、華厳経にいう、「正法の本性は一切のことばによる表現の道から遠く離れている。一切の実践される道と実践から離れた道とは、ことごとくみなすべてを滅ぼして寂静なすがたである」と。ここに正法といっているのが、すなわちこれ中道である。あるいはまた(中と正とは)、かたよっているのを離れるのを中といい、また邪に対するのを正と名づける。僧肇の『物不遷論』に、「正観論(=『中論』)にいう、『去る方角(去処)を観て、世俗諦によってかの去を知る。しかしながら第一義諦によれば去る・去らないということをいう去そのものがすでになく、去るものは去る方角に到達するということはない』」と。それゆえ、中は正をもってその義となすことを知るのである。

(2)その理と教えについての釈義とは、中は不中をもってその義とすることをいう。そうである所以は、諸法の実相は中でもなく不中でもない。もともと名づけられないありかたの法を、衆生のためのゆえにしいて名づけたありかたによって説くのである。それはこの名づけることによって、名づけられないということをさとらせようと欲するからである。それゆえに中を説くのは不中をあらわさんがためである。

問、中は不中をもって義とするというが、この文章はどの文に出ているか。

答、それは華厳経にいう、「一切の有無の法は有無ではないと完全に了解する」と。もしもそうであれば、一切の中と偏（かたより）との法はそのまま中と偏との法ではないと了達することになって、すなわちこれが右のこと（中―不中）を述べているのである。

(3)たがいに相待しあっておこなう釈義とは、中は偏（かたよっている）をもってその義とし、偏は中をもってその義とすることをいう。そうである所以は、中と偏とはこれ因縁の関係存在の義をもっている。それゆえ、偏を説いて中をさとらせ、中を説いて偏を認識させる。これは涅槃経に次のようにいうがごとくである、「世俗諦を説いて第一義諦を認識させ、第一義諦を説いて世俗諦を認識させるのである」と。

(4)不定の釈義とは、「中は色（物質的対象）をもって義とする」といったり、「中は心をもって義とする」とかいうことをさす。それゆえ華厳経にいう、「一のなかに無限（無量）を理解し、無限のなかに一を理解する」と。それゆえ一法は一切の法をもって義となすことができるし、一切の法は一法をもって義となすことができる。

問、中に幾種類あるか。

答、すでに称して中となしているのであるから、その種類は多数でもなく一でもない。しかしながらその義にしたがい、その対応する縁にしたがって、多数とも一つとも説くことができる。（以下ここには⑴一中、⑵二中、⑶三中、⑷四中を説明しよう）。

⑴ここにいうところの一つの中とは、唯一の道のみであり、それは清浄であって、それ以上二道はない。この一道とはすなわち一つの中道である。

⑵ここにいうところの二つの中とは、すなわち二諦に集約して中を明らかにする。世俗諦の中と真諦の中とである。世諦は有にかたよらないことをもってのゆえに、名づけて中とする。また真諦は空にかたよらないから、名づけて真諦の中とする。

⑶ここにいうところの三つの中とは、それら二諦の中と、および非真非俗の中である。

⑷ここにいうところの四つの中とは、①対偏中、②尽偏中、③絶待中、④成仮中である。（その四つを次に説明しよう）。

①対偏中とは、大乗と小乗とを学ぶ弟子たちが断滅と常住との二つのかたよった病いに陥らないよう、それらの偏に対する。それゆえ対偏中というのである。

②尽偏中とは、大乗と小乗とを学ぶ弟子たちが、断滅と常住との二つのかたよった病いがあれば、すなわち中を成就することはできない。その偏（かたより）の病いがもしも尽きてなくなれば、すなわち名づけて中とする。それゆえ涅槃経にいう、「衆生が（まちがった）考えを起こすのにおよそ二種類ある。一つには断滅、二つには常住である。このような二つの（まちがった）考えは、それを中道とは名づけない。常住もなくなり断滅もなくなった考えをすなわち中道と名づける」と。それゆえ、尽偏中と名づけるのである。

③絶待中とは、もともと偏の病いに対するものである。この病いのゆえに中が成立する。偏の病いがすでに除かれてなくなっていれば、中もまた成立しない。こうして中でもなく偏でもないが、衆生を迷い場所から出て行かせるために、しいて名づけて中となすのを、ここで絶待の中というのである。それゆえこの『中論』にいう、「もしも始めも終わりもあることがないならば、どうして中がまさにあることがあろうか」と。また『大集経』にもまたいう、「二つの辺（極端）から遠く離れて、しかも中道にもとらわれない」と。このようにいうのがすなわちそれである。

④成仮中とは、有無を仮とし、非有非無を中とする。そしてその非有非無に由るがゆえに有無と説くことをいう。すなわちこのような中は、仮を成立させるために説かれる。そこでこれを成仮中というのである。そうである所以は、まことに正しい道はいまだかつて有無ではないけれども、衆生を教化せんがために、仮に有無と説くことに由る。それゆえ有無ではないのを中とし、有無を仮とするのである。成仮中については、単と複、疎と密、横と竪などの義がある。それらはくわしくは中仮義に説くがごとくである（が、ここにその大要を説明すると）、有を説くのを単仮となし、非有を説くのを単中とする。無の義についてもまたそうであって、（無を説くのを単仮となし、非無を説くのを単中とする）。次に有無を説くのを複仮となし、非有非無を説くのを複中とする。次に有無を説くのを疎仮となし、非有非無を説くのを疎中とする。次に不有の有を説くのを密仮となし、有の不有を説くのを密中とする。次に疎はすなわちこれ横であり、密はすなわちこれ竪である。

第七節　四種の不同

次に中の不同を釈するに、四種あることを得。一には外道に明かす中、二には毘曇に明かす中、三には成実に明かす中、四には大乗の人の明かす中なり。

外道に中を説くは、僧佉《そうぎゃ》の人の言わく、「泥団《でいだん》は瓶《びょう》にあらず、非瓶にあらず」と。即ち是れ中の義なり。衛《えい》世師《せいし》の云く、「声は大と名づけず、小と名づけず」と。勒沙婆《ろくしゃば》の云く、「光は闇にあらず、明にあらず」と。此の三師は並びに両非を以て中と為す。而れども未だ中と為す所以を知らざるのみ。

毘曇の人の中を釈するは、事あり理あり。事の中とは、無漏の大王は辺地に在らず。欲界及び非想に在らざるを謂うなり。理の中とは、苦集の理は断ならず常ならざるを謂うなり。

成実の人の中道を明かすは、論文に直ちに有を離れ無を離るるを聖中道と名づくと言えり。而るに論師の云く、「中道に三あり、一には世諦の中道、二には真諦の中道、三には非真非俗の中道なり」と。

四には大乗の人の中を明かすは、摂大乗論師が明かすが如し、非安立諦は生死に著せず、涅槃に住せず。之を名づけて中と為す、と。

義の本《も》とは、無住を以て体の中と為す、此れは是れ合門なり。体の中に於いて、開いて両用と為す、謂わく真と俗なり。此れは是れ用の中なり。即ち是れ開門なり。又中仮師の云く、「非有非無を中と為し、而有而無を仮と為すなり」と。

次釋二中不同一、得レ有二四種一。一外道明中。二毘曇明中。三成實明中。四大乘人明中也。外道說レ中者、僧佉人言、泥團非レ瓶非二非瓶一。卽是中義也。衞世師云、聲不レ名レ大、不レ名レ小。勒沙婆云、光非レ闇非レ明。此之三師並以二兩非一爲レ中。而未レ知レ所二以爲一レ中耳。毘曇人釋レ中者、有レ事有レ理。事中者、無漏大王不レ在二邊地一。謂レ不レ在二欲界及非想一也。理中者、謂二苦集之理不レ斷不一レ常也。成實人明二中道一者、論文直言三離レ有離レ無名二聖中道一。而論師云、中道有レ三。一世諦中道、二眞諦中道、三非眞非俗中道。四大乘人明レ中者、如下攝大乘論師明二非安立諦不レ著二生死一、不レ住二涅槃一、名レ之爲レ中也。義本者、以二無住一爲二體中一、此是合門。於二體中一、開爲二兩用一。謂眞俗。此是用中。即是開門也。又中假師云、非有非無爲レ中、而有而無爲レ假也。

三論玄義（終）

〈外道説中〉『百論』破空品に「汝大経中、亦有無説法、如衛世師経、声不名大、不名小。僧佉経、泥団非瓶非非瓶。尼乾法、光非明非暗」（大正三〇巻、一八一下）という。〈僧佉人〉いわゆるインドの六派哲学のひとつのサーンキヤ（Sāṃkhya, 数論）をいう。〈衛世師〉同じく六派哲学のひとつヴァイシェーシカ（Vaiśeṣika 勝《かつ》論）をいう。〈勒沙婆〉インドの六師外道のひとつのジャイナ教の古師といわれるルシャブハ（Ṛṣabha）〈無漏大王不在辺地〉『大乗義章』十三、八禅定義に「無漏禅者、依如毘曇、前九地有、非想地無、故雑心云、無漏大王不居辺地、欲界非想名為辺地」（大正四四巻、七一九上）。ただしここにいうように『雑心論』の現在の本にはこの文章は見あたらない。〈成実……論文直言〉『成実論』一切有無品に「若決定有、即堕常辺。若法定無、則堕断辺。離此二辺名聖中道」（大正三二巻、二五六中）という。〈論師云〉成実宗のひと。すなわち『中観論疏』一本に「三中不成」を論じ、他（成実師）云くとして、「不常不断名世諦中道……非有非無為世諦中道……真諦四絶故名為中……非真非俗名為中道」（大正四二巻、一一上）と三種の中道を述べる。〈摂大乗論師〉摂論宗のひと。『大乗玄論』二諦義に「大乗師復言、三性是俗、三無性非安立諦、為真諦故」（大正四五巻、一五下）という。〈以無住為体中〉『維摩詰所説経』観衆生品に「従無住本、立一切法」（大正一四巻、五四七下）という。〈中仮師〉『続高僧伝』七「法朗伝」によれば、中仮師は禅衆寺の勇法師や長干寺の弁法師などの異なった考えを指す（大正五〇巻、四七七下）。また『中観論疏』二本に「中仮師、聞仮作仮解、亦須破此破」（大正四二巻、二五中下）という。

次に中についてその同じでない（種類）を解釈する部門について述べよう。

中の種類に次の四種がありうる。⑴外道に明かす中、⑵アビダルマに明かす中、⑶『成実論』（成実宗）に明かす中、⑷大乗のひとの明かす中である。

⑴外道で中を説くのは、①サーンキヤ学派のひとがいう、「泥のかたまりは瓶ではない、瓶でないものではない」と。すなわちこれは中の義である。②ヴァイシェーシカ学派のひとがいう、「声は大と名づけない、小と名づけない」と。③ジャイナ教の古師のルシャブハがいう、「光は闇ではない、明りではない」と。以上のこれら三師は、みな二つの否定をもって中としている。しかしながら、まだ真実の中である所以を知らないのみである。

⑵アビダルマのひとが中を解釈するのに、その中に、①事の中と②理の中とがある。そのうち、①事の中とは、「煩悩の全くなくなった大王である禅定の境地は、極端な場所ではない」というのがそれであって、欲望の世界と無念無想の場所とにいるのではなくて、その中間にいることをいっているのである。②理の中とは、四諦の（苦・集の）理は断滅でもなく常住でもないのをいうのである。

⑶『成実論』（成実宗）のひとが中道を明かすとは、『成実論』の文章に直接に「有を離れ無を離れるのを、聖なる中道と名づく」といっている。さらにこの論を説く論師がいう、「中道に三種がある。①世俗諦の中道、②真諦の中道、③非真非俗の中道である」と。（このように『成実論』は直接に中道そのものを説く）。

⑷大乗のひとが中を明かすというのは、『摂大乗論』（摂論宗）のひとが、「真諦である究極の非安立諦は、輪廻《りんね》する生死（まよい）にもとらわれない、また涅槃（さとり）にもとどまらない。これを名づけて中とする」と明かしているごとくである。

以上さまざまな中を述べたが、ここに正しい中のありかたを説明すると、義の根本は、無住（とどまるところがないこと）を体中（本体の中）とする、これは真理が合わさっている門である。体中において、それを開いて二つの用を引き出してきて、それを真と俗という。これは用中（はたらきの中）であって、すなわちこれは開いている門である。（これを図示すれば次のとおり）。

┌体中（無住）合門
└用中（真俗）開門

しかしながら三論を説くなかでも中仮師というのがあって、それがいう、「非有非無を中とし、而有而無（有でもあり無でもある）を仮とするのである」と。しかしこれは正しい考えとはいうことができない。

（以上、やや不満足な表現をもって本論は終わっている感が強い。しかしふり返ってみると、三論・四論について、そのそれぞれについて、充分論を尽くしてきたので、もうこれ以上論ずる必要を認めなかったのであろう、と思われる。またこの最後に、①外道　②アビダルマ　③成実　④大乗の四つを考察していることは、本論冒頭の「四宗の破邪」に再び還帰して、本論はいわば円環的に完結する。）

参考文献

〈序論〉にくわしく述べたように、『三論玄義』はシナではあまりふるわず、わが国で広く読まれた。註釈本もきわめて多く、国訳一切経の「三論玄義解題」は合計三十九種を掲げている。また『佛書解説大辞典』にも多数見られる。それらのうちでもっとも権威があり有名なものは、つぎの五種である。

(1)『三論玄義検幽集』七巻、中観撰、弘安三年（一二八〇）。教誉の裏書がある。大正大蔵経・日本大蔵経・佛教大系に収められる。珍海の『禅那抄』を引用する。

(2)『三論玄義（桂宮）鈔』三巻、貞海撰、康永元年（一三四二）ごろ、大正大蔵経に収められる。

(3)『科註三論玄義』七巻、尊祐撰、貞享二年（一六八五）、日本大蔵経・佛教大系に収められる。

(4)『三論玄義誘蒙』四巻、聞証撰、貞享三年（一六八六）、大正大蔵経・佛教大系に収められる。

(5)『頭書三論玄義』一巻二冊、鳳潭撰、元禄十四年（一七〇一）、佛教大系に収められる。

とくに最後の(5)は『首書』とも『鼇頭』とも称し、もっとも広く利用されている。

私の利用したのはつぎの三本である。

1　佛教大系本の『三論玄義』、これは今津洪嶽氏の力作で、まず巻頭に西大寺玄叡撰の『大乗三論大義鈔』三巻をのせたあと、『三論玄義』の本文を各パラグラフに区切って、三号活字で組み、そのあと、検幽集・科註・誘蒙・頭書を五号活字でびっしりと組む。返り点や送り仮名も丹念に付せられている。これは大正七年刊の一冊には収まらず、のこりは昭和五年に、倶舎論第四と組んで、一冊の本として刊行されて完結した。

2　『国訳一切経、和漢撰述44、諸宗部一』のはじめに、『三論玄義』の「解題」と「読み下し文」がある。これは椎尾辨匡博士の労作で、昭和十二年に第一版が、昭和四十年に第三次再版が発行された。右の1と2とは残念ながらわずかではあるけれども誤植や脱落がある。

3　金倉圓照博士の訳註による『三論玄義』岩波文庫。昭和十六年に初版が出され、私の所持するものは昭和二十年の第四版である。これは1や2のような誤りは全くない。また「はしがき」にも記したとおり、テクスト・クリティクにはじまり、引用経典をのこらず厳密・正確に検出して、それらを右ページに組み、左ページには口語の訳文をのせている。巻末の解題ももっともくわしい。この本はかつて入手しやすかったが、昭和二十年以降刊行されないために、今日稀覯本となってしまったことはまことに惜しまれる。金倉博士は『日本の佛典』（武内義範・梅原猛編、中公新書、昭和四十四年）のなかに、計十一ページにわたって『三論玄義』の内容・意義・歴史・評価などを詳細に述べておられる。

その他に、前田慧雲・村上専精・高雄義堅の諸博士の解説書が知られているが、私は参照するいとまがなかった。

吉蔵についての記事は、常盤大定・塚本善隆の両博士をはじめ、諸種のシナ佛教史に触れられているが、吉蔵だけを論じたものに、横超慧日博士の「慧遠と吉蔵」（結城教授頌寿記念『佛教思想史論集』大蔵出版、昭和三十九年）などがある。

なお三論の各々についての文献は、ここには省略する。

欧 文 索 引

A

B

C

D

G

H

J

K

ワ　行

ヤ　行

ラ　行

マ 行

タ　行

サ　行

カ 行

索　引

ア　行

著者略歴

三　枝　充　悳　さいぐさ　みつよし

大正12年4月18日静岡市に生まれる。昭和25年東京大学卒業。東京大学大学院終了。昭和37年ミュンヘン大学 Dr. phil.
筑波大学名誉教授，文学博士。
<現住所>東京都世田谷区豪徳寺2—20—3
〔著訳書〕『東洋思想と西洋哲学』(比較哲学論集),『カント全集第15巻「自然地理学」』,『東洋思想と西洋思想』(比較思想序論), “Studien zum Mahāprajñāpāramitā(upadeśa) śāstra,” (独文大智度論の研究),『宗教のめざすもの』(佛教の宗教観),『般若経の真理』ほか。

一九七一年七月二五日　初版発行
二〇〇六年三月三〇日　新装初版

《佛典講座27》

三論玄義

検印廃止

著者　三枝充悳
発行者　青山賢治
印刷所　富士リプロ株式会社
〒171-0033　東京都豊島区高田一―六―一三　竹前ビル3F
発行所　大蔵出版株式会社
TEL〇三(五九五六)三二九一
FAX〇三(五九五六)三二九二

2006. 3. 200

ISBN4-8043-5457-3 C3315

仏典講座

遊行経〈上〉〈下〉	中村　元
律蔵	佐藤密雄
仏所行讃	石上善應
金剛般若経	梶芳光運
法華経〈上〉〈下〉	田村芳朗・藤井教公
維摩経	紀野一義
勝鬘経	雲井昭善
金光明経	壬生台舜
梵網経	石田瑞麿
理趣経	宮坂宥勝・福田亮成
楞伽経	高崎直道
倶舎論	桜部　建
唯識三十頌	結城令聞
大乗起信論	平川　彰
浄土論註	早島鏡正・大谷光真
摩訶止観	新田雅章
法華玄義	多田孝正
三論玄義	三枝充悳
華厳五教章	鎌田茂雄
碧巌集	平田高士
臨済録	柳田聖山
秘蔵宝鑰・般若心経秘鍵	勝又俊教
一乗要決	大久保良順
正法眼蔵〈上〉〈下〉	玉城康四郎
観心本尊抄	浅井円道
八宗綱要〈上〉〈下〉	平川　彰
禅宗仮名法語	古田紹欽
大乗成業論	佐藤密雄
観心覚夢鈔	太田久紀

——既刊29巻33冊完結